FRÉDÉRIC LE PLAY

VOYAGES EN EUROPE

1829 — 1854

EXTRAITS DE SA CORRESPONDANCE

PUBLIÉS PAR

M. ALBERT LE PLAY

SÉNATEUR

PARIS

LIBRAIRIE PLON

E. PLON, NOURRIT et Cᵉ, IMPRIMEURS-ÉDITEURS

RUE GARANCIÈRE, 10

1899

Tous droits réservés

VOYAGES EN EUROPE

1829 — 1854

PARIS. TYP. DE E. PLON, NOURRIT ET Cie, 8, RUE GARANCIÈRE. — 4732-66.

FRÉDÉRIC LE PLAY

VOYAGES EN EUROPE

1829 — 1854

EXTRAITS DE SA CORRESPONDANCE

PUBLIÉS PAR

M. Albert LE PLAY

SÉNATEUR

PARIS

LIBRAIRIE PLON

E. PLON NOURRIT et Cie, IMPRIMEURS-ÉDITEURS

RUE GARANCIÈRE, 10

1899

Tous droits réservés

FRÉDÉRIC LE PLAY

VOYAGES EN EUROPE

1829 — 1854

EXTRAITS DE SA CORRESPONDANCE

PUBLIÉS PAR

M. Albert LE PLAY

SÉNATEUR

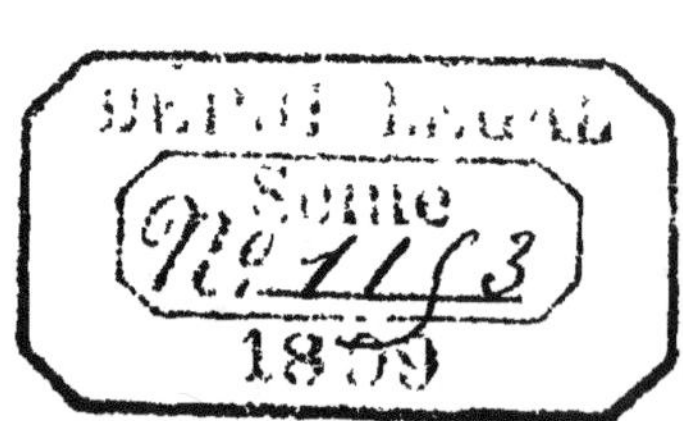

PARIS

LIBRAIRIE PLON

E. PLON NOURRIT ET Cie, IMPRIMEURS-ÉDITEURS

RUE GARANCIÈRE, 10

1899

Tous droits réservés

Les extraits de lettres de mon père que je publie aujourd'hui sont choisis dans une volumineuse correspondance qu'il adressait à sa mère pendant ses premiers voyages et à sa femme à partir de 1836.

La majeure partie de cette correspondance, qui a trait à des sujets intimes et personnels, n'offrirait aucun intérêt pour le public.

Les résultats scientifiques de ses voyages (1829-1853) à travers les différentes contrées de l'Europe, entrepris avec l'appui des pouvoirs publics ou qui ont été l'objet de missions spéciales, ont été publiés dans les Annales des mines ou dans diverses publications scientifiques.

Mais l'État de l'Europe a tellement changé depuis un demi-siècle que ces extraits, qui sont surtout anecdotiques, qui décrivent certaines régions peu connues, les mœurs et les usages d'une époque déjà si différente de la nôtre, peuvent encore présenter quelque intérêt.

C'est surtout pour ses compatriotes, pour ceux qui ont connu F. Le Play, qui l'ont aimé et apprécié, que je publie ces pages.

A. L. P.

P. G. F. LE PLAY

NOTICE BIOGRAPHIQUE (1)

Par M. LEFÉBURE DE FOURCY, Inspecteur général des Mines

A une lieue au levant de Honfleur, sur la rive gauche de la basse Seine, s'étend le gros village de la Rivière-Saint-Sauveur. C'est là que, le 11 avril 1806, naquit Pierre-Guillaume-Frédéric Le Play, fils de Pierre-Antoine Le Play et de Marie-Louise-Rosalie Auxilion. Son père occupait un modeste emploi dans l'administration des douanes.

De 1818 à 1822, Le Play suivit comme externe les classes d'humanités au collège du Havre. L'année 1823 fut l'époque décisive de sa vie. Il avait de bonne heure compris qu'il devait tenir son avenir de lui seul et, comme diversion à ses études, il avait puisé dans quelques livres des notions d'arithmétique et de géométrie. Un ami de collège, qui se préparait à l'École polytechnique, l'engageait vivement à suivre la même direction. Ce conseil lui souriait ; mais ses aptitudes répon-

(1) Extrait des *Annales des Mines*, livraison de juillet-août 1882.

daient-elles aux difficultés de l'entreprise ? Pour lever ses doutes, il se rendit auprès d'un ancien ami de la famille, M. Dan de la Vauterie, alors ingénieur des ponts et chaussées à Saint-Lô. Après un mois d'épreuve, son juge lui garantit le succès. M. Dan de la Vauterie était célibataire. La présence du jeune Le Play égayait son austère solitude. Il le prit pour commensal et devint son professeur. Dans cette communauté d'existence, le maître, travailleur infatigable, au travail dès quatre heures du matin, fortifia et fixa définitivement chez l'élève les habitudes laborieuses que celui-ci avait contractées dès sa plus tendre enfance. Dans les premiers jours de 1824, Le Play fut envoyé à Paris pour faire ses mathématiques spéciales au lycée Saint-Louis, qui venait d'être fondé sur l'emplacement du vieux collège d'Harcourt et où l'enseignement des sciences avait été très solidement établi. Mon père, alors professeur à ce lycée, n'eut pas de disciple plus studieux ni plus intelligent. Le Play entra, en octobre 1825, à l'École polytechnique où il fut sergent la première année et sergent-major la seconde. Il en sortit, en octobre 1827, le quatrième de la liste générale et le premier de la promotion des mines.

L'élève des mines fut aussi brillant que le polytechnicien. Logé avec quelques élèves des ponts et chaussées à l'hôtel du Luxembourg, prenant ses repas chez Rousseau l'aquatique de légendaire mémoire dans le quartier latin, Le Play ne quittait sa petite chambre d'étudiant que pour le laboratoire de chimie ou la salle d'étude de l'École, apportant à ses manipulations et à ses dessins une rigueur et une adresse sans rivales. Cinq ans après, lors de mon séjour à l'École, on y gardait encore le souvenir d'une analyse de tourmaline qui avait duré deux mois et dont le procès-verbal était souvent consulté dans les registres du laboratoire.

Le Play ne fit que deux années à l'École. A la suite des examens qui terminèrent l'année scolaire 1828-1829, M. Becquey, directeur général des ponts et chaussées et des mines, lui écrivait. « Le conseil de l'École m'a donné connaissance des très remarquables succès que vous avez obtenus dans le dernier concours. Bien que vous n'ayez que deux années d'études, vous vous trouvez en tête de la liste des élèves et vous avez acquis 5.767 points de mérite, nombre auquel, depuis la fondation de l'École, n'a jamais atteint aucun élève, même de quatrième année. Je me plais à vous en féliciter et à vous en exprimer toute ma satisfaction. » Nous verrons bientôt que M. Becquey ne s'en tint point à cette lettre d'éloges.

Le Play s'était lié d'une solide amitié avec Jean Reynaud, dont le caractère quelque peu dominateur s'accommodait avec la déférence du *conscrit*, déférence rendue d'ailleurs facile par l'admiration que ce dernier éprouvait, suivant la bizarre loi des contrastes, pour l'imagination enthousiaste et les aspirations mystiques de son *ancien*. Jean-Reynaud, qui devait finir par un volume de philosophie religieuse, *Terre et ciel*, avait commencé par le journal *le Globe* et le saint-simonisme. Il voyait la grandeur de la patrie dans une transformation sociale, découlant pacifiquement des dogmes de 1789 qui lui avaient été inculqués dès l'enfance. Le Play opposait à cette platonique théorie les solides arguments qu'il avait appris à tirer des faits de l'histoire. Sans s'attacher autant que son contradicteur à la méthode d'observation, Jean Reynaud ne repoussait point le projet de soumettre leur controverse à l'épreuve d'un voyage fait en commun dans cette Allemagne du Nord qu'on vantait comme la patrie de la sagesse. Le Play fit donc agréer à son ami un projet qui devait leur faire visiter en deux cents jours, pendant la belle saison de 1829, les mines, les usines et les forêts des Provinces rhénanes, du Hanovre, du Brunswick, de la Prusse et de la Saxe. L'entreprise des deux amis devait entraîner une dépense supérieure à l'allocation que l'École accordait à ses élèves. Ils se procurèrent à l'avance, par quelques travaux littéraires et scientifiques, le supplément de ressources qui leur était nécessaire, et M. Becquey, après avoir souri de la confiance avec laquelle Le Play prétendait allier l'étude des questions sociales à l'apprentissage de son métier, accueillit avec intérêt ses plans de voyage et accorda aux jeunes ingénieurs une indemnité de campagne exceptionnelle (1).

Nul, je crois, n'a su voyager comme Le Play. De petite stature, mais de taille dégagée, doué de jarrets d'acier, passé maître dans l'équipement du piéton, bravant les ardeurs du soleil comme les intempéries du ciel, résigné aux mauvais repas et aux mauvais gîtes, il accomplissait sans fatigue des étapes énormes, aussi

______

(1) Les extraits que nous donnons page 29 se rapportent à ce voyage.

dispos à l'arrivée qu'au départ. Nul aussi n'excellait comme lui à tirer des hommes et des choses jusqu'au dernier des renseignements utiles à l'objet qu'il avait en vue. Industriels et ouvriers, propriétaires et paysans, professeurs et étudiants, aubergistes et passants, tous étaient ses tributaires. Que de portes, fermées à d'autres curieux moins habiles, se sont ouvertes devant son irrésistible entregent ! Que de secrets n'ont point tenu devant sa finesse cachée sous la plus engageante parole.

Les voyageurs s'étaient proposé, dans chaque contrée, trois buts principaux : « 1º visiter les établissements spéciaux offrant au mineur des modèles à suivre ; 2º se mettre en rapport intime avec les populations et les lieux, pour établir une distinction nette entre les faits entièrement locaux et ceux qui ont un caractère d'intérêt général ; 3º rechercher avec sollicitude les autorités sociales de chaque localité, observer leur pratique, recueillir les jugements qu'ils portent sur les hommes et sur les choses. » Dans ce voyage, où ils parcoururent 6.800 kilomètres à pied, Le Play et Reynaud se mirent d'accord à l'égard de certaines thèses économiques reposant sur l'évidence des faits. C'est ainsi, par exemple, qu'ils reconnurent l'excellence des grandes corporations instituées dans les États allemands pour l'exploitation des mines métalliques. Ils ne réussirent pas à s'entendre sur la question sociale, point de départ de leur entreprise ; ils comprirent seulement qu'elle présentait une complication dont ils ne s'étaient point tout d'abord rendu compte. Le Play s'affermit dans la pensée que

la solution se trouvait en grande partie dans les *cou-
tumes du passé*. Reynaud conserva ses convictions sur
la doctrine du *progrès continu* et, en général, sur le
concours que pouvait prêter, en cette circonstance
comme en toute autre, l'*esprit de nouveauté*. En
résumé, « ils revinrent à la fois plus divisés d'opinion
et meilleurs amis que jamais ».

De retour à Paris, Le Play se mit activement, dans
l'hiver de 1830, à la rédaction de son journal de voyage ;
mais un terrible accident vint interrompre son travail.
Dans une préparation de potassium, une violente pro-
jection de cette dangereuse substance l'atteignit aux
avant-bras. Accourus à ses cris, les élèves du laboratoire eurent à peine le temps de lui arracher ses vête-
ments en flammes. Les deux mains étaient horriblement dépouillées et calcinées. On le transporta dans le
cabinet chinois attenant à la salle du Conseil, aujour-
d'hui englobé dans la nouvelle bibliothèque ; on y installa un lit provisoire à l'aide de matelas empruntés au
personnel de l'École, et, en attendant l'arrivée de sa
mère et de sa sœur mandées du Havre en toute hâte,
ses camarades se relayèrent tour à tour pour entretenir
sur ses mains un courant d'eau froide, seul adoucisse-
ment à ses souffrances. Longtemps mal soignée par le
médecin de l'École, l'affreuse brûlure ne céda qu'à une
habile médication du célèbre Dupuytren (1). Au bout
de dix-huit mois, Le Play retrouva l'usage de ses mains,
déformées pour la vie, mais ayant conservé toute leur

---

(1) Dupuytren, célèbre chirurgien, 1777-1835 — né à Pierre-Buf-
fière (H.-V.).

adresse pour l'écriture, le dessin et les manipulations chimiques.

Dès sa guérison, le blessé reprit et termina son journal de voyage, Ce travail fit époque à l'École et fut pour les élèves le meilleur des modèles. Édifiée sur les services qu'elle pouvait attendre de son auteur, l'Administration s'attacha ce dernier en lui confiant la direction du laboratoire de l'École sous les ordres de Berthier, et la publication des *Annales des mines* en collaboration avec Dufrénoy.

Le séjour de Le Play au laboratoire fut de très courte durée. Berthier, que d'importants travaux avaient justement placé à la tête de la docimasie française, n'était point disposé à partager cet honneur avec qui que ce fût. Il craignit bientôt de rencontrer un rival dans son collaborateur, et l'association scientifique entre le professeur et l'élève se rompit d'un commun accord.

Il n'en fut point de même aux *Annales*. Une nouvelle série, la troisième, fut inaugurée en 1832. De notables additions furent apportées aux matières courantes; la gravure des planches fut plus soignée; d'importants emprunts furent faits aux publications anglaises et allemandes, que le nouveau secrétaire traduisait sans difficulté. Devenu d'adjoint secrétaire en titre, le 7 janvier 1837, Le Play n'en continua pas moins aux *Annales* son active collaboration. Il les abandonna en 1840, quand il fut chargé du cours de métallurgie.

La publication des *Annales* valut au jeune ingénieur

une notoriété dont il ne tarda point à recueillir le fruit.
A cette époque, la prospérité des mines de plomb rou-
vertes dans les Sierras de Gador et de Lujar avait attiré
sur l'Espagne l'attention du monde industriel, et l'on
racontait que de non moins riches filons se montraient
aux limites communes de l'Estramadure et de l'Andalousie. Le Play fut chargé de vérifier l'exactitude de
ces récits et de donner, chemin faisant, un aperçu géologique et statistique des richesses minérales de la pé-
ninsule. Nous avons de sa mission (1) un très intéressant rapport dans les *Annales des mines* (3e série,
tomes V et VI, 1834).

Le voyage dura quatre mois. La fièvre vint subitement y mettre fin et il rentra en France par la voie de
mer.

En 1832, avant son départ pour l'Espagne, Le Play
avait donné aux *Annales* (3e série, tome II) un travail
statistique intitulé : « Observations sur le mouvement
commercial des principales substances minérales entre
la France et les puissances étrangères, pendant les
douze dernières années, et particulièrement pendant
les années 1829-1830-1831. »

Pour le fond comme pour la forme, le travail statistique de Le Play fut très remarqué, et il eut sa grande
part dans le projet de loi que le ministre fit sanctionner
par la Chambre, le 23 avril 1833. Aux termes de l'article 5 de cette loi, il devait être publié, à l'ouverture
de chaque session, un compte rendu des travaux métal-

---

(1) Les extraits de la correspondance que nous publions page 90
se rapportent à ce voyage.

lurgiques, minéralogiques et géologiques que les ingénieurs des mines auraient exécutés, dirigés ou surveil-
lés. Le ministre des travaux publics institua immédiatement une Commission permanente de Statistique de
l'Industrie minérale. Le Play fut nommé membre de
cette commission par arrêté du 31 janvier 1834, et, en
réalité, chargé seul du travail qu'elle devait annuellement présenter. Le premier compte rendu avait trait à
l'année 1833 ; il fut distribué aux Chambres de 1834,
Thiers étant ministre. Chaque année, les ingénieurs
eurent dès lors à dresser (quelques-uns en les maudis-
sant) sept tableaux de dimensions uniformes, dont les
têtes de colonne avaient été libellées par Le Play, après
les études les plus approfondies au point de vue de la
statistique comme à celui de l'art des mines. C'est ainsi
que 602 tableaux venaient, vers la fin de l'année, couvrir les tables de la mansarde donnée comme cabinet
de travail au secrétaire de la Commission de Statistique, dans les bâtiments affectés aujourd'hui à l'École
des ponts et chaussées. En quatre ou cinq mois, ces
tableaux, soigneusement dépouillés, se résumaient en
un in-4, de format, de caractère, de disposition toujours
les mêmes, et contenant, en outre, pour relever l'intérêt de cette monotone publication, d'instructives notices
sur les houilles, sur les fers, sur les métaux. Adjoint à
Le Play comme collaborateur, j'ai vu chaque année
grandir, sous sa féconde impulsion, la publication destinée à tenir le pays au courant des progrès de notre
industrie minérale. Entre temps, il donnait à l'*Encyclopédie nouvelle* (1848) un grand article, intitulé :

« Vues générales sur la statistique, suivies d'un aperçu
d'une statistique générale de la France. »

L'œuvre anonyme à laquelle Le Play vouait toute
son activité, et dont l'administration avait tout l'honneur officiel, fut religieusement maintenue, de 1834 à
1848, dans la voie où il l'avait dirigée. La République
de 1848 avait à faire des économies dans ses budgets :
la loi de 1833 fut rapportée par une loi de 1848, et le
Compte rendu condamné à ne paraître que tous les cinq
ans, et plus tard tous les trois ans. Appelé le 20 juillet
1848 aux fonctions d'inspecteur des études à l'École des
mines, Le Play quitta la Commission de Statistique.
Le volume qui suivit son départ parut en 1853 ; il
comprenait les années 1847 à 1852, et perdait l'unifor-
mité de composition si précieuse pour les recherches
dans ce genre de publications périodiques.

Le repos n'était pas fait pour Le Play. Après avoir
donné les mauvais mois de l'année à la publication du
Compte rendu, il demandait et obtenait sans peine
des missions à l'étranger. La Belgique, l'Angleterre,
l'Écosse, l'Irlande furent tour à tour parcourues en
1835 et 1836 ; chaque mission donna lieu à un important travail concernant la production de la houille et du
fer dans ces régions privilégiées. En 1837 (1), il saisit
avec empressement l'occasion d'étendre ses études aux
confins orientaux de l'Europe. Un des plus riches propriétaires de la Russie, M. Anatole Demidoff, avait
conçu le projet de faire à ses frais une reconnaissance

(1) Il n'a été retrouvé aucune correspondance intime relative à
ce voyage dont le compte rendu a été publié chez Bourdin. Edit.
1842.

scientifique des terrains carbonifères du Donetz sur la rive droite du Don, entre la mer Caspienne et la mer d'Azof. Chargé d'organiser l'expédition, Le Play s'adjoignit un personnel comprenant un ingénieur des ponts et chaussées, un géologue, un naturaliste, un dessinateur (1), qui l'accompagnèrent par terre jusqu'au lieu de destination, et il expédia par mer un attirail complet d'outils de mine et d'engins de sondage avec quelques maîtres-ouvriers destinés à former et à diriger les manœuvres pris dans le pays. Après avoir traversé l'Autriche et les Provinces danubiennes, l'expédition s'engageait avec admiration, en juin 1837, dans les steppes de la mer Noire, « où les herbes, écrit Le Play, s'élevaient parfois assez haut pour engloutir les chevaux ». Chacun se mit à l'œuvre suivant sa spécialité et, de retour en France, fournit son contingent, texte et dessins, à la publication de luxe qui compléta, en 1842, la libérale entreprise de M. Demidoff. La description des terrains carbonifères fut la part de Le Play dans cette œuvre commune. Mais, dès 1838, il avait adressé au ministre du commerce d'intéressantes lettres sur l'organisation économique et commerciale de la Russie méridionale. Ces lettres doivent se trouver dans les archives du ministère.

La campagne scientifique du Donetz eut pour Le Play des conséquences tout à fait inattendues. M. Demidoff possédait dans l'Oural de riches mines d'or, de platine, d'argent, de cuivre et de fer. Ces mines, livrées à d'inhabiles directeurs, étaient exploitées suivant de routi-

(1) L'illustre Raffet.

nières méthodes, aussi dispendieuses que peu productives. M. Demidoff, qui avait été à même d'apprécier la puissance organisatrice de son collaborateur, soumit ces méthodes à son examen. Un premier voyage dans l'Oural, fait en 1844 (1), démontra sans peine à Le Play toute leur imperfection, et, après avoir étudié, soit sur place, soit à Paris, les améliorations dont elles étaient susceptibles, il conclut avec M. Demidoff une association dans laquelle l'un apportait ses domaines et ses capitaux, l'autre sa science et son talent. L'extraction des minerais, leur préparation mécanique, leur traitement métallurgique, tout fut renouvelé et approprié aux enseignements de la théorie et de la pratique les plus rationnelles. De son cabinet, Le Play gouvernait jusqu'à 45.000 ouvriers travaillant dans l'Oural sous son invisible direction. Un second voyage, fait en 1853 (2), lui permit de vérifier par ses propres yeux les résultats de la nouvelle organisation. Ces résultats se traduisaient par une plus-value considérable sur le rendement des mines.

J'ai dit, plus haut, comment Le Play employait en voyages les loisirs que lui laissait, entre les sessions des Chambres, la Statistique de l'Industrie minérale. L'Angleterre fut visitée en 1842 ; l'Allemagne du Nord et la Russie en 1844 ; le Hartz, le Danemark, la Suède et la Norvège en 1845 ; la Belgique, l'Autriche, la Hongrie et l'Italie du Nord en 1846 ; la Suisse, les Provinces danubiennes et la Turquie centrale en 1848 ;

(1) Extraits de sa correspondance : page 165.
(2) Extraits de sa correspondance : page 325.

l'Auvergne en 1850 ; l'Angleterre, les Provinces rhénanes, la Westphalie, l'Erzgebirge en 1851 ; l'Autriche
et la Russie en 1853. Dans ses nombreux voyages, Le
Play se proposait un double but. Il dirigeait ses observations et recueillait ses notes au point de vue techni-
que et au point de vue social, comme ingénieur et
comme économiste. D'une part, en effet, il se mettait
de longue main en état de remplacer Guényveau dans
la chaire de métallurgie qui devait vaquer en 1840.
D'autre part il préparait, comme emploi de ses dernières années, une prédication écrite des doctrines
propres à enrayer la décadence des populations euro-
péennes en général et de la nation française en particulier. Nous aurons plus tard à le suivre sur ce dernier
terrain. Je n'ai, pour le moment, à m'occuper que du
professeur. Les ingénieurs de ma génération sourient
encore au souvenir du cours de métallurgie qui leur
était enseigné à l'École, toujours le même depuis plusieurs années. Il était donné à Le Play de le rajeunir
dès son début et, plus tard, de le tenir au courant des
progrès faits par la science, tant en France qu'à l'é-
tranger. J'ai sous les yeux, au moment où je trace ces
lignes, les trois volumineux cartons où ont pris place
une centaine de leçons rédigées suivant le plan le plus
méthodique, illustrées de croquis dessinés et cotés de
la main du maître. Je puis suivre dans chacune les mo-
difications subies d'année en année par la rédaction, à
la suite d'observations ou de théories nouvelles et,
arrivé au dernier cahier, j'éprouve un véritable sentiment de tristesse à la pensée que ces feuilles, fruit de

tant de labeur, fruit de tant de fatigues vont, après cette suprême revue, s'ensevelir dans des archives de famille sous la poussière de l'oubli. Nos *Annales* auront du moins conservé quelques pages de ce vaste et beau manuscrit.

Nous voici parvenus à l'ère de ces grands tournois auxquels l'Angleterre et la France convoquèrent tour à tour, à Londres et à Paris, les industriels, les commerçants, les artistes de la terre entière. L'Angleterre donna le signal et inaugura, en 1851, dans son féerique Cristal-Palace la première Exposition universelle. Le Play y fut membre du 21e jury et remit à la commission française un rapport sur la coutellerie et les outils d'acier, qui a été imprimé à part en 1854 à l'Imprimerie impériale, et qui forme à lui seul comme un traité sur cette intéressante matière.

La France eut à son tour son Exposition qui, décrétée le 8 mars 1853, devait s'ouvrir le 1er mai 1855. La Commission chargée de la diriger avait été placée sous la présidence du prince Napoléon. Le Play, l'un des commissaires, eut tout d'abord à préparer un système de classification des produits. Dans cette aride mission, il déploya des qualités spéciales, qui devinrent des plus précieuses en présence des mille difficultés de détail que soulevait l'entreprise. Le 11 août 1854, le Comité d'exécution, trop lent dans ses allures, fut remplacé par un commissaire général, le général Morin, qui lui-même céda ses fonctions à Le Play, le 23 mai 1855. L'on sait que l'Exposition de 1855 s'ouvrit officiellement le 15 mai, aux Champs-Élysées, dans le Palais de l'Industrie, auquel fut annexée une longue galerie provisoire s'étendant sur le quai de Billy, depuis la place de la Concorde jusqu'au pont de l'Alma. Ce qu'on connaît moins, ce sont les obstacles que Le Play, tardivement chargé du commissariat général, rencontra dans l'accomplissement de son mandat. Insuffisance des bâtiments, lenteur des décisions, retard des constructions, inexactitude des envois, rivalité des emplacements, tout conjurait contre ses efforts. Le succès n'en fut pas moins assuré. Le nombre des visiteurs dépassa 5.000.000, et l'Exposition, qui devait fermer le 31 octobre, fut, à la demande du public, prolongée jusqu'au 15 novembre. La liste des récompenses fut insérée au *Moniteur officiel* le 8 décembre et, quelques jours après, Le Play était nommé conseiller d'État. Il dut, en conséquence, abandonner ses fonctions d'inspecteur des études à l'École des mines et descendre de sa chaire de métallurgie, renonçant ainsi, non sans regrets, aux études qui avaient si bien rempli vingt-six années de sa vie.

Le Play apporta au conseil d'État ses habitudes de travail et prit une part active à la solution d'une question qui passionna en son temps l'opinion parisienne, celle de la boulangerie. La question de la boulangerie n'en est plus une aujourd'hui. Avec la promptitude des communications par mer et la multiplicité des chemins de fer sillonnant l'Amérique et l'Europe, les populations ne sauraient plus craindre la disette. Il n'en allait point tout à fait de même il y a une vingtaine d'années. A cette époque, le nombre des boulangeries était limité, et le pain taxé officiellement suivant le cours des céréales. Fallait-il maintenir une industrie, qui intéresse à un si haut degré le repos public, sous la tutelle de l'administration, en réglant son monopole ? Convenait-il de lui donner la liberté, en lui laissant pour seul frein la concurrence? La question divisait les meilleurs esprits. Après une enquête restée célèbre, qu'il étendit jusqu'au commerce des grains, Le Play conclut en faveur de la liberté. Son avis fut adopté par le gouvernement.

La troisième Exposition universelle eut lieu à Londres en 1862. Le Play y dirigea la section française en qualité de commissaire général.

En 1867, l'honneur de la quatrième Exposition revint à la France. Elle fut, comme celle de 1855, confiée à une Commission placée sous la présidence du prince Napoléon qui donna peu après sa démission, et Le Play, commissaire général, fut en réalité l'organisateur tout puissant de cette grande œuvre. Par une combinaison aussi hardie que nouvelle, l'État, la Ville de Paris et le public furent associés au succès financier de l'entreprise. L'État devait fournir 6 millions, la Ville 6 millions, et le public 8 millions. Ces 8 millions ne constituaient qu'un fonds de garantie. Les souscripteurs n'étaient tenus à versement qu'en cas d'excès des dépenses sur les recettes. Dans le cas d'excès des recettes sur les dépenses, le bénéfice devait être partagé par tiers entre l'État, la Ville et l'association de garantie. Le capital de 8 millions fut divisé en 8.000 actions de 1.000 francs, dont la souscription n'était accompagnée

que d'un dépôt provisoire de 20 francs par action. Les
demandes affluèrent et constituèrent, le 20 juillet 1865,
date de la clôture des listes, un capital de 10.347.000
francs. La plupart des souscripteurs, uniquement soucieux de l'honneur du pays, étaient résolus à y coopé-
rer au besoin par des sacrifices. Ces sacrifices leur furent épargnés. Les promesses faites dans l'appel au
public furent non seulement tenues, mais dépassées.
La balance des opérations financières, depuis l'origine
jusqu'au 4 février 1872, date de la clôture des comptes,
donna :

	francs
Pour les recettes, en nombre rond	26 257.000
Pour les dépenses, en nombre rond....	23.591.000
Ce qui constitue un bénéfice de........	2.756.000
Dont le tiers était de...............	922.000

Le dépôt de 20 francs par action avait été antérieu-
rement restitué avec intérêt annuel de 5 p. 100. Chaque actionnaire reçut donc près de 90 francs par action, en échange de sa confiance en l'œuvre et, l'on
peut presque dire, de son patriotique désintéressement.
Ce résultat constituait un heureux précédent dont le
public ne devait point perdre le souvenir et qui aurait
pu faciliter la tâche aux organisateurs des expositions
futures. Les errements de 1867 ne furent point suivis,
et de larges emprunts au budget ont payé l'éclat des
dernières Expositions.

Il fallait arrêter le plan du palais. Instruit par l'expérience de 1855, Le Play fit prévaloir un projet longuement étudié, qui avait pour point de départ une

double classification des produits, par nature d'objets et par nationalité. La surface de l'espace à couvrir fut portée à 150.000 mètres carrés. La forme adoptée pour le palais fut celle de deux demi-cercles de 190 mètres de rayon, reliés par un rectangle de 380 mètres sur 110 mètres. Intérieurement, deux systèmes de division répondirent à la double classification des produits. Le premier était formé de zones concentriques recevant les groupes des produits similaires de tous les pays ; le second, de secteurs rayonnant du centre du palais et consacrés chacun à une même nation. Par cette disposition, les voies de circulation concentriques facilitaient l'étude comparative d'une même industrie dans le monde entier ; les voies rayonnantes permettaient de passer en revue toutes les industries d'un même pays. La division en zones et en secteurs fut étendue au parc qui environnait le palais, dans la mesure toutefois que permettaient les convenances de la décoration.

L'Exposition, ouverte le 1er mai, fut close le 3 novembre. Le nombre d'entrées par les tourniquets avait été de 12 millions. Ce chiffre dispense de tout commentaire. Le commissaire général, à qui revenait pour une si grande part le succès de la quatrième Exposition universelle, fut nommé sénateur. Le 12 août 1868, il reçut le titre d'inspecteur général des mines honoraire (1).

(1) Entré en novembre 1827 à l'Ecole des mines, Le Play avait été nommé :

Aspirant ingénieur......................	le 1er sept. 1830
Ingénieur de 2e classe...................	le 25 oct. 1831
Ingénieur de 1re classe..................	le 26 déc. 1836
Ingénieur en chef de 2e classe...........	le 29 juillet 1840
Ingénieur en chef de 1re classe	le 1er juin 1848

Nous avons suivi Le Play dans sa carrière d'ingénieur des mines, de conseiller d'État, de sénateur, d'organisateur de deux Expositions universelles. Il nous faut maintenant revenir de quelques années sur nos pas pour considérer en lui l'économiste. Nous l'avons vu, dès sa mission d'élève mineur, défendant contre Jean Reynaud la prééminence de la méthode d'observation sur les théories préconçues, pour résoudre les grands problèmes de la science sociale. Nous l'avons vu plus tard, dans ses nombreux voyages à travers l'Europe et jusqu'aux versants asiatiques de l'Oural, faire dans ses carnets deux parts, l'une consacrée aux comptes rendus de la statistique minérale et aux leçons de son cours de métallurgie ; l'autre destinée à un grand ouvrage où il se proposait d'établir *par les faits* les conditions dans lesquelles une nation prospère et grandit, ou souffre et déchoit. Les matériaux qu'il avait accumulés et revisés sans cesse, pendant dix-huit années d'observations, furent publiés pour la première fois, en 1855, sous le titre : *les Ouvriers européens*. Le 28 janvier 1856, l'Académie des sciences décernait à l'ouvrage le prix de statistique fondé par Monthyon, et, le 11 avril suivant, la Société d'Économie sociale se fondait pour appliquer à ses études la méthode inaugurée dans *les Ouvriers européens*.

En 1864, Le Play publia la première édition de *la Réforme sociale en France, déduite de l'observation des peuples européens.* Depuis, 1789, dix formes de souveraineté ont régi la France. Chacune d'elles a été instituée, puis renversée par la violence. Bien des

hommes d'État, b'en des écrivains ont cherché le remède à cette instabilité sans exemple. Quoique étranger
aux lettres et à la politique, Le Play a voulu découvrir
le secret d'un gouvernement qui n'aurait point l'effu-
sion du sang pour début ou pour terme. Après avoir
établi que les fausses théories de l'histoire font généralement prendre le change sur les conditions de la *Réforme*, l'auteur démontre que l'observation des faits
sociaux constitue la seule méthode propre à donner la
solution de ce grand problème. Dans les quatre volu-
mes qui composent son ouvrage, il traite successivement de la religion, de la propriété, de la famille, du
travail, de l'association, des rapports privés, du gouvernement. C'est là que pour la première fois il a reven-
diqué en faveur de la France la liberté testamentaire
qui existe en Angleterre et en Amérique. Dans sa session de 1865, une proposition tendant à accroître l'autorité du père de famille fut présentée au Corps légis-
latif par cinquante et un députés. Elle ne fut pas prise
en considération.

L'Organisation du travail (1870-1871), *l'Organisation de la famille* (1870-1875) dérivent de *la Réforme sociale* et forment comme des parties détachées
et agrandies de ce vaste cadre; *la Constitution essentielle de l'humanité* (1880) en est, au contraire, comme
une réduction à très petite échelle.

Dans *la Constitution de l'Angleterre* (1875), Le
Play a résumé les documents que lui avaient fournis
ses nombreux voyages dans la Grande-Bretagne, et
surtout ceux qu'il avait recueillis pendant son long

séjour à Londres, lors de l'Exposition de 1862 ; car, suivant le mot heureux d'un de ses plus affectionnés disciples, tout était pour Le Play motif ou moyen.

Les amis de Le Play l'avaient longtemps pressé de fonder une revue périodique, destinée à répandre sa doctrine. Le livre et la parole n'ont qu'une portée restreinte ; le journal, s'il réussit, pénètre partout et impose sa propagande. Il céda à leur désir, et l'année 1881 a vu naître, sous son patronage, *la Réforme sociale*, revue paraissant tous les quinze jours. Dans le numéro du 15 février 1882, Le Play écrivait, et ces lignes sont presque les dernières que sa main ait tracées : « Au terme d'une journée de marche, le voyageur aime à se recueillir dans le calme du soir ; il jette un regard sur le chemin parcouru, avant que les ombres de la nuit ne descendent cacher la terre pour ne laisser voir que le ciel aux mystérieuses clartés. Par une faveur de la Providence, après une carrière qui n'a pas été sans labeur, je jouis de ce repos. J'ai vu grandir peu à peu l'École de la paix sociale et, me portant par la pensée vers l'état des esprits au début de mes travaux, je me plais à croire qu'elle n'a pas été sans quelque utilité. J'ai confiance dans son avenir. Sans doute, il ne faudra pas épargner notre peine, et la route paraîtra longue encore, même à ceux qui viendront après moi. Mais, avec l'aide de Dieu, ils accompliront la tâche commencée, parce qu'ils garderont toujours comme règle de servir la cause de la vérité pour assurer le règne de la paix. »

Pendant les dernières années de sa vie, Le Play

habitait le premier étage d'une ancienne et belle maison située sur la place Saint-Sulpice, qui avait appartenu à Thénard et que possède encore la famille du célèbre chimiste. C'est là que, dans l'embrasure de la fenêtre éclairant son vaste cabinet, debout devant un bureau-pupitre, il rédigeait ou réimprimait ses traités d'économie sociale et subvenait à la plus active des correspondances, heureux de toute nouvelle adhésion à ses doctrines, venue de Paris, de la province ou de l'étranger. En octobre 1880, se déclara la première crise de l'affection du cœur qui devait l'emporter. Il s'en releva promptement, mais il dut se condamner dès lors à la plus rigoureuse retraite. Après le travail du jour, son salon recevait, toujours ouvert, les amis de la maison ou les étrangers de passage. Une lecture à haute voix, une partie de whist, la préparation de la Revue, et surtout une causerie sérieuse ou gaie, suivant les visiteurs, remplissaient tour à tour ces réunions du soir, auxquelles présidait avec une grâce incomparable la dévouée compagne qui, depuis quarante années, donnait à Le Play le bonheur intime du foyer. A neuf heures apparaissait le samovar, souvenir des voyages de Russie. La sonnerie de dix heures donnait le signal de la retraite. Tel était l'invariable train de vie qu'interrompirent seules quelques crises, toujours très courtes, de la maladie. La soirée du 4 avril dernier s'était écoulée pareille à toutes les autres. Le lendemain, vers midi, Le Play perdit subitement connaissance, et finit sans un cri, sans une souffrance. Il laisse un fils, qu'il avait été heureux d'unir à la fille d'un camarade illus-

tre, Michel Chevalier, et dont il a pu voir grandir la
jeune postérité.

Pierre-Guillaume-Frédéric Le Play a voulu dormir
son suprême sommeil au milieu des champs qu'il a
tant aimés. Il possédait près de Limoges, dans la commune du Vigen, le domaine de Ligoure. C'est dans
l'humble cimetière de ce village que repose aujourd'hui
celui qui fut : Inspecteur général des Mines, Conseiller
d'État, Sénateur, Commissaire général des Expositions universelles de 1855, 1862 et 1867, Fondateur de
la Société d'Économie sociale, Grand-Officier de la Lé-
gion d'honneur et grand dignitaire de tous les ordres
étrangers connus.

Paris, juin 1882.

BIBLIOGRAPHIE

OUVRAGES DE J. LE PLAY

PUBLICATIONS SCIENTIFIQUES

Annales des mines :

Préparation de l'acide sulfurique fumant dans le Nord de l'Allemagne (1835).

Description de l'affinage des plombs argentifères pour cristallisation. — Méthode Pattinson (1836).

Procédé pour la recherche des sources salées (1839).

Mode d'action du carbone dans la cémentation (1841).

Fabrication de l'acier dans le Yorkshire (1843).

Méthode nouvelle pour la fabrication du fer (1853).

Publications diverses :

Histoire naturelle et richesses minérales de l'Espagne (1834).

Voyage dans la Russie Méridionale et la Crimée. Sous les auspices du prince Anatole Demidoff. Carte géologique des terrains carbonifères du Douetz (1837).

Vues générales sur la statistique (1840).

Mémoire sur la fabrication et le commerce des fers à acier dans le Nord de l'Europe (1846).

Procédés métallurgiques pour la fabrication du cuivre dans le pays de Galles (1846).

Rapport sur la coutellerie et les outils d'acier (1854).

Enquête sur la boulangerie du département de la Seine (1860).

Rapports au conseil d'État sur le commerce du blé, de la farine et du pain (1860).

PUBLICATIONS D'ÉCONOMIE SOCIALE

Les Ouvriers Européens, 6 vol. in-8.

La Méthode sociale, 1 vol. in-8.

La Question sociale, 1 vol. in-18.

La Réforme sociale en France, 4 vol. in-18.

L'Organisation du travail, 1 vol. in-18.

L'Organisation de la famille, 1 vol. in-18.

La Paix sociale, 1 vol. in-18.

La Constitution de l'Angleterre, 2 vol. in-18.

La Réforme en Europe et le salut en France, 1 vol. in-18.

La Question sociale au xixe siècle, 1 vol. in-18.

L'Erreur sous l'ancien régime et la Révolution, 1 vol. in-18

CORRESPONDANCE
DE M. F. LE PLAY

VOYAGE EN ALLEMAGNE ET EN BELGIQUE
(1829)

*Mercredi 10 juin 1829, de H***, près Thionville.*
— Ma chère maman, avant de relater ce que j'ai fait
jusqu'ici, je veux te donner une idée de notre mission.
Notre voyage a pour but des recherches sur la géologie
et la minéralogie et ce travail se fait dans les routes,
les montagnes, les vallons, etc.., que nous traversons
comme le Juif-Errant. Le travail le plus important se
compose de la visite d'un très grand nombre d'usines
de toute espèce, et comme en général ces usines appartiennent à des particuliers, qui par conséquent sont
maîtres chez eux, la possibilité de faire ce travail dépend complètement de leur bonne volonté. Nous sommes
plus ou moins bien reçus, suivant les différents cas,
et c'est alors que nous avons à déployer toutes nos res-

sources de séduction ; c'est aussi la partie de notre travail qui présente les incidents les plus variés.

Nous sommes partis en voiture de Paris, vendredi 5 juin, à 8 h. du matin, en suivant la route de Meaux. Nous avions à voir aux environs de Saint-Dizier une usine à fer. Nous avons été parfaitement bien reçus par le propriétaire de l'usine, qui en est en même temps le directeur. C'est un homme excessivement riche qui fait de l'industrie en amateur, aussi son logement est un véritable palais. Sa femme fort aimable nous a fait les honneurs de sa maison avec la meilleure grâce.

Les environs de l'usine sont tous dessinés en jardins anglais et on peut dire que les forges ainsi que les cascades qui font mouvoir les roues ne sont que des agréments. Les jardins sont à cheval sur la Marne, il y a en divers points des digues qui forment des petits lacs charmants bordés de saules et de peupliers; ce dernier est l'arbre du pays, ainsi que l'acacia dont M. B..., cultive de petites forêts, dont le produit est transformé en charbon pour ses fourneaux qui en consomment par jour 10.000 kilog. Tu peux te faire par là une idée de l'importance de cette forge; c'est un spectacle excessivement curieux et Mme B..., ne manque jamais d'aller se promener dans l'usine, le soir, après son dîner. Il est beau de voir ces grands fourneaux de 40 pieds de hauteur et de 8 à 10 pieds de largeur qui sont remplis de charbon embrasé d'où le fer sort aussi liquide que de l'eau, au point qu'on peut le prendre avec de grandes cuillères pour aller le porter au loin dans des moules. J'ai oublié de te dire que, joignant l'utile à l'agréable, M. B..., a un magnifique jardin potager, où il y a à peu près de tout, depuis l'humble navet jusqu'au magnifique ananas.

Nous avons été forcés d'accepter le dîner, le coucher et le déjeuner le lendemain; mais comme tout cela était offert avec cordialité, la violence a été douce. Nous sommes enfin partis le dimanche par des chemins difficiles au travers de belles forêts pour Bar-le-Duc, où nous sommes arrivés le soir. Nous y avons, outre un bon dîner, mangé des confitures et bu un vin qui méritent leur réputation. La journée du 9 a été consacrée à faire des courses géologiques aux environs de Metz, à voir les fortifications qui sont des plus remarquables. J'étais seul alors, car Reynaud m'avait quitté le matin pour aller voir sa mère qui habite un petit vignoble aux environs de Thionville. Metz est une ville éminemment militaire et où tout cède à l'aristocratie du sabre. C'est à Metz que se trouve la plus grande partie de la promotion de l'École polytechnique. Elle compte environ 60 élèves à l'École d'application militaire. Dès que mon arrivée a été connue j'ai eu nombreuse société et j'ai été immédiatement invité à partager l'ordinaire de la brigade composée pour la majeure partie de mon ancienne salle d'étude de l'École polytechnique.

J'ai passé une soirée très agréable en me trouvant réuni avec tous les camarades dans un café qui leur est exclusivement réservé et où il est bien rare qu'on voie se glisser quelque pékin.

Le lendemain 10 juin, à 4 h. du matin, je me suis mis pédestrement en route pour H***.

H*** est un assez joli village qui doit son existence aux forges magnifiques qui sont établies en cet endroit.

Elles appartiennent à Mme de X... et sont dirigées par M. de Y..., ingénieur des mines, qui est le gendre de

cette dame. Nous avons trouvé dans cette maison un
accueil complètement différent à celui que nous avait fait
M. B... Toutefois, comme membre de notre corps, M. de
Y... n'a pu s'empêcher d'être poli, mais il l'a été sans
la moindre nuance de cordialité. Je n'ai pu toutefois
me dispenser d'y dîner avec Reynaud, qui était venu
me rejoindre. Cette maison n'est si désagréable que
parce que tout le monde est lancé dans un excès
de dévotion qui passe toutes les bornes. Pour t'en
donner une idée, voici la circonstance qui a amené
le mariage de M. de Y... avec Mlle de X... Dans une
mission qui eut lieu à Metz, il y a 4 ou 5 ans, on
ne put trouver une personne pour porter les croix.
Enfin on déterra un homme de la plus basse extraction
qui porta l'une et M. de Y... qui s'offrit pour porter
l'autre. Tous les élèves de l'École polytechnique de
Metz furent, comme tu dois le penser, peu flattés de cette
association d'un de leurs camarades avec ce rebut de
la ville ; mais Mlle de X..., qui assistait à la Mission,
prenant pour un acte d'héroïsme ce qui n'était qu'un
acte intéressé, signifia à sa mère qu'il n'y avait qu'avec
un pareil homme qu'elle pourrait faire son salut. M. de
Y... pressa les choses, vu que Mme de X... est excessivement riche. Il se remaria quoique sa dernière femme
fût morte seulement 6 mois auparavant. — Ce qu'il y
a de curieux, c'est que l'ingénieur de Strasbourg qui
est son chef, étant resté absent de chez lui pendant
6 mois, a trouvé à son retour les deux avis de décès et
de mariage. M. de Y..., ne nous trouvant probablement
pas l'air assez mystique, ne nous a pas adressé une
seule fois la parole pendant le dîner. Quant au fils
de Mme de X..., c'est un jeune homme charmant qui,
malgré les précautions de sa mère, est entré complète-

ment dans les idées du siècle, et n'a pas conservé la moindre trace de jésuitisme. Il a travaillé pour entrer à l'École polytechnique, il a même été reçu avec distinction, mais sa mère n'a jamais voulu lui permettre d'entrer dans ce lieu de perdition, et l'a gardé auprès d'elle, malgré le désir bien naturel qu'il avait d'aller jouir du fruit de ses travaux.

18 juin, de Sarrelouis. — Nous sommes partis le 11 de H'''' et après une course à travers bois, ravins, etc., nous sommes enfin arrivés chez Reynaud, où sa mère nous a reçus de son mieux. Le lendemain 12 nous avons été coucher à Bouzonville après une journée de 69 k. ou d'un peu plus de 17 lieues. Le 13, j'ai traversé la frontière de Prusse et quitté la France pour la première fois de ma vie.

A 3 h. de l'après-dîner nous avons fait notre entrée à Sarrebruck.

Le 14, qui était un dimanche, nous avons été voir Oberbergrath qui est le directeur des mines et qui nous a donné des lettres de passe pour visiter toutes les mines et usines du pays exploitées par le gouvernement. On peut déjà observer un changement notable dans les mœurs, surtout dans celles des aubergistes qui sont plus honnêtes gens que ceux de France et d'ailleurs et en général de bien meilleur ton. Celui chez lequel nous sommes, à Sarrebruck, où nous devons encore retourner, est le type de l'aubergiste allemand. Il est très riche et n'exerce plus qu'en amateur; il n'a pas d'enseigne, en sorte qu'il ne loge que ceux qui lui conviennent et nous avons eu le bonheur d'être de ceux-là. Le dîner chez M. Hilt est toujours présidé par lui, c'est lui qui sert à table avec beaucoup de gravité, en sorte qu'on peut se considérer comme invité pour son argent. On voit là quelques habitués assez drôles et quelques voyageurs, mais l'ensemble n'en a pas moins l'air d'un dîner de famille. Mme et Mlle Hilt ne viennent à table que quand il n'y a que les habitués et, la preuve que nous avons fait de grands progrès dans les faveurs de M. Hilt, c'est que notre présence n'empêche plus l'arrivée de ces dames. Les domestiques ont aussi une nuance bourgeoise, il y a une bonne bien drôle, qui ne sait pas un mot de français et qui fait notre éducation pour l'allemand. Depuis 3 ou 4 jours j'ai déjà fait des progrès bien sensibles. Le pays de Sarrebruck est couvert d'usines et de mines de houille qui nous donnent beaucoup de besogne. Hier 17, nous avons commencé une tournée de 3 jours vers le nord et nous sommes venus coucher à Sarrelouis.

La garnison prussienne, en allant faire les exercices militaires, nous a régalés d'une marche avec des instruments de cuivre nouveaux très remarquables pour la partie harmonique. Déjà l'on sent l'approche de l'Allemagne pour la musique. J'ai déjà entendu plusieurs chanteurs vagabonds des rues toujours chanter avec la plus grande justesse. Nos pauvres joueurs d'orgue de Barbari·, qui n'ont jamais eu de leur vie une instruction musicale, ne gagnent pas à la comparaison. Je me rappelle avoir entendu avec mon camarade une femme qui chantait des chansons allemandes avec un enfant de 8 ans en s'accompagnant sur la guitare; ils avaient l'un et l'autre une voix désagréable, mais ils chantaient avec tant de précision, qu'avec de pauvres moyens ils faisaient l'effet le plus agréable. Quand nous serons décidément dans le cœur de l'Allemagne nous entendrons tous les dimanches au soir des concerts d'amateurs en plein vent qui ne le cèdent en rien à ceux d'Italie.

Nous allons passer par les vallées de Duteveiler vers le N.-E., dans le duché des Deux-Ponts qui appartient à la Bavière, puis nous nous dirigerons par le Mont Tonnerre sur Mayence ; nous redescendrons ensuite le Rhin jusqu'à Bona en suivant la rive gauche ; nous remonterons ensuite sur la rive droite jusqu'à Coblentz.

Kusel (Bavière), 24 juin 1829. — De Sarrelouis nous sommes remontés jusqu'à Wardern pour revenir à Sarrebruck ; nous faisions ce voyage surtout pour voir des usines et divers travaux de mines excessivement intéressants pour nous. Le pays est en général pittoresque, surtout aux environs de Wardern, où nous sommes arrivés après une journée de 16 lieues 1/2. Le 22 nous étions revenus chez le bon M. Hilt, à Sarrebruck. Ce brave homme, qui nous regardait déjà comme faisant partie de la maison, nous a fait part du prochain mariage de sa fille à qui il donne 120.000 fr. de dot, ce qui n'est pas mal pour un aubergiste.

La métallurgie et la visite des mines ne sont guère favorables aux aventures, toute notre journée dans le pays de Sarrebruck est employée à descendre dans des houillères, et rien n'est plus triste que la visite d'une mine. Après être descendu à une grande profondeur, on pénètre dans des galeries basses et étroites où le sol est toujours boueux, on est couvert d'eau qui tombe par infiltration, et pour toute distraction on voit passer de temps en temps un homme qui trie le minerai placé sur un chariot, ou bien on entend les explosions des mines des travailleurs qui vous saluent toujours avec le *gluckauf* de rigueur. Ce mot est consacré par toute l'Allemagne, il a quelque chose de mélancolique, il signifie bonheur au-dessus et semble dire que le bonheur n'est pas fait pour les pauvres mineurs.

De Sarrebruck nous sommes partis le 23 pour Neunkirchen, j'ai vu ce jour-là dans une mine que j'ai visitée une couche de houille qui est embrasée depuis un temps considérable et on voit sortir de dessus la montagne une fumée épaisse comme celle qu'exhalent les volcans. La montagne est excessivement aride, elle est très chaude dans quelques points, et toutes les roches sont calcinées comme si elles avaient été mises dans un fourneau. On exploite dans une mine qui est sous la montagne même des couches de houille voisines de celles-là. J'ai pénétré dans un endroit très proche de la couche embrasée où l'on a une chaleur de plus de 35 degrés ; les mineurs y ont tellement chaud que, même étant complètement nus, leur corps est toujours baigné de sueur. C'est, je t'assure, un triste spectacle que celui de ces malheureux quoique le mot soit peut-être impropre, puisqu'en général les mineurs aiment leur état. Nous avons entrepris aujourd'hui une course assez longue, celle de Neunkirchen à Kusel.

A cela près de l'excessive chaleur, tout alla bien jusqu'à 3 lieues de Kusel, mais, à peine entrés sur le territoire de la Bavière, dans un pays qui était devenu très montagneux, nous aperçûmes un orage que le vent nous amenait avec une grande vitesse. Nous commençâmes à hâter le pas, mais dix minutes après il était sur notre dos et nous le reçûmes avec la gravité la plus imperturbable jusqu'à un village situé à 2 lieues de Kusel. Nous n'avions pas été complètement traversés, aussi je manifestai l'intention d'attendre un peu dans une grange pour voir ce que l'orage deviendrait. Reynaud, voulant faire le brave, me dit qu'il allait néanmoins aller en avant et le voilà parti toujours par la même petite pluie. Dix à douze minutes après, voilà l'orage qui se déclare avec une fureur inconcevable. Le village fut en peu de temps coupé en deux par un torrent impossible à traverser et l'on entendait au moins dix détonations par minutes.

Pendant ce temps j'avais retiré ma redingote que je brossais sur le foin avec un soin minutieux. J'avais étendu ma cravate mouillée pour ne pas lui faire prendre de mauvais plis. Tout absorbé par ce travail d'économie domestique, je ne m'étais pas aperçu que dix ou douze indigènes étaient entrés dans la grange et me considéraient avec des regards de stupéfaction, comme si j'avais été un sorcier occupé d'opérations magiques. Il est de fait que mes habits, mes paquets étendus çà et là donnaient à ma situation une apparence équivoque. Je ne suis pas encore fort dans l'art de parler la langue, je l'entends avec beaucoup de difficulté et je ne la comprends absolument pas quand elle est parlée par des paysans qui parlent allemand à peu près comme les Bretons parlent français. Tu peux concevoir combien je fus peu flatté quand l'un d'eux, plus intrépide que les autres, se mit à me faire quelques questions. Comme je présumais qu'il me demandait qui j'étais au nom de l'honorable compagnie je lui répondis, en aussi bon allemand que je pus, que j'étais un voyageur français et que j'attendais la fin de l'orage. Je me serais aussi facilement fait comprendre en lui parlant Russe. Je vis bien qu'il n'avait compris autre chose que le mot : français, qui circula aussitôt dans toutes les bouches de mes sauvages des deux sexes, et que j'entendis bientôt répéter dans une grange voisine tant la chose semblait extraordinaire à ces espèces de Hurons. Cependant le même sauvage qui m'avait adressé déjà la parole continua à me parler comme si j'avais pu l'entendre et je crus apercevoir, à la chaleur croissante de son discours, qu'en général l'assemblée n'était pas contente de moi. Les sauvages femelles s'agitaient beaucoup. Dieu sait tout ce qu'elles disaient, mais par malheur je n'en savais rien ; ma situation commençait à devenir assez embarrassante, je commençai donc à rassembler mes habits que je remis sur mon dos et qui avaient bien séché dans l'intervalle, enfin d'un air menaçant j'armai ma main droite de mon gros marteau. Mais en général prudent, il fallait songer à la retraite et la porte était barrée par l'armée de sauvages dont le nombre s'était augmenté ; nous étions au 1er étage, c'est-à-dire environ 15 pieds au-dessus de terre et je vis, par la fenêtre qui était ouverte, que rien n'était plus facile que de me sauver par là ; mais ne voulant pas en venir à cette extrémité avant le commencement des hostilités, je m'assis tranquillement sur la fenêtre en gardant mon air résolu et en faisant aussi bonne contenance que possible contre le caquetage et les cris des femmes et des enfants qui dans cette classe forment le véritable fléau du voyageur.

Les choses étaient en cet état quand un nouvel arrivant fit changer la face des affaires. Juge quelle fut ma joie quand j'entendis ce brave homme me demander, en bon français, quel hasard m'amenait dans cette grange. Pour me donner de suite de la considération, je lui dis que j'étais un officier français qui voyageait en Allemagne et que ma voiture s'étant brisée ce matin, sur la route

de Neun-Kirchen à Kusel, j'avais pris le parti de continuer la route à pied avec mon domestique que j'avais
envoyé en avant pour me chercher des chevaux et
qu'enfin, en attendant les chevaux et la fin de l'orage,
je m'étais reposé dans cette grange ; que j'avais lieu
d'être fort étonné de la manière inhospitalière avec laquelle on avait l'air de me recevoir. Le brave homme
que la Providence m'avait envoyé avait fait avec les
Français toutes les campagnes de l'Empire, pendant que
tous les pays en deçà du Rhin appartenaient à la France.
Juge donc quelle fut la colère de mon brave troupier
quand il sut que ses sauvages compatriotes avaient
manqué de respect à un officier français. Il se mit
aussitôt à les traiter d'une belle façon, et me prenant
par la main, il m'invita à entrer chez lui. Je m'aperçus
en m'en allant que mes sauvages avaient considérablement changé de manière de voir à mon égard et que
mon conte de la voiture brisée avait eu le plus grand
succès. Arrivé chez mon brave homme, nous commençâmes par boire une bouteille de vin, il commença aussi
par me demander dans quel corps je servais ; comme je
savais qu'il avait été troupier, j'avais grande crainte
dans le choix de mon corps de tomber sur un de ceux
où il avait servi et par suite de me blouser quand nous
en serions venus à causer des détails du métier. Je
jugeai plus prudent de me donner pour un officier de
marine et je lui dis que j'allais m'embarquer sur ma
frégate qui m'attendait à Anvers pour aller faire un
voyage autour du monde. Mon brave a cru tout cela
comme l'évangile ; il a alors commencé le récit de ses
guerres, ce qui nous a fait boire une seconde bouteille de
vin, puis enfin je manifestai l'intention de partir pour
Kusel, malgré les instances de mon brave troupier qui

m'observait qu'il valait beaucoup mieux attendre mon domestique. Cette raison me touchait fort peu, comme tu peux le penser, et, malgré l'offre d'une troisième bouteille, je me mis en route, la pluie ayant alors complètement cessé. Avant de partir je demandai à mon homme pourquoi les sauvages avaient l'air si furieux, il me dit que les femmes avaient été fort scandalisées de ce que je ne faisais pas de signe de croix à chaque éclair. Elles craignaient que cette impiété n'attirât la foudre sur les granges et elles proposaient simplement de me faire un mauvais parti. Tu vois donc que, sans l'arrivée de mon troupier, j'aurais pu ajouter une page à l'histoire des dangers des superstitions humaines.

En arrivant à Kusel je trouvai le camarade Reynaud couché pour qu'on fît sécher ses habits. Il avait fait toute la route de Kusel avec le plus fort de l'orage; une seconde après le commencement de la grande pluie il ne lui était pas resté un fil de sec sur le corps, il avait encore marché pendant quelque temps pour trouver un abri, mais, en réfléchissant qu'il ne pouvait pas être trempé plus qu'il ne l'était, il avait pris le parti de marcher pour arriver le plutôt possible. Il avait vu tomber à deux cents pas de lui un coup de tonnerre qui avait abattu un arbre. A ce moment la pluie était devenue si intense et le gênait tellement en le frappant à la figure qu'il s'était couché à plat ventre sur l'herbe pour la recevoir sur le dos, mais comme la montagne était pour ainsi dire couverte d'une nappe d'eau qui jaillissait autour de lui, comme lorsqu'un torrent rencontre une pierre, il dut bientôt renoncer à cette position qui n'était pas tenable, pour continuer sa route dans l'état le plus grotesque. Aussi en arrivant à Kusel tous les petits sauvages sortaient des maisons pour hurler après lui comme cela se voit chez nous pendant le carnaval. C'est avec cette brillante escorte qu'il se présenta à l'hôtel de la Poste.

Mon entrée au contraire fut des plus pompeuses, vu que j'étais parfaitement sec. Mais cependant j'étais crotté comme un barbet et harassé par la fatigue d'une journée dans laquelle nous avions fait environ dix-huit lieues, dont cinq le matin et treize l'après-midi. Aussi, par suite d'un système que nous pratiquons dans le voyage, nous terminâmes cette journée par un souper des plus copieux dans lequel nous bûmes trois bouteilles de vin de Bavière et après lequel nous dormîmes d'un sommeil qu'on ne connaît que dans pareilles circonstances. Voici en quoi consiste le système dont je te parlais. La partie la plus délicate de notre individu pendant le voyage est sans contredit la plante des pieds que nous nous appliquons à maintenir dans le meilleur état possible, car, avec la moindre anicroche, il est impossible de marcher et de faire des journées telles que les nôtres. Nous avons remarqué qu'après une marche forcée la peau de la plante des pieds est très sensiblement unie. C'est ce que nous appelons dans notre argot une perte de cuir, nous avons trouvé un remède infaillible à cette perte, c'est de beaucoup manger. Nous reconnaissons constamment que la nuit qui suit un bon souper suffit complètement pour reposer le cuir le plus endommagé; à cet égard, le souper d'hier ne nous a rien laissé à désirer pour les résultats.

Obentein (duché d'Oldembourg), 27 juin. — Notre excursion d'avant-hier s'est encore terminée par un orage encore plus fort que celui que j'ai décrit précédemment. Après diverses péripéties, rentrant à Kusel, je trouvai le camarade dans la même situation que la veille, vu qu'il avait été absolument traversé. Je vis ce jour-là une chose qui peut donner une idée de la violence de ces orages : un champ de pommes de terre qui était sur la pente d'une montagne avait été complètement entraîné, pommes de terres et fond de terre, tout était dans le torrent, il ne restait plus qu'une roche nue.

Hier 26, nous avons traversé encore un nouvel état, celui de Saxe-Cobourg. Nous avons été plus heureux que les jours précédents et nous sommes arrivés à Obentein presque sans eau. La ville est dominée par un rocher de 580 pieds de hauteur au sommet duquel est une ancienne forteresse. Au milieu de ce rocher est bâtie l'église de la ville qui est entièrement taillée dans le roc et qui sert alternativement au culte catholique et au culte luthérien. Il y a dans l'église même une source d'eau la plus claire qu'il soit possible de voir. En grimpant sur la forteresse, nous avons trouvé sur les flancs exposés au midi une si prodigieuse quantité de fraises que l'on aurait pu facilement en remplir son chapeau dans l'espace de deux minutes. Cependant notre hôte nous a dit qu'on dédaignait de venir les chercher dans cet endroit où il n'y en avait pas assez et qu'on allait les chercher sur une autre montagne qui, de l'endroit où nous étions, avait en effet une teinte rougeâtre très prononcée.

De Kall, 9 juillet. — Deux jours après avoir quitté Obentein nous sommes arrivés à Bingen, entre Mayence et Coblentz. Il m'est impossible de t'exprimer l'impression que m'a fait éprouver la vue du Rhin. Il m'est impossible de te décrire tout ce que j'ai vu, il faudrait

de véritables in-folio, car jamais de ma vie, je crois, je
ne verrai une chose plus belle que le Rhin, de Bingen à
Coblentz. Imagine, en effet, un fleuve d'une demi-lieue
de large qui coule en serpentant continuellement entre
deux rangs de montagnes de 8 à 900 pieds de hauteur.
Les sommets sont couverts d'épaisses forêts et des plants
de ces vignes qui donnent les délicieux vins : le Johan-
nisberg, le Rudescheimer, le Scharlachberger que je n'ai
pas manqué de goûter en passant dans leur pays natal.
Mais ce qui surtout me transporte d'admiration c'est le
nombre infini de vieux châteaux ruinés qui sont tous
assis de la manière la plus pittoresque sur des rochers
presque inaccessibles, à 4 ou 500 pieds de hauteur, et
qui dominent encore le cours du Rhin de la manière la
plus menaçante avec leurs tours élevées, leurs créneaux
et leurs fenêtres en ogive. Il y en a qui sont immenses,
l'un deux, nommé le Rheinfels, où je suis monté a encore
28 tours qui sont restées debout et un développement
proportionnel de murs et de fortifications.

Le dessous de ces châteaux, qu'on nomme Burgs en
allemand, est généralement occupé par un joli village où
l'on trouve des auberges qui feraient honte à l'hôtel des
Indes, il est vrai qu'elles sont encore plus chères que
lui ; aussi l'élève ingénieur est loin d'y faire des économies. Dans un fleuve aussi resserré les échos ne doivent
pas manquer, on trouve à chaque pas des endroits
où le son est répété jusqu'à 7 et 8 fois. Dans tous les
villages il y a un homme dont le métier est de faire
parler l'écho avec un cor. Il faut avoir entendu ces
beaux sons répétés à l'infini, en mourant peu à peu,
pour concevoir jusqu'à quel point peuvent être portés les plaisirs du voyageur, surtout quand il est disposé
au romantisme par une bouteille de vin du Rhin.

Pendant les deux jours qu'a duré notre voyage de Bingen à Coblentz, nous avions dit adieu aux mines et aux cailloux et, pour ma part, je n'avais pas trop de mes deux yeux pour voir, de mes deux jambes, et de mes deux bras pour escalader les créneaux et les tours des vieux châteaux, pour visiter les souterrains, les donjons et la chambre du chevalier. Rien n'échappait à mes recherches; quel plaisir surtout quand, arrivé enfin sur le haut de la tour du nord, je pouvais planer comme un oiseau sur toute la vallée du Rhin.

Cochem (sur la Moselle), *15 juillet*. — Ma dernière lettre (en supposant toujours qu'elle vous soit parvenue), vous a appris combien j'avais trouvé de sujets d'admiration sur les bords du Rhin. Je n'en ai trouvé guère moins, mais pour un autre genre de beautés, dans l'Heifel, que nous parcourons en ce moment. Cette contrée a été couverte de hautes montagnes par suite d'éruptions volcaniques dont on peut suivre encore aujourd'hui les effets aussi bien que si l'on avait assisté aux éruptions qui ont eu lieu il y a des milliers d'années. C'est surtout dans ce pays que nous aurions pu faire une belle moisson de minéraux, mais comme il n'y a aucun moyen de communication, il faut se contenter d'en prendre de petits morceaux. Cependant, on ne peut toujours résister à la tentation, et nous avons fait les derniers jours de marche avec une charge de 25 livres environ, disséminée dans toutes nos poches. Avant-hier, entr'autres, nous avons fait une journée de 22 lieues avec cette charge agréable sur les épaules. Il est incroyable jusqu'à quel point je suis devenu marcheur, puisqu'à la fin de cette fameuse journée, la plus forte que nous ayons encore faite, je n'éprouvai aucune fatigue. Pourtant cette marche a été exécutée en pays de montagne, sur les terrains les plus arides qu'il soit possible de voir, sur des laves boursoufflées, des scories volcaniques et des cendres qui entament les souliers de la manière la plus douloureuse. Depuis huit jours, nous n'avons jamais fait moins de soixante kilomètres, soit environ cent trente lieues de poste.

Pendant les derniers jours, si nous avons eu beaucoup à nous louer du pittoresque, il n'en a pas été de même d'une partie tout aussi intéressante, la nourriture. Nous avons presque toujours logé dans d'infâmes gargottes où nous n'avions pour aliments que du bœuf salé ou du veau et de la salade. Ce veau, qui nous revient périodiquement à tous les repas, nous écœure tellement que nous avons fait vœu de ne pas en manger de tout l'hiver prochain. — Il faudrait que vous vissiez l'appétit avec lequel nous mangeons, mais cela est complètement nécessaire pour le travail excessif auquel nous nous livrons. Grand amateur de légumes, j'en fais fort peu de cas dans ce moment, et il me serait absolument impossible de me rassasier sans une ou deux bonnes livres de viande, jamais du reste je ne me suis mieux porté.

Göttingue, 10 août. — Ma chère maman, je dois te prier de m'excuser si je t'écris d'une manière un peu brève, il m'est absolument impossible de faire mieux, vu l'extrême hâte avec laquelle nous voyageons et le travail que me donne la rédaction des nombreux travaux que j'observe tous les jours. Quant à la vitesse de la marche, tu peux t'en faire une idée, quand je t'aurai dit que, d'après le calcul que je viens de terminer, nous avons parcouru à pied, depuis Paris, un espace de six cent deux lieues de poste française.

J'en reviens à Cochem d'où nous sommes partis par une jolie petite pluie. Nous avons eu la satisfaction de la voir se transformer en un vent des plus violents qui nous a amené une attaque assez curieuse. Le plateau élevé sur lequel nous étions était couvert de genêts dont on avait fait la récolte. Les bottes étaient rangées à environ 200 pas de la route, alors nous vîmes la chose du monde la plus comique : toutes les bottes de genêts enlevées en un clin d'œil par l'ouragan se mirent à fondre sur nous comme une armée ennemie composée de soldats qui tournaient sur eux-mêmes, en faisant la roue de la manière la plus drôle. Nous eûmes bien de la peine à résister à ce torrent qui, traversant la route comme un tourbillon, alla se précipiter enfin du haut de la montagne dans la vallée de la Moselle.

Les endroits fort intéressants pour des minéralogistes le sont peu pour de simples amateurs; mais il n'en est pas de même du lac de Lauch, qui est un des points les plus beaux qu'il soit possible de voir sous le rapport pittoresque. Nous l'aperçûmes tout à coup en débouchant d'une haute montagne et tu peux penser quelle fut notre admiration quand nous vîmes devant nous un lac tout à fait circulaire, d'environ 5/4 de lieues de diamètre, entouré d'une ceinture de montagnes qui s'élèvent en amphithéâtre autour du cercle. Les eaux du lac sont du plus beau bleu indigo et les montagnes sont couvertes de forêts magnifiques. A gauche nous apercevions un vieux monastère encore en très bon état et nous eûmes la satisfaction de visiter cet ancien édifice avec son église, son réfectoire, ses nombreuses cellules. Nous avons pénétré dans les nombreux détours des caveaux souterrains et nous avons contemplé les tombeaux des abbés et des chevaliers fondateurs de l'Abbaye. Après avoir tout visité en détail, nous sommes revenus sur les bords du lac que nous avons parcouru dans tous les sens. Nous y avons pris un bain, puis enfin nous nous sommes dirigés vers le Rhin.

D'Andernach nous avons été à Neuwied, où nous avons vu un palais, un jardin magnifique et des collections d'antiquités romaines trouvées dans une ville souterraine des environs. Sans tarder, nous sommes partis pour visiter la rive droite du Rhin, dans le duché de Nassau que nous avons à peu près parcouru dans tous les sens.

Nous avons vu Ems, ce lieu de bains où l'on arrive de toutes les parties du monde. Nous avons fait un séjour de 3 jours à Holzapfel pour visiter en détail une magnifique usine de plomb qui m'a donné beaucoup de travail et dont je n'ai pas encore fini de rédiger tous les détails. Il y a surtout un atelier des plus curieux, composé de 18 jeunes filles de 15 à 18 ans qui sont occupées à laver le minerai de plomb dans des cribles, et je t'assure que j'ai étudié ce travail d'une manière toute spéciale.

D'Holzapfel nous sommes allés à Siegen, en une bonne journée de marche et, si tu as une carte sur laquelle soient marqués ces deux endroits, tu pourras voir qu'il y a dix-huit bonnes lieues de pays que nous avons exécutées sous une pluie battante. Il était impossible de me voir sans rire, dans cette marche mémorable, avec des souliers, des guêtres et un pantalon tout recouverts d'une telle couche de crotte que le diable n'aurait pu apercevoir un seul fil de l'étoffe, et par-dessus ma redingote une blouse de toile cirée qui me descend à mi-cuisse, qui m'a déjà rendu des services incalculables, mais qui me donne un air passablement grotesque. Le bâton à la main, marchant sans faire attention à une pluie qui ne permet pas de distinguer un homme à 10 pas, avec la vitesse calculée du kilomètre en 8 minutes 1/2, tu peux facilement concevoir les éclats de rire qui nous accueillent quand nous traversons les villages. Fort heureux si la pluie est assez forte pour empêcher les petits sauvages des deux sexes de courir après nous, en proférant des cris analogues à ceux de notre *chian lit*. Voilà, ma chère maman le tableau fidèle de l'état auquel se trouve souvent réduit l'élève ingénieur en mission.

A Siegen et dans les environs nous sommes restés environ 5 jours fort occupés à visiter toutes les belles choses que ce pays contient en fait de mines et d'usines. Tu te feras une idée de la richesse du pays sous ce rapport quand je t'aurai dit qu'il y a 28 usines de fer aux environs de Siegen. Nous avons visité entr'autres une mine qui est exploitée depuis 6 à 800 ans: c'est un grand filon de minerai de fer qui a 28 pieds d'épaisseur sur une longueur d'une demi-lieue et dont on ne connaît pas la profondeur. Il y a des excavations énormes qui ressemblent à de grandes voûtes d'église. C'est un spectacle intéressant même pour les gens du monde. Aussi y voit-on nombre de curieux et surtout beaucoup de dames dont tous les noms sont inscrits sur un régistre, comme c'est la coutume en Allemagne partout où il y a quelque chose de remarquable.

Nous avons été dîner chez le président du Conseil des mines, excellent homme qui nous a reçu avec une cordialité qu'on ne trouve qu'en Allemagne quoique nous n'eussions pour lui aucune recommandation.

De Siegen, nous avons commencé à nous diriger à grandes journées sur Göttingue, en faisant en moyenne 16 lieues par jour ; je passe les détails de ce trajet, mais cependant je ne veux pas manquer de te dire quelques mots sur Kassel. C'est le séjour d'un prince d'Allemagne, l'Électeur de Hesse. C'est la plus jolie ville que j'aie vue de ma vie ; il y a trente mille habitants, et pas une seule maison qui ne soit blanchie à neuf, le tout bâti avec un luxe qui surpasse ce que l'on peut voir à Paris, à part quelques-uns des principaux monuments.

Le prince habite l'été un palais de plaisance à une lieue de la ville nommée Wilhelmshöhe qui était le séjour favori de Jérome Bonaparte quand il était roi de Westphalie. Le château, qui est de toute beauté, est entouré de jardins qui pour la grandeur et l'espace laissent bien loin derrière eux ceux de Saint-Cloud et de Versailles. Ces jardins sont disposés en amphithéâtre et en pente sur une montagne qui a bien 1400 pieds de hauteur : les jardins sont dessinés à l'anglaise et couverts de massifs d'arbres et de fleurs de l'effet le plus pittoresque. Nous sommes précisément arrivés hier dimanche à l'instant où les grandes eaux jouaient. Elles se répandent dans tous les jardins et tombent en une série de cascades, à partir du château jusqu'au pied de la montagne, sur une hauteur d'environ douze cents pieds. Immédiatement au-dessous du château, l'eau se précipite de 80 pieds de hauteur, et on la voit tomber sur des gradins en pierres du haut d'un édifice superbe. Il y a 1350 marches pour arriver au sommet qui est couronné par une statue d'Hercule en bronze, de 35 pieds de hauteur. Kassel est une ville riche et très peuplée.

De l'intérieur de la statue d'Hercule on voyait, au travers d'une fenêtre pratiquée sous l'ongle de l'orteil, cette étendue immense de jardin couverte de monde. Le beau château est situé au bout d'une avenue d'une lieue de longueur, bordée de marronniers, qui était parcourue par au moins 3oo calèches découvertes et la vue n'était pas choquée par l'aspect de ces infâmes coucous qui encombrent ordinairement les avenues de la capitale de la France.

Enfin, ce matin, nous sommes partis de Kassel pour Göttingue; nous sommes partis en même temps que la poste et nous sommes arrivés 3/4 d'heure avant elle, ce qui te donnera une idée de notre vitesse et de la lenteur du service des postes dans cette bonne Allemagne où, en général, on a soin de bien prendre son temps pour toutes les opérations de la vie. Nous avons trouvé à notre arrivée un jeune américain qui a travaillé cette année avec moi au laboratoire de l'école et qui vient nous rejoindre pour faire avec nous le voyage du Hartz où nous allons rester 4o ou 45 jours. C'est la partie la plus intéressante de notre voyage. Le Hartz est une chaîne de montagne de 6 à 8 lieues de largeur et de 25 à 3o de longueur. C'est un pays où l'on ne peut faire un pas sans rencontrer une mine ou une usine. Ces mines sont exploitées de temps immémorial; il y en a qui ont atteint maintenant la profondeur de 2100 pieds, je te laisse à penser quelle est l'impression que doivent faire des travaux aussi gigantesques. Le Hartz est le pays le plus romantique de l'Allemagne; il est presque entièrement recouvert de forêts de sapins presque aussi vieilles que le monde. Il faut avoir vu une forêt de sapins pour savoir combien il est agréable de les traverser; on est continuellement sous un abri de plus de 100 pieds de hauteur où la terre est couverte d'une mousse épaisse, sans broussailles.

Je termine en te transcrivant une lettre que le Directeur Général vient de m'adresser à propos de mes examens.

« Monsieur, le Conseil de l'École Royale des mines m'a donné connaissance des succès infiniment remarquables que vous avez obtenus dans le dernier concours, il m'annonce que, bien que vous n'ayez que 18 mois d'études, vous vous trouvez en tête de la liste des élèves et que vous avez obtenu 5797 points de mérite, nombre auquel, depuis la fondation de l'École, n'a jamais atteint aucun élève, même de 4me année. Il ajoute que ces résultats sont dus à votre application non interrompue et à votre conduite exemplaire, j'ai vu avec un bien grand plaisir un témoignage aussi honorable pour vous ; je me plais à vous en féliciter, Monsieur, et à vous en exprimer toute ma satisfaction. J'ai voulu vous en donner d'ailleurs une marque particulière en faisant mettre à votre disposition plusieurs ouvrages au nombre desquels se trouvent les voyages minéralogiques et géologiques de M. Beudant, et la richesse minérale de M. de Villefosse. J'ai pensé que vous mettriez toujours d'autant plus de prix à recevoir ces ouvrages que vous y rattacherez toujours le souvenir de vos succès.

« Recevez etc.

« *Signé* : BECQUEY. »

Tu vois, ma chère maman, que notre honnête directeur ne me donne pas seulement du vent puisque l'ouvrage de M. de Villefosse entre autres coûte au moins 3oo francs.

Clausthall (dans le Hartzgebirge), le 15 août 1829. — Me voici enfin au milieu des montagnes du Hartz, ma chère maman, et ce pays est si extraordinaire et si différent de tout ce que j'ai vu jusqu'ici que je ne puis résister à l'envie de t'en donner de suite une idée. Tu as dû savoir par ma dernière lettre que notre société s'est augmentée d'une recrue, dans la personne d'un jeune américain que nous avons connu à Paris. C'est un très bon garçon et qui n'a pas moins de 6 pieds de haut et cette fois encore le fameux proverbe : *plus on est de fous,* etc., ne s'est pas trouvé en défaut.

Le Hartz, au cœur duquel nous sommes maintenant, est un groupe de montagnes d'environ 3o lieues de longueur sur une largeur de 6 à 8 lieues. La masse générale forme un plateau qui est coupé très profondément par un grand nombre de vallées bordées de montagnes qui s'élèvent toujours beaucoup au-dessus du niveau des plateaux. L'une de ces montagnes est le fameux Brocken, qui a 3.5oo pieds de hauteur. Je me trouve en ce moment à Clausthahl, chef-lieu de tout le Hartz, où nous avons dû nous rendre d'abord pour avoir des lettres d'introduction dans toutes les usines qui, dans ce pays, se trouvent ainsi que les mines avec une abondance vraiment incroyable. Dans toute la chaîne du Hartz, depuis la création du monde, on n'a pu faire pousser un grain de blé ou de toute autre céréale. Mais aussi nous sommes au nord de l'Allemagne, à 18oo pieds de hauteur, presque constamment dans les nuages, depuis deux jours surtout. Aussi nous nous conformons aux usages du pays et nous faisons un usage de liqueurs fortes qui partout ailleurs constituerait l'ivrognerie et qui, dans ce pays, n'est que le nécessaire. Si tu pouvais goûter de l'eau-de-vie que nous buvons, tu serais la première à reconnaître qu'il est impossible de nous accuser de sensualité, jamais tu n'as senti de boisson aussi infernale que cette eau-de-vie qu'on appelle Schnapps dans le langage des mineurs ; on la fait avec des baies sauvages. Cependant dans le séjour des nuages on trouve cela excellent.

Nous n'avons pas à nous plaindre de la nourriture, nous sommes dans une assez bonne auberge où on nous régale de sangliers et de cerfs qui ont pour sauce des confitures de cerises sauvages. C'est un usage de toute l'Allemagne de manger la confiture avec le rôti et du beurre au dessert. J'ai d'abord fait la grimace, mais comme j'ai toujours le même faible pour la sauce, j'aime mieux en avoir une aux confitures que de n'en avoir pas du tout ; maintenant j'en ai tellement pris l'habitude que, quand on sert le jus de la viande avec le rôti, je n'en mêle pas moins la confiture avec le tout.

Ce sont les vallées qui ont donné au Hartz sa grande réputation. Très larges et très hautes, elles sont excessivement tortueuses et il serait bien difficile d'y trouver le plus petit bout de terre qui ne soit pas en pente. La partie boisée des vallées est couverte d'une herbe fort belle et toutes les montagnes, dont on voit très souvent 20 sommets se détacher les uns sur les autres, sont entièrement couvertes de sapins. C'est un spectacle extraordinaire qu'une forêt composée d'arbres, tous de même hauteur et d'environ 120 à 130 pieds, droits comme des mâts de vaisseau, sous lesquels on ne voit pas la plus petite broussaille, mais une mousse épaisse où la végétation ne présente pas la plus petite inégalité. C'est le spectacle le plus majestueux que l'on puisse voir.

Après avoir couché à Osterode à 12 lieues de Göttingue

nous étions partis le matin de bonne heure; une demi-
heure après notre départ nous avions déjà un orage sur le
dos, mais c'est pour nous une chose si ordinaire que sans
nous en apercevoir nous aurions continué notre route
sans l'ami Clemson (l'américain) qui n'avait pas encore
nos habitudes; par égard pour sa casquette neuve, nous
résolûmes de nous mettre sous un hangar adjacent à
une petite maison où nous étions fort mal abrités.
Nous aurions été très heureux d'entrer dans la maison
où se promenait gravement une espèce de faquin qui
fumait sa pipe dans un parfait état de félicité ; je frappai à la fenêtre pour lui demander la permission d'entrer avec un camarade, mais ce brigand, bien différent
des montagnards de notre ami Boïeldieu, fit semblant
de comprendre que je lui demandais celle de rester dans
le hangar et me ferma la fenêtre au nez en me disant
avec beaucoup de politesse qu'il me l'accordait. Du
reste le trait n'est pas étonnant de la part d'un préposé
au péage de la route et il y a longtemps que j'ai remarqué qu'il y avait bien peu de sentiments généreux à
attendre des gens de finance.

Mouillés sous le hangar, à peu près comme en plein
vent, nous reprîmes bravement notre route et nous nous
lançâmes dans la montagne, par une pluie telle qu'on
n'y voyait pas à dix pas devant soi. Fort heureusement
l'orage se transforma en une petite pluie fine qui nous
laissa apercevoir toute l'étendue des montagnes dont
nous étions environnés et cela en un clin d'œil, comme
un changement à vue de l'opéra. La pluie cessa et il
ne resta plus dans l'air qu'un brouillard léger traversé par des rayons de soleil. Nous étions entourés de
montagnes et de forêts de sapins. Enfin nous entendions
autour de nous le son des clochettes que les vaches

portent à leur cou, pour que les bergers puissent les retrouver facilement. Ce sont de grandes clochettes de fer blanc que les paysans, qui sont tous musiciens, construisent toutes à la quinte, à la tierce ou à l'octave les unes des autres.

Le Rhin m'avait causé de bien vifs sujets d'admiration, mais c'était dans le genre pittoresque, gai, agréable. Le pittoresque du Hartz, au contraire, est sombre, sévère et m'a fait en somme plus d'impression.

Avant de te quitter pour m'aller lancer dans les fourneaux pour quelques jours, je veux te faire la description de mon individu que certainement tu ne te représentes pas tel qu'il est maintenant. Je suis devenu pourtant un véritable mineur et je n'ai pas manqué d'en prendre le costume qui ne laisse pas d'être pittoresque quoique bien sévère : le pantalon est de toile noire et l'habit est une espèce de camisole en serge noire, qui est serrée à la taille par une ceinture maintenue par une plaque en cuivre sur laquelle sont un marteau et une pioche croisés (armes des mineurs d'Allemagne), au-dessous est écrit *gluck auf*, salut franc-maçonnique des mineurs ; les manches et toutes les bordures de la gittel (prononcez kittel, c'est le nom de la camisole en question) sont bordées de velours noir, elle se termine par un petit collet de velours d'où tombe une pèlerine tailladée en zigzag, toujours en serge bordée de velours. Enfin pour terminer l'accoutrement j'ai, serré à la ceinture, un cuir qui me descend par derrière jusqu'à mi-cuisse afin de préserver le pantalon quand on descend dans les puits inclinés, ou quand on se traîne dans la galerie haute de deux pieds souvent pendant 1/2 heure. Ajoute à tout cela une moustache que je laisse pousser depuis huit jours et qui a déjà 3 lignes de longueur, enfin un tuyau de pipe qui me sort par une des poches, mais cette partie n'est que pour la montre , vu que je n'ai pas le temps d'apprendre à fumer. Toutefois je ne manque pas de tirer ma pipe et de fumer à sec dès que j'arrive dans une usine ou dans une mine afin de m'attirer la considération qui en Allemagne est accordée à tout homme qui a une belle pipe à la bouche. Il est très extraordinaire pour un Français, qui est habitué à regarder la pipe comme une chose de mauvais ton, de voir l'espèce de ridicule qui est attaché en Allemagne à un homme qui ne sait pas fumer ; c'est absolument comme si, dans une société comme il faut, on voyait un homme qui ne saurait pas lire, du reste à ce sujet notre qualité de Français nous sauve en Allemagne. Les Français peuvent prendre avec empressement tous les genres possibles, enfin être Français en Allemagne est d'un ton excellent.

Goslar (dans le Unterhartz), le 21 août 1829. — La fin de mon séjour à Clausthahl a été employée à compléter mes études sur la grande usine centrale qui se trouve à quelque distance de la ville. Cette usine extrait l'argent, le cuivre et le plomb des minerais qui lui sont fournis par 15 mines immenses. Deux de ces mines que j'ai visitées, et qui se nomment la Dorothée et la Caroline, ont 2100 pieds de profondeur. Tandis qu'ordinairement tous les accessoires d'une mine à plomb, cuivre et argent emploient une centaine d'ouvriers, celle dont je te parle en emploie plus de 3000. Tu vois que, pour un homme de mon métier, le Hartz est un véritable pays de cocagne.

Toutefois cette usine qui nous paraît admirable, ferait une impression pénible sur un amateur qui ne serait pas accoutumé à la vue des fourneaux. Ainsi par exemple, si tu venais à Franchenchaarnerhütte (c'est le nom de l'usine en question), tu ne verrais dans ce qui fait mon admiration qu'une masse immense de bâtiments noirs comme de la suie au-dessus desquels est toujours suspendu un nuage énorme de fumée et de vapeurs sulfureuses qui s'étend tout autour à plus d'un quart de lieue ; de tous côtés des fourneaux qui vomissent avec de la flamme des torrents de vapeurs de plomb, d'arsenic, de soufre, d'antimoine, etc. ; des nuées d'ouvriers qui ont presque tous une santé détruite, qui sont pâles comme des spectres et dont la plupart ont les poignets tordus par l'effet des vapeurs de plomb qui donnent aussi à leurs membres un tremblement continuel et tout cela, pour gagner 7 groschen par jour, c'est-à-dire environ 21 sous.

Néanmoins, en voyant la hardiesse de ces travaux, on trouve que c'est à juste titre que les mineurs allemands sont regardés comme les premiers du monde.

Pour en venir à des idées plus riantes, je te dirai que notre voyage de Clausthall à Goslar s'est fait de la manière la plus gaie, Reynaud étant un farceur fini et Clemson, notre nouvelle recrue, étant le garçon le plus aimable et le plus amusant qu'il soit possible de voir ; il a pris entre autres choses à tâche d'embrasser toutes les gardeuses de chèvres et de vaches que nous rencontrons dans les montagnes. Rien n'est plus comique que de voir ce grand corps de 6 pieds aller conter des douceurs à ces bergères dans un langage qui sur 20 mots est composé au plus d'un mot allemand, le reste étant toujours en français, aussi tu penses bien que de tous ses discours elles ne comprennent que la partie démonstrative qu'elles prennent en général assez bien.

Goslar est pour nous un nouveau centre de travail et, depuis 8 jours, je suis occupé à étudier deux mines qui se trouvent à 5/4 de lieues. En ce moment je suis seul. Il y a trois jours, en revenant le soir avec le petit brouillard de notre course quotidienne, l'ami Reynaud qui, ainsi que nous, toute la journée avait respiré force vapeurs de plomb et d'arsenic, s'écria tout à coup : Sacrebleu, Messieurs, j'ai assez de métallurgie pour ce mois-ci et j'ai bonne envie de la planter là. L'ami Clemson qui ne disait mot, mais qui n'en pensait pas moins, trouva l'idée excessivement lumineuse et voilà nos deux gaillards qui se mettent à me débaucher pour faire comme eux; je suis à ce qui paraît plus métallurgiste qu'eux et je tins bon en disant que je voulais voir tous les travaux avant de partir. Alors on convint de se séparer et en un quart d'heure il fut résolu que Reynaud irait à Lubeck voir les bords de la Baltique, que Clemson irait à Berlin où je dois aller le rejoindre pour voir cette ville magnifique ainsi que l'Opéra qui, dit-on, est le premier du monde. Il y a soixante-dix lieues d'ici à Lubeck, il y en a soixante-quinze jusqu'à Berlin et tous ces voyages ont été résolus en moins de temps que n'en eût mis un bourgeois de Paris pour se décider à aller se promener aux Tuileries.

Dans trois jours je me mets en route à mon tour pour Berlin où j'arriverai en trois jours et demi de marche, à moins que je ne me décide à prendre la voiture à Magdebourg, ce qui est douteux, vu que depuis que je voyage à pied, j'ai pris pour les voitures une aversion telle que je suis malade toutes les fois que je m'embarque dans ces machines, ce qui du reste ne m'est arrivé qu'une fois depuis mon départ de Saint-Dizier. Tu ne saurais croire ma chère maman, combien il est agréable de se trouve comme nous dans un état parfait d'indépendance et de pouvoir se transporter d'un lieu à un autre sans avoir besoin de consulter les convenances sociales, sans penser aux paquets, aux voitures, et à tout ce qui fait l'ennui des voyages, et surtout d'être parvenu à pouvoir faire dix-huit à vingt lieues dans une journée, sans ressentir la moindre fatigue le lendemain matin.

Tel est l'état dans lequel nous sommes et je t'assure qu'il y a dans l'univers peu d'hommes qui se trouvent dans un état de félicité pareil à celui dont je jouis maintenant. Lorsqu'il sera passé, d'après le sort de toutes les choses de ce monde, j'aurai encore la consolation de penser que j'ai su l'apprécier à temps et par suite en jouir dans toute sa plénitude.

Ce petit voyage de Berlin qui forme un petit accroc à l'itinéraire qui nous a été tracé m'est presque nécessaire dans la situation actuelle après un séjour prolongé dans des mines très malsaines. Ce travail un peu forcé ne laisse pas que de me fatiguer, j'ai été obligé, entre autres chose, de renoncer au vin pour quelque temps, parce que l'acide du vin, en se combinant avec les vapeurs de plomb, produit un poison qui occasionne de fortes coliques.

Ma vie dans ce moment est des plus régulières. Voici un abrégé de l'emploi de mon temps. A 4 heures, 1/2 du matin, je prends une tasse de chocolat au clou de girofle, d'après la coutume du pays puis je m'embarque à pied pour Oker où j'arrive à 6 heures, où j'étudie, dans les mines, la fabrication du zinc, du cuivre, du laiton, du plomb, de l'argent, de l'or, du soufre, etc., qui se trouvent tous rassemblés sur ce même point; cette étude est fatigante parce que je suis obligé d'être constamment avec les ouvriers et de causer avec eux ; j'entends à présent assez bien l'allemand, mais celui des ouvriers est comme le patois par rapport au français et j'ai beaucoup de mal à le comprendre. Pour arriver là, il faut que je retourne ma question de 20 manières différentes ; à midi je vais dîner dans une espèce de cabaret où je mange du bout des dents du jambon et du bœuf salé avec des groseilles fermentées dans le vinaigre pour entremets, le tout avec du pain noir tout mollasse dont l'aspect me fait toujours frémir ; avec cela la bonne femme de l'auberge croit me traiter en prince et elle pousse des soupirs et des exclamations en me voyant prendre seulement 2 gros de son bœuf cru pour faire passer 2 onces de pain. Pour me dédommager je fais comme l'ami Clemson, j'embrasse les deux servantes qui, comme toutes les femmes du Hartz, sont très bien et je retourne jusqu'au soir 8 h. à mes fourneaux, puis je rentre à Goslar où je me dédommage des fatigues de la journée en mangeant du cerf rôti qui est bien la meilleure viande qu'il soit possible d'imaginer. Aussi j'en consomme des quantités qui te paraîtraient épouvantables.

Hier par extraordinaire il faisait un très bon temps et même assez chaud, ce que je n'avais pas vu depuis un mois. J'avais eu la précaution de mettre une livre de cerf dans une poche et une livre de pain blanc dans l'autre en partant le matin de Goslar. Muni de ces vivres précieux, je formai le projet de rester la nuit à Oker et d'employer ma soirée à faire une excursion dans la vallée de l'*Okerthall*. A 6 h. du soir je partis avec mon cerf que j'avais ménagé pour le souper avec un long morceau de sapin en guise de torche et avec de l'amadou et un briquet.

Cette excursion est la plus belle de toutes celles que

j'ai faites jusqu'ici dans le Hartz. Après une heure de marche je me trouvais au pied d'une haute montagne que l'on nomme Brecken Ziegen (dos de chèvre), parce qu'en effet elle présente cette forme. J'eus en cet endroit le spectacle le plus sauvage que j'aie vu de ma vie. La vallée est formée par deux rangs tortueux de montagnes énormes de 2500 pieds de hauteur, qui sont séparés par un torrent qui a creusé son lit entre elles. Ce torrent est couvert de blocs énormes de granit, entre lesquels le torrent forme des cascades à chaque pas. Toutes les montagnes, depuis le sommet jusque dans le lit même du torrent, sont couvertes de sapins et de sapinettes avec quelques pins çà et là. On ne trouve dans cette vallée absolument rien qui rappelle l'homme; car le petit sentier que côtoie le torrent, en passant mille fois d'un côté à l'autre, est plutôt l'ouvrage des chèvres et des cerfs que celui des voyageurs. J'arrivai enfin au terme de ma course, dans un endroit nommé le *Wolfs Schlecht* dont je ne puis trouver d'autre traduction que *abîme du loup*. Là, le caractère sauvage de la vallée est porté au plus haut degré. Un petit torrent qui tombe presque verticalement vient se jeter dans le grand, en se frayant une route au travers des racines de sapins et des blocs de granit qui saillent dans la montagne. Les deux côtés du torrent sont excessivement resserrés et multiplient à l'infini le bruit des eaux. Enfin la scène était de toute beauté; à l'instant où j'arrivai le jour commençait à tomber. Ce lieu est célèbre dans le Hartz. C'est là, suivant la tradition, que le Freyschutz (Robin des bois) venait invoquer le diable ou le chasseur noir pour avoir des balles enchantées.

On ne pouvait mieux choisir le lieu d'une pareille scène. Après avoir allumé ma torche de sapin que je fichai horizontalement entre deux rochers, je montai sur une roche du torrent et commençai à entonner l'évocation du diable de Robin des bois que je terminai en appelant 3 fois, à haute voix, le franc chasseur; mais je ne vis absolument rien si ce n'est pourtant un grand nombre d'orfraies que ma torche avait attirées.

Enfin après avoir expédié ma livre de cerf, m'être abreuvé des eaux du torrent, je revins à mon cabaret où, quand je vins à me coucher, je trouvai mon lit composé de paille recouverte d'un drap au-dessus duquel se trouvait un édredon, c'est-à-dire une espèce d'oreiller grand et rempli de plumes qui sert de couverture dans le pays. La servante me demanda le sujet de mon étonnement, et quand je lui eus expliqué que je voulais avoir encore un drap pour m'introduire entre celui-là et l'autre, l'invention lui sembla si extraordinaire et si comique qu'elle se mit à éclater d'un rire qui durerait encore si je ne l'avais envoyée promener.

Berlin, 5 septembre 1829. — J'arrive en ce moment à Berlin où j'ai retrouvé l'ami Clemson et nous attendons à chaque moment l'ami Reynaud qui, n'ayant jamais vu la mer, est allé faire une excursion sur les bords de la Baltique.

Je t'ai dit dans ma dernière lettre comme quoi j'étais resté seul à Goslar la veille du jour fixé pour mon départ. Des nuages qui ont couvert le Hartz entier pendant 3 jours donnèrent une telle quantité d'eau que tout le pied de la chaîne s'est trouvé complètement inondé. Toutes les maisons de la ville avaient de l'eau jusqu'au premier étage, il n'est resté que deux ponts, tous les autres ont été enlevés; dans la plaine, du côté de Brunswick, il y a beaucoup de personnes noyées; de mémoire d'homme dans le pays on n'avait rien vu de pareil.

Je suis resté bloqué dans Goslar. Pendant tout ce temps j'ai mis complètement à jour mon journal de voyage. J'ai mangé force tranches de cuisse de cerf dont, par un grand bonheur, notre respectable hôte, M. Busching, à l'enseigne de l'Empereur Romain, avait une ample provision. Il y avait là une famille allemande fort aimable composée du papa, de la maman et de trois jeunes filles fort gaies et qui parlaient quelque peu le français, que je comprenais en me mettant en quatre pour deviner ou que je faisais semblant de comprendre. Je leur répondais en français composé d'autant d'allemand qu'il était possible d'en mettre sans qu'il y parût. La maman était enchantée de voir ses filles si savantes et regardait les autres voyageurs, tous bons et braves Allemands, avec une satisfaction orgueilleuse. Elle conclut de tout cela que j'étais un jeune homme comme il faut. Le résultat fut une invitation pour aller prendre le thé chaque soir dans l'appartement de mes voisines tant que durerait le déluge. Je me gardai de refuser et chaque soir j'avais la satisfaction d'entendre chanter, avec accompagnement du clavecin du père Busching, les jolis refrains de Weber, Winter, Mozart, etc.

Enfin le nuage s'éleva peu à peu. Ce repos forcé pendant trois jours, avec une nourriture succulente et après une vie aussi active, m'avait tellement refait le cuir, comme nous le disons dans notre jargon, et m'avait donné une telle surabondance d'esprits vitaux, qu'il m'aurait été véritablement impossible de rester plus longtemps dans l'inaction. C'était donc avec une véritable passion que je désirais me retrouver de nouveau sur la grande route. Dès que j'eus donc aperçu le sommet du Ramellberg qui venait m'assurer le retour du beau temps, comme autrefois l'arc-en-ciel l'avait fait pour notre père Noé dans une circonstance analogue, je mis ma chemise dans une poche, mon pantalon dans une autre avec le reste du petit bagage portatif, je fis emplir ma gourde avec le rhum du père Busching, j'enveloppai dans la bonne toile cirée un bon morceau de cerf avec un morceau de pain, puis la canne en main je me lançai intrépidement sur la route de Wernigerode malgré les remontrances du père Bushing qui me jurait ses grands dieux que tous les ponts étaient enlevés et qu'il fallait attendre au lendemain pour passer les torrents à gué quand les eaux seraient devenues moins grosses. Je laissai dire et je me mis en route.

Pour bien comprendre les détails de mes exploits pendant cette journée, il faut que tu saches que Wernigerode où je voulais aller est situé ainsi que Goslar au pied de la chaîne, mais que pour y aller il n'y a pas de grande route, mais seulement des petits sentiers qui traversent en nombres infinis les forêts de sapins et de hêtres dont toutes les pentes du Hartz sont couvertes. La ligne que j'avais à suivre dans la journée, sur cette pente de montagnes, coupe des ruisseaux qui occupent le fond des vallées latérales. J'en avais à traverser trois principaux qui étaient devenus des torrents. Mon parti fut pris, je me mis à traverser à gué les endroits où il y avait de l'eau jusqu'aux genoux. A Ocker mes connaissances de l'usine ainsi que ma jolie hôtesse me firent de grandes remontrances en me disant que tous les voyageurs qui étaient partis le matin pour Neustadt étaient revenus sur leurs pas en attendant jusqu'au lendemain pour recommencer. Je les laissai encore dire, bien décidé à voir par moi-même et à retourner sur mes pas dès qu'il y aurait devant moi un danger certain, mais je crois aussi qu'il est bon que l'homme s'exerce à surmonter les obstacles quand il ne faut pour cela que de la patience et de l'adresse.

Me voilà donc lancé sur le sentier de Neustadt, sautant tout seul comme un fou de la joie de me voir délivré de mes chaînes, les pieds continuellement dans l'eau qui coulait comme une nappe sur toutes les pentes des montagnes, ayant environ une bonne averse tous les quarts d'heure quand un nuage passait sur moi en m'enveloppant. A chaque instant, je me trouvais arrêté par un torrent, mais en le côtoyant pendant quelque temps, je trouvais bientôt un endroit pour le traverser à gué. Cette manière de voyager avait de grands inconvénients dont le principal était de me faire perdre à chaque instant le sentier que j'avais suivi, il me fallait à chaque torrent recouper au travers des forêts pour en retrouver un autre qu'il fallait encore abandonner quand je voyais qu'il me conduisait dans une mauvaise direction, ce dont je pouvais m'apercevoir à la boussole, car, entouré de sapins de 150 pieds de hauteur, avec des nuages sur la tête et même sur le corps, on est encore plus embarrassé que sur mer, où au moins presque toujours les nuages sont au-dessus des vaisseaux. Je compris alors comment mes voyageurs avaient eu peur d'aller plus loin et j'arrivai enfin sain et sauf à Neustadt, où je passai deux heures à visiter une jolie saline qui se trouve aux environs.

Je me remis ensuite en route pour Ilsemburg, toujours avec de nombreuses remontrances du maître de la saline sur l'impossibilité d'aller plus loin. A une demi-lieue de Neustadt, je rencontrai sur le bord du torrent deux voyageurs qui le considéraient de l'air le plus ri- sible, ils me dirent qu'ils étaient déjà là depuis une heure, qu'ils avaient délibéré et que le résultat de leur longue délibération avait été de retourner coucher à Neustadt dont ils étaient partis depuis 5 h. de temps; il était alors environ 3 h. du soir et ils m'engagèrent à faire comme eux. Je n'en avais nulle envie et après m'être bien convaincu qu'il n'y avait pas moyen de passer à gué, je les priai de m'aider à casser un jeune sapin d'environ douze pieds de hauteur et une minute après j'étais de l'autre côté d'après la méthode des mon- tagnards qui appuient une extrémité dans le torrent et qui sautent à l'envolée en s'appuyant dessus. Nos deux gros Allemands étaient à peindre tant leur stupéfaction était grande de m'avoir vu sauter, mais quelqu'instance que je leur fisse, ils ne voulurent pas m'imiter; je les laissai donc là et continuai ma route.

L'emploi du sapin n'était applicable que quand le torrent était encaissé et peu large, je me fatiguai bientôt de porter inutilement mon gros arbre et je me remis à traverser à gué, en remontant les torrents. Mal- heureusement cette méthode était extrêmement longue et avait l'inconvénient de me dérouter à chaque instant, en sorte qu'après trois heures et quart je n'avais point encore aperçu Ilsenburg, quoique, par un beau temps, il n'y ait ordinairement que deux heures de marche. J'avais fait de si nombreux détours que je ne savais plus trop dans quelle direction était la ville, la boussole ne pouvait donc plus me servir, mais je marchais tou- jours bravement à l'Est, quand les torrents voulaient bien me le permettre.

La nuit arrivait et la faim me talonnait; aussi sur le bord d'un torrent un peu plus grand que les autres j'expédiai le reste des provisions du père Busching, conservant seulement, d'après les principes du sage, un morceau de cerf gros comme la main, un peu de pain et un bon tiers de la gourde.

Je n'ai ni assez de temps, ni assez de place pour te raconter combien la vue de ces torrents était magnifique et combien ce repas que je fis sous le tronc d'un grand sapin au pied d'un torrent tout blanc d'écume, dans une solitude des plus sauvages, me procura de sensations agréables. Ma première impatience de marcher s'était trouvée un peu apaisée par une marche de plus de 10 lieues, et je pouvais jouir alors de mon voyage, d'une manière plus paisible et plus sensuelle, réconforté par un repas seulement un peu trop léger. Je me mis bravement en route pour remonter un grand torrent, croyant avoir encore une lieue à faire avant de trouver le gué. Je fus donc bien agréablement surpris quand, après avoir fait deux cents pas, je trouvai un magnifique passage sur un grand sapin qui avait été entraîné par les eaux et qui depuis la décroissance du torrent, était resté en travers comme un véritable pont.

Me voilà donc parti marchant toujours vers l'Est pour tâcher de recouper Ilsembourg, mais la ville ne se montrait pas, la nuit était décidément venue et j'étais toujours naviguant au milieu des sapins. Pendant une lieue je ne trouvai que des petits ruisseaux que je passais sans y penser avec de l'eau à mi-jambe. Ilsemburg ne paraissait toujours pas, et, je l'avoue, je commençais à ne plus comprendre du tout.

J'avais fini par trouver un petit sentier et j'allais de l'avant, en levant à chaque pas les jambes d'un demi-pied afin de butter le moins possible. Il était 8 h. du soir, on n'y voyait plus goutte depuis 2 h., il tombait une petite pluie battante dont j'étais du reste assez bien préservé par la blouse en toile cirée qui, hélas, n'enveloppait plus de vivres; de temps en temps, je me permettais d'humecter le bout de ma langue avec une goutte de rhum, ménageant avec soin le reste de ma fortune. J'entendis alors au loin le bruit sinistre d'un torrent qui augmenta peu à peu jusqu'à ce que je fusse arrivé au bord. La question se compliquait. Je n'étais pas d'humeur à me lancer dans le torrent sans être sur d'avoir un gué et pour essayer il fallait trouver un endroit moins bruyant et par suite plus rassurant. Pour savoir s'il était plus avantageux de descendre que de remonter le torrent, je battis le briquet, j'allumai la pipe qui inspire toujours de bonnes idées et je me mis à essayer d'observer la boussole à la lueur du tabac ; pendant ce temps-là le vent m'apporta du haut du torrent l'odeur du bois charbonné que l'on fabrique dans beaucoup d'endroits des forêts pour les besoins des mines. Je me dirigeai le nez au vent et bientôt je me trouvai près d'un grand tas de bois à moitié carbonisé; mais, contre mon espérance, il n'y avait pas de cabanne de charbonniers.

Il me vint dans l'esprit de construire une cabane avec le bois abattu qui entourait le tas; en y réfléchissant, je trouvai qu'il faudrait beaucoup de temps pour le mettre en état de me donner abri pendant la nuit et je pensai qu'il valait mieux employer ce temps à remonter le torrent. Ma situation, dans le moment, aurait paru affreuse à bien des gens; pour moi je me regardais comme dans une belle aventure et je me représentais le plaisir que j'aurais à vous la raconter. Il est de fait que j'avais assez mangé dans la journée pour me soutenir pendant la nuit et il était évident qu'en marchant toujours, je finirais par arriver quelque part.

Je n'avais pas fait six cents pas que je retrouvais deux nouveaux tas de charbon et auprès une petite maisonnette dans laquelle il y avait de la lumière. Juge de ma joie, j'y heurtai en homme qui veut se faire ouvrir et en effet une brave femme parut sur la porte et m'invita à entrer. C'était bien la plus drôle de femme que j'eusse vue de ma vie, elle avait à la bouche une de ces pipes allemandes qui ont quatre pieds de longueur. Cette brave femme m'offrit un verre de schnapps, j'en pris deux sans cérémonie et pourtant ces deux verres faisaient un bon quart de bouteille. J'appris avec plaisir que j'avais passé Ilsemburg et par suite traversé le torrent qui y passe sans m'en douter; je n'étais plus qu'à une lieue de Wernigerode, il n'y avait d'autre chemin pour s'y rendre qu'un petit sentier à travers les bois impossible à suivre pendant la nuit, mais il n'y avait plus d'autre torrent. Ma bonne femme était aussi sale qu'elle était drôle et sa maison n'était pas moins puanté; je n'eus donc pas la moindre velléité d'y passer la nuit.

Quand la brave femme, qui m'avait pris en amitié, vit que j'étais décidé à partir, elle me donna une petite lanterne garnie d'un bout de chandelle, elle vint me montrer un petit pont sur lequel je passai le torrent fort à mon aise, et m'indiqua en outre la direction de Wernigerode que je pris à la boussole, et je me mis à couper en ligne droite au travers les bois sans dévier d'une ligne pour éviter une montagne ou une flaque d'eau. De temps en temps je tirais ma boussole pour voir si j'étais sur la bonne route et enfin après 1 h. 1/2 environ, c'est-à-dire à 10 h. 1/2, au moment où j'arrivais sur le sommet d'une petite montagne, j'eus la satisfaction d'apercevoir, juste dans la direction que je suivais, les lumières de Wernigerode. Ce fut pour moi un véritable instant de bonheur, je me voyais enfin par ma persévérance au terme de mes travaux, et j'avais la satisfaction de penser que je venais d'exécuter un exploit de quelques difficultés.

A 11 h. moins 1/4 j'arrivai dans Wernigerode qui fort heureusement pour moi était éclairé par quelques reverbères à la lueur desquels je trouvai, après de longues recherches, la meilleure auberge de la ville où on n'était pas encore couché. Cependant j'étais fait comme un voleur, j'avais sur mon pantalon de coutil jusqu'à mi-cuisse une couche de crotte qui n'était pas moins abondante sur ma petite redingote; ma casquette complètement imbibée d'eau n'avait plus de forme, il était à craindre qu'on ne me mît à la porte de l'auberge. Avant de frapper je me mis donc à faire un petit bout de toilette, j'allai me camper au milieu du ruisseau de la rue où je lavai le pantalon de mon mieux, je boutonnai ma redingote jusqu'au haut , j'atteignis un col gardé religieusement jusque-là dans les feuilles de mon journal de voyage, je fis une belle rosette à ma cravate, je mis les fameux gants violets en soie dont je t'ai déjà peut-être parlé, je me donnai un bon coup de peigné, ce qui donne de suite à un homme l'air distingué, puis, la casquette sur le coin de l'oreille, je frappai bravement à la porte.

C'est dans des circonstances semblables que l'homme doit se relever par son mérite personnel; je parlai à haute voix et d'un air fier au sommelier qui vint m'ouvrir et comme j'avais l'air bien insolent il devina de suite que j'étais un homme comme il faut; aussi j'eus une belle chambre au premier, je commandai un bon souper et une soupe au vin et fis faire un feu d'enfer dans le poële; je me dépouillai de tous mes habits et de ma chemise qui avait été complètement mouillée malgré la blouse, et je me drapai en sénateur romain avec le drap de mon lit, ce qui causa au sommelier une douce hilarité. Mais comme il m'apportait dans le même moment une excellente soupe au vin avec un bon morceau de sanglier, je pris sa gaieté en bonne part. Il faut avoir fait une journée comme celle qui venait de se passer pour concevoir quelle volupté il y a à souper dans des draps bien secs et bien chauds, auprès d'un bon poële, d'une soupe au vin, d'une tranche de sanglier et d'une bouteille de vin de Médoc. Après une marche de 14 h., je ne tardai pas à m'endormir et je dus dormir d'un bon sommeil. Le lendemain matin j'étais dans la rue de Wernigerode me dirigeant sur Magdebourg où j'avais résolu d'aller coucher.

Malheureusement les routes étaient fort mauvaises et bien souvent les ponts étaient coupés ; aussi en entrant dans chaque village, j'avais le désagrément de voir les sauvages habitants rangés en haie de l'autre côté de la rivière, pour rire aux dépens du voyageur timide qui n'aurait pas su traverser; alors je retirais ma redingote que je mettais sur ma tête et le bâton en avant je traversais bravement souvent deux et demi à trois pieds d'eau, à la grande admiration des sauvages, mais aussi j'avais l'avantage d'avoir, pendant un quart de lieue, une escorte de tous les polissons du village. Je fumais gravement, déroutant tous les étudiants allemands qui cherchaient à m'accoster dans l'intention de jouir de ma compagnie, je marchais avec une vitesse de trente-deux minutes pour la lieue de poste, et les pauvres étudiants allemands, qui pullulent sur toutes les routes, n'avaient pas grande facilité pour me suivre.

A huit heures et demie, je faisais mon entrée triomphante dans Magdebourg où j'allai m'installer à l'hôtel de Saint-Pétersbourg. Le lendemain, je m'embarquai sur une espèce de diligence accélérée et le surlendemain, 4 septembre au matin, j'ai fait mon entrée dans la capitale de la Prusse.

Andrearberg, dans le Hartz, 20 septembre. — Seize jours se sont écoulés depuis que j'ai commencé cette lettre ; depuis ce temps, nous avons fait des journées de marche incroyables, puisque nous avons fait en tout cent quatre-vingt-quinze lieues depuis Berlin.

Le 4 septembre, je visitai Berlin et j'allai le soir à l'Opéra, dont je fus enchanté. Le lendemain matin, nous partîmes pour nous diriger sur Halle et nous vîmes à Postdam le fameux palais et les beaux jardins de *Sans-Souci*, construits par le grand Frédéric après la guerre de sept ans ; nous vîmes le fameux moulin à vent, dont tu connais probablement l'histoire, et en six jours de temps nous étions revenus au centre du Hartz, que nous avons parcouru dans tous les sens.

Demain nous descendrons dans la mine de Samson, qui est une des plus profondes du monde, puisqu'elle a deux mille trois cents pieds de profondeur.

J'espère, ma chère maman, que vous jouissez tous d'une aussi bonne santé que moi. Je ne sais si M. Boïeldieu s'est décidé à faire le voyage de Normandie ; si tu as le bonheur de le voir ainsi que sa bonne et charmante femme, dis-leur que j'ai souvent ici l'occasion de penser à eux et que, dans toutes les tables d'hôtes, des artistes voyageurs viennent nous récréer avec les délicieux refrains du Calife, de la Dame Blanche, etc.

Du sommet du Brocken, 7 octobre 1829. — Après de nombreuses fatigues, nous venons enfin d'arriver à l'instant sur le sommet de cette immense montagne qui s'élève au milieu de la chaîne du Hartz comme la souveraine de tout le pays.

Tout ce qui nous entoure dans ce moment est si beau et si sublime que j'interromps la suite de mon journal pour t'en parler pendant que tout ce que j'ai admiré est encore présent à mon esprit.

Le Brocken est une immense montagne de granit qui a 4000 pieds de hauteur. Nous sommes arrivés au sommet à u travers des forêts, puis, lorsque celles-ci nous ont manqué, au travers des rochers de granit et d'une neige qui commençait à tomber depuis 4 jours. Comme à l'ordinaire, nous avons dédaigné de prendre un guide à Wernigerode, d'où nous sommes partis à midi. Nous avions mis dans notre poche chacun une bonne demi-livre de cerf, du pain; le soufre et l'amadou ne nous manquaient pas. Nous avions pris la direction à la boussole et nous marchions imperturbablement dans la direction du S.-S.-O. comme un bâtiment qui court sa bordée.

Il faut avoir voyagé en pays de montagne pour comprendre les tribulations auxquelles nous exposait un pareil système. Des montagnes de 2000 pieds à gravir et à redescendre, des torrents à passer à gué et surtout des tourbières où l'on enfonce à chaque pas jusqu'au genou, voilà les délices du voyageur intrépide. — Enfin, après 6 h. de marche, nous venons d'arriver sur le sommet à l'instant où le soleil allait se coucher.

Au premier plan, tout autour de nous dans ce véritable panorama circulaire, nous avions les rochers du Brocken, ses flancs immenses, puis les montagnes du

Hartz, puis enfin des plaines qui avaient pour limites un horizon de 3o à 4o lieues dans lesquelles à cette hauteur on ne pouvait apercevoir la plus petite inégalité. Dans la partie du Sud nous pouvions apercevoir la plaine du Hanovre et du Brunswick, suivies de celles de la Hollande; plus à l'Est, nous voyions les plaines de l'Elbe et cet immense pays de sable qui ne finit qu'à la Baltique et que nous venions de parcourir pédestrement. Dans la partie du Sud, on apercevait les plaines de la Saxe où son situées Dresde et Leipsig de triste mémoire, enfin, plus à l'Ouest, on voyait le mont Meisnes, près de Cassel, qui se dessinait en noir sur les nuages jaunes qui accompagnent souvent le coucher du soleil; peu après nous avons vu disparaître la lumière qui éclairait ce magnifique spectacle, les teintes jaunes qui coloraient les montagnes ont fait place aux teintes violettes, puis aux teintes bleu foncé et enfin tout est entré dans l'ombre.

Nous faisions toutes ces observations du haut de la tour qui surmonte l'auberge du Brocken et par un froid de 8° au-dessous de zéro. Aussi, quand le jour eut disparu, nous nous sommes empressés de rentrer dans la chambre qui était chauffée comme on sait chauffer les chambres dans le Nord.

Notre auberge mérite une mention particulière. Le Brocken et la partie du Hartz adjacente appartiennent au comte de Wernigerode qui a permis à un vilain d'établir une auberge au sommet ; mais par une lubie digne de ces petits princes, qui sont les gens les plus excentriques, notre Comte a voulu qu'il y eût toujours des habitants au point le plus élevé de ses états, et il n'a accordé ce privilège au vilain qu'avec la condition que le dit vilain ne quitterait pas le Brocken pendant toute l'année. Dans l'été, rien de plus facile, vu que le dit aubergiste gagne beaucoup d'argent par la visite de plusieurs milliers de curieux ; mais dès le mois d'octobre le sommet du Brocken commence à se couvrir de neige, et au commencement de novembre les chemins deviennent absolument impraticables ; peut-être serons-nous les derniers voyageurs que les braves gens verront dans l'année.

Ainsi, par une fantaisie de ce fantasque comte, notre brave hôte, sa femme et deux servantes vont se trouver complètement séparés du monde jusqu'au mois de mai, enfermés sous 40 pieds de neige, jusqu'à ce qu'il plaise au soleil de venir la fondre. Du reste ces bonnes gens ont pris leurs précautions, les murs de la maison ont 6 pieds d'épaisseur, partout il y a des poëles, et les provisions pour l'hiver sont faites dès le commencement d'octobre.

On a ici un véritable sujet d'amusement dans la lecture des in-folio où les curieux ont déposé leurs noms avec leurs pensées. Le bon genre est d'écrire en français, mais cependant l'allemand y domine. Un grand nombre de voyageurs écrivent leurs pensées en latin, les étudiants allemands se lancent dans le grec, les étudiants en théologie, encore plus malins, écrivent en hébreu. Voici la réflexion d'un bon et gros baron allemand qui s'est dépeint lui-même de la manière la plus parfaite par ces seuls mots : « Il me souviendra toute ma vie d'avoir été au fameux Brocken, je n'y retournerai jamais à pied. »

Brocken, 8 octobre, 7 heures du matin. — Dans notre excursion au Brocken, nous avons eu tout le bonheur possible puisque nous venons de voir à l'instant le lever du soleil que bien peu de curieux peuvent se vanter d'avoir vu ici, à cause des nuages dont le sommet de la montagne est presque constamment environné. Ce matin, à 6 h., nous étions sur la tour pour jouir de la scène qui allait avoir lieu.

Il faisait 10° au-dessous de zéro. Vingt minutes avant le lever du soleil l'horizon était d'un rouge de sang et toute la plaine à 10 lieues à la ronde, ainsi que tous les plateaux du Hartz, étaient couverts de nuages mamelonnés d'un blanc d'argent. On voyait seulement saillir au-dessus de cette mer de nuages les principaux pics du Hartz au-dessus desquels il y avait un ciel aussi pur qu'en Italie. Dès que nous arrivâmes sur la tour, nous crûmes être environnés de neige ; il est impossible en effet de voir une ressemblance plus frappante. L'hôte seul put nous détromper en nous affirmant que c'étaient des nuages. Il aurait été piquant de rester bloqués sur le Brocken pendant tout l'hiver sans pouvoir donner de nos nouvelles, mais toute ma vie je verrai des immenses amas de neige éclatante du sein de laquelle saillait le sommet des montagnes couvertes de sapins blanchis à moitié par de véritable neige qui ne contribuait pas peu à rendre l'illusion complète.

Cependant l'horizon se colorait de plus en plus et enfin nous vîmes s'élever le disque du soleil rouge comme du sang. Aussitôt, comme par le choc d'une baguette magique, toute la nature jusque-là stationnaire se mit en mouvement ; derrière les montagnes, on commença à en apercevoir d'autres et les masses immenses de nuages dont on apercevait mieux la forme, jusque-là immobiles, commencèrent à se mouvoir et à s'élever ; c'était un spectacle étonnant de les voir rouler les uns sur les autres en montant vers nous. Une seule fois ils s'ouvrirent et nous pûmes, dans un coup d'œil rapide, distinguer les plaines et les vallées du pied du Brocken, mais bientôt ils se réunirent de nouveau et 5 minutes après les premières vapeurs commencèrent à passer rapidement sur le Brocken ; deux minutes plus tard, montagnes, soleil, tout avait disparu.

Nous venons de redescendre de la tour. Les nuages s'épaississent de plus en plus et l'hôte nous assure qu'en voilà au moins pour toute la journée. Nous allons donc partir, mais cette fois nous prenons un *guide;* car, dans plusieurs endroits entre les rochers il y a 10 pieds de neige et il serait imprudent de naviguer aujourd'hui à la boussole. Nous nous dirigeons sur Ilsenburg, dans cette fameuse vallée qui m'a causé tant de tribulations le jour de mon départ pour Berlin, et nous retournerons coucher ce soir chez ce vénérable père Busching où nous allons nous délasser de nos fatigues.

Clausthall, le 10 octobre 1829. — Après un bien long voyage me voilà revenu dans cette capitale du Hartz pour prendre congé de Messieurs les directeurs des mines et usines qui nous ont témoigné toute la bienveillance possible.

Dans notre ardeur voyageuse, pendant la dernière semaine, nous avons fait au moins 14 lieues par jour ; une bonne *nourriture* est bien nécessaire dans une pareille occurrence, et pourtant la plupart de nos soupers de la semaine dernière ne se composaient que de soupe à la bière ou de pommes de terre et, dans les grandes occasions, de viande de veau arraché malheureusement à la lumière du jour tout au plus après 4 jours d'existence et cependant nous payons toujours pour ces bonnes choses 2 fr. 1/2 environ par repas.

Aussi nous sommes arrivés chez ce divin père Busching avec une faim qui n'avait pu être rassasiée depuis 8 jours, et nous avons laissé bien loin derrière nous le fameux serpent boa, en faisant disparaître par demi-douzaines les tranches de cerf. Nous nous reprochions le tort que nous causions à notre hôte, car cet homme incomparable, et c'est par ce dernier trait que je terminerai son éloge, fait seulement payer ses repas 6 groshen, environ 21 sous de France. Nous nous refaisons chez lui le cuir pour la campagne de Westphalie que nous commençons mardi.

Nous avons visité la fameuse mine d'argent nommée Samson, elle devient de jour en jour plus profonde ; le puits principal a 2220 pieds de profondeur et nous l'avons remonté en entier en une seule traite de 2 h. 1/4.

De là, nous nous sommes rendus à Altenau, où se trouve une mine de plomb. Nous allons nous diriger à marches forcées sur Cologne, puis sur la France au travers de la Belgique. Mardi va commencer pour nous un temps bien rude, plus de montagnes, plus de romantique, de grandes journées de marche, des mines de houille, une pluie froide, des journées courtes qu'il faut commencer en se levant avec la chandelle ; mais aussi avec tout cela gaieté d'esprit, indépendance complète, et tous les jours des choses nouvelles.

Il m'est impossible de te parler de toutes les choses intéressantes que nous voyons, mais je veux terminer cette lettre par le récit de notre campement dans les plaines de la Poméranie, à notre retour de Berlin.

Or donc, le 7 septembre à 3 1/2 du soir environ, marchaient silencieusement trois jeunes voyageurs dans les immenses plaines de sable qui s'étendent entre Berlin et la Saxe ; deux d'entre eux étaient plongés dans de noires pensées suscitées par l'état misérable de leurs pieds, Clemson avait négligé de faire remettre des clous à ses souliers et la semelle ne préservait plus du contact des cailloux ses pieds qui étaient couverts d'ampoules et d'écorchures. Reynaud s'était fait faire à Berlin des souliers trop petits et avait également les pieds dans un état déplorable. Nous arrivâmes enfin à un village où il nous fut impossible de nous loger.

Il fallut se résoudre à partir pour Wittenberg, qu'on nous dit éloigné de 5 lieues. Après deux heures de marche il devint évident que les camarades ne pouvaient aller plus loin, mais, comme nous aperçûmes sur la droite de la route, à 1/4 de lieue, une grande forêt de sapins, il fut décidé qu'on allait s'y rendre pour y chercher un abri pour la nuit. Nous trouvâmes enfin, après quelques recherches, une petite clairière de 15 pas de diamètre entre deux petits sapins éloignés de 6 pieds environ. Nous en attachâmes un horizontalement pour former le faîte de la cabane, sur celui-ci on disposa obliquement jusqu'à terre une foule de branches pour établir la parroi et, après 2 heures de travail, nous eûmes une cabane assez passable.

Cependant la faim nous talonnait fortement ; comme j'avais les pieds en bon état, je me mis en route pour pousser une reconnaissance et ce fut par un grand bonheur que je donnai sur une maison de garde chasse. J'y trouvai une brave femme à qui je contai que j'étais un voyageur égaré mourant de faim et qu'à une lieue de là j'avais un camarade qui s'était foulé le pied et qui se reposait en attendant des vivres, car je ne voulais pas lui dire que nous avions fait tant de dégât dans sa forêt. Elle était assez compatissante et me donna pour mon argent environ 1 livre de bœuf, 2 livres de pain noir, du

schnapps pour frotter l'entorse du camarade et un bout
de chandelle. Je dis adieu à la bonne femme ; en passant près son champ de pommes de terre, j'en mis à
tout hasard 2 douzaines dans ma poche et me dirigeai
en grande hâte vers la cabane où j'arrivai au moyen de
cris de reconnaissance dont nous nous servons toujours.
Les vivres qui se trouvaient à peu près suffisants furent
bientôt expédiés et l'on s'alla coucher ; mais le sommeil n'arrivait pas vite, car Clemson ronflait comme
un sourd. Enfin, vers 11 h. du soir, nous tombâmes
dans un sommeil assez profond ; au milieu de la nuit
nous fûmes réveillés par un froid qui rendait la situation intenable. On décida qu'il fallait faire du feu ;
grâce au genêt sec et au sapin nous eûmes bientôt un
feu magnifique au milieu de la clairière et nous nous
rangeâmes autour avec délices. Ce fut l'instant le plus
beau de notre affaire.

La scène était vraiment à peindre, avec ce grand feu
de sapin par une nuit noire, à une heure, au milieu
d'une immense forêt, dans une clairière charmante. Les
grands sapins qui formaient le tour de la clairière ren-
voyaient une lumière assez vive, qui contrastait d'une
manière étonnamment pittoresque avec la profonde obscurité du reste de la forêt. Le grand Clemson, Reynaud
et moi, réunis gravement autour du feu, suivions avec
intérêt la cuisson des pommes de terre. On eût dit trois
brigands faisant une halte, ou bien les deux Mohicans
et le chasseur décrits par Cooper d'une manière si pittoresque ; la pipe que nous avions chacun à la bouche
ajoutait encore à notre gravité, la cabane se laissait
apercevoir à demi sur le bord de la forêt, rien ne venait
troubler notre parfaite solitude et détruire le sentiment
de notre parfaite indépendance.

Nous nous promettions d'attendre le jour au coin de notre feu et de nous mettre alors en route pour Wittemberg, mais le destin en avait ordonné autrement. Vers 3 heures, une pluie intense commença à tomber, nous voulûmes chercher pendant quelque temps un abri dans notre cabane, mais il fallut capituler et nous résoudre à partir n'ayant plus un fil de sec. Après une demi-heure nous rejoignîmes la route par une obscurité complète; la pluie tombait par torrents avec une régularité désespérante et nous avions 3 lieues à faire; les camarades n'étaient pas remis de leurs fatigues et il fallait marcher très doucement. Après une heure, le jour vint à notre secours et il y eut une explosion générale de rire dès que nous pûmes nous apercevoir tellement nous étions crottés. Reynaud et Clemson, pour mettre leurs pieds à l'aise, avaient fait de nombreuses coupures dans leurs souliers dont le cuir tombait en lambeaux. Nos figures étaient pâles et défaites; aussi, malgré toute notre intrépidité, nous craignions d'être mis à la porte quand nous nous présentâmes à 7 heures du matin dans le meilleur hôtel de Wittemberg. Je faisais un rempart de mon corps aux camarades pour dissimuler l'état de leurs souliers; l'hôte, qui était probablement un physionomiste, vit que nous étions des gens comme il faut, tombés dans l'infortune; il nous reçut bien; nous nous déshabillâmes, fîmes venir le tailleur et le cordonnier, donnâmes notre linge à laver, et nous nous plongeâmes dans un sommeil continu, en l'interrompant seulement 2 fois pour manger. — Le lendemain matin nous étions de nouveau frais et gaillards, beaux comme des astres et nous mîmes en route pour Halle où nous arrivâmes le soir après une journée de 18 lieues.

Bockum, 20 octobre 1829. — En ce moment, je me trouve au milieu des terrains houillers de la Rhur. Nous sommes ici plongés dans la houille jusqu'au cou ; les mines qui couvrent le pays sont au nombre de plus de 150. C'est vraiment une chose admirable qu'une pareille richesse minérale et c'est un beau coup d'œil pour des mineurs aussi intrépides que nous le sommes maintenant de voir tout un pays assis sur plus de 30 couches de houille presque toutes en exploitation.

Cette dernière partie de notre voyage est beaucoup plus importante que nous ne pensions et, par suite, nous serons à Paris beaucoup plus tard que nous ne l'avions présumé. Il nous faut une grande vertu pour persévérer malgré la rigueur désespérante de la saison. C'est une chose véritablement affreuse que l'aspect des routes ; nous sommes tellement crottés que nous ne sommes pas à prendre avec des pincettes. Depuis 8 jours surtout la chose est presque intolérable, car on nous refuse la porte des auberges un peu passables avec le prétexte ordinaire qu'il n'y a plus de place ; il faut que l'Élève Ingénieur appelle à son secours toute sa philosophie pour mépriser de semblable échecs.

A Bockum, après une marche qui avait duré jusqu'à 7 h. 1/2, après avoir été refusés dans la première auberge, nous nous sommes rabattus sur une seconde en tâchant de mettre au jour tous nos avantages personnels. Mais en vain nous étions-nous donné le coup de peigne, avions-nous atteint le col blanc et boutonné la redingote jusqu'au menton pour dissimuler notre état piteux. En vain nous donnions-nous l'air dégagé du Parisien en nous appuyant sur la canne crottée comme tout le reste, nous aurions été certainement éconduits sans la vue de nos marteaux d'argent qui nous fit reconnaître pour des mineurs.

La maîtresse de la maison, qui est une fort jolie personne et qui était occupée à jouer du piano, nous fit alors donner deux chambres, les plus médiocres de la maison ; alors, sûrs de ne pas coucher à la porte, nous commençâmes à faire du tapage et à appeler les domestiques de telle façon que la maîtresse de la maison, excellente physionomiste, devina enfin que nous étions des gens comme il faut tombés dans l'infortune. Nous donnâmes nos passeports pour qu'on allât chercher à la poste notre malle qui nous attendait ; dès ce moment notre considération haussa de 8o o/o et la maîtresse monta enfin elle-même pour nous dire qu'elle avait réfléchi et que nous serions mieux dans une belle chambre à deux lits qui venait de devenir vacante au 1er et dans laquelle on avait fait allumer du feu pour nous sécher.

Après cela nous demandâmes l'adresse du Bergrath c'est-à-dire du directeur royal des mines du pays, pour lequel nous avions une recommandation. La bonne hôtesse ouvrait de grands yeux, mais ce fut de la stupéfaction quand nous descendîmes, 1/2 heure après, dans la tenue complète du petit Maître Parisien et quand le Bergrath vint le lendemain nous rendre notre visite. Aussi depuis ce temps notre pauvre hôtesse paraît terrifiée de la légèreté avec laquelle elle a reçu des personnes assez importantes pour que l'homme le plus considérable du pays vienne les visiter en cérémonie ; de sorte que jamais, depuis notre départ de Paris, nous n'avons été si bien servis dans un hôtel et la chère hôtesse nous prouve à chaque instant par son empressement qu'elle est prête à nous donner toute espèce de satisfaction.

Iserlohn, 29 octobre 1829. — Tu peux voir par la date que je me trouve dans une autre petite ville de la Westphalie et que je me suis un peu de nouveau éloigné de la France, mais pour la dernière fois, car dorénavant je vais me rapprocher à tire d'aile de cette chère France où je ne serai cependant pas avant quarante jours.

Le Hartz nous a pris beaucoup plus de temps que nous ne l'avions imaginé et nous nous trouvons terriblement en retard, il nous a donc fallu marcher très vite.

Le 13 octobre, à cinq heures du matin, nous étions sur la grande route de Goslar à Minden, marchant avec la grande vitesse de l'Elève Ingénieur, c'est-à-dire faisant le kilomètre en huit minutes et demie ou la lieue de poste en 34 minutes. Nous jetâmes un dernier regard de regret sur les chaînes du Hartz et les perdîmes de vue probablement pour toujours, j'avais quelque sujet de le regretter. Cependant, pour être juste, je ne dois pas omettre un reproche qu'il mérite : les étrangers y sont traités de la manière la plus juive par les coquins d'aubergistes qui, je crois, n'ont leurs pareils qu'en Italie. Presque partout nous avons été logés d'une manière détestable et nous avons partout payé presque aussi cher que dans un hôtel de la rue de Rivoli. Pour t'en donner une idée, dans la route de Altenau à Goslar, en 15 jours de temps Reynaud et moi avons dépensé 520 francs, quoique cependant, par raison d'économie, nous ne nous permissions la demi-bouteille de vin que dans les grandes occasions.

Si nous parvenons à faire ce voyage sans dépenser de notre argent, nous le devrons à près de 1800 lieues qui auront été exécutées à pied. Aujourd'hui je viens de faire l'addition générale. Nous en avons mille quatre cent onze. Ce qui nous a fait gagner déjà 1120 fr. 80, sans nos appointements.

Clemson nous a quittés à Altenau pour regagner Paris. Jusqu'à notre arrivée à Bockum, nous n'avons cessé d'être mouillés et crottés d'une manière vraiment intolérable. Le 13, nous avons couché à Hildesheim, après avoir fait quinze lieues, le lendemain à Oldendorf après une journée de dix-sept lieues. Les deux jours suivants ont été consacrés à visiter des houillères et le dix-sept nous sommes arrivés à Minden.

Nous avons trouvé aussi une lettre qui devenait fort intéressante pour nous, celle de notre Inspecteur, qui nous envoyait un billet de mille francs. Possesseurs enfin de 50 beaux Napoléons nous nous mîmes en route pour Iserlohn. De là nous passerons successivement par Elberfeld, Sollingen, Cologne, Eschweiler, Aix-la-Chapelle et Liège, où nous serons, j'espère, dans quinze jours ou trois semaines.

Liège. — Ma dernière lettre me laissait à Iserlohn. Nous y sommes restés jusqu'au 3 novembre au matin pour nous embarquer dans une diligence et repasser par Elberfeld. Elberfeld est une charmante petite ville, environ à moitié route d'Iserlohn à Cologne. Là tout indique le pouvoir de l'industrie. Tout le pays est couvert de petites montagnes, et pour ainsi dire criblé de fabriques élégantes qui forment une ville continue de plus de deux lieues dont Elberfeld est le noyau. On y travaille principalement le coton et la soie.

Le même jour, nous avons été coucher à Sollingen. Là on s'occupe principalement de la coutellerie et des armes blanches que l'on fabrique encore à meilleur marché qu'en Angleterre pour l'exportation dans tous les pays du monde. C'est avec beaucoup d'intérêt que nous avons vu les modèles des couteaux pour toutes les colonies de l'Amérique, de l'Inde, de l'Afrique, les sabres pour le Levant, pour les nègres de Tombouctou dans le centre de l'Afrique, pour Alger, Tunis, Maroc, enfin pour tous les peuples du monde connu ; nous y avons vu des damas qui coupent le verre aussi bien que le diamant et qui, avec le plus léger effort, coupent la tête à un mouton comme si c'était une alouette. M. Kneicht le fabricant a une fort belle collection où sont rassemblées des armes de tous les temps et de tous les pays ; j'y ai vu entre autres le sabre du bourreau de Wittemberg avec lequel deux cent cinquante têtes avaient été coupées. Nous avons quitté Sollingen le 5, et sommes arrivés à Cologne. La soirée a été employée à visiter les curiosités de cette ville célèbre, surtout remarquable par l'extrême piété de ses habitants qui y avaient construit autrefois trois cent soixante-cinq églises, ce qui certes est joli pour une ville de soixante mille habitants.

Nous avons quitté Cologne pour passer successivement par Juliers, Eschweiler, Stolberg et Aix-la-Chapelle où nous sommes arrivés le 11, après avoir vu dans les endroits précédents un grand nombre de choses curieuses relatives à notre métier. Aix-la-Chapelle est devenue une ville extrêmement remarquable par ses fontaines d'eau sulfureuse minérale presque bouillante, par sa fabrique d'aiguilles et d'épingles, etc.

Nous sommes partis à pied d'Aix, le 13, pour visiter en avant sur la route de Liège la plus belle mine de zinc connue. Nous étions partis par un assez beau temps de novembre, mais à notre arrivée à la mine la pluie commençait à tomber à flots, il n'y avait pas d'auberge à cet endroit et il fallait aller en chercher une à une lieue plus loin dans un endroit dit la Maison-Blanche sur la limite de la Prusse.

Là, nous est encore arrivée une aventure qui, sans notre assurance , aurait pu devenir désagréable. Près de la frontière, nous voilà accostés par trois gendarmes prussiens. Comme nous étions assez mal peignés, habillés de blouses, l'une brune et l'autre bleue, et que d'ailleurs nous étions mouillés jusqu'aux os, voilà nos trois gaillards qui entament sans façon la conversation en nous demandant en prussien si nous cherchions de l'ouvrage. Comme nous n'étions pas de bonne humeur, nous leur répondîmes que cela ne les regardait pas, et, comme j'ai acquis une certaine facilité à parler la langue, je leur dis d'aller... etc... Cette réponse ne leur plut pas et, en vertu de leur mandat, ils nous dirent d'exhiber les passeports que nous leur donnâmes.

En Prusse, on demande très rarement les passeports et par conséquent nous ne les avions pas fait viser depuis Berlin. On peut se dispenser de cette formalité en faisant viser le passeport par l'ambassadeur prussien à Paris, mais comme ce monsieur se donne le genre de demander vingt francs pour sa signature, nous avions cru devoir nous dispenser de la prendre et nous nous étions contentés d'y faire apposer celle des autres ambassadeurs qui ne demandent rien pour cela.

Nos bons gendarmes, qui n'étaient pas contents de nous, prétendirent que nous n'étions pas dans les règles et qu'il fallait les suivre chez le bourgmestre d'une petite ville à deux lieues de là. Juge comme il était

agréable de faire deux lieues par des chemins affreux
entre trois gendarmes et de revenir ensuite à Maison-
Blanche, ce qui faisait encore trois lieues, tout cela par
une pluie affreuse qui du reste ne pouvait pas nous
mouiller plus que nous l'étions déjà.

La législation des passeports n'est pas bien définie
et dans tout cela il y a beaucoup d'arbitraire ; le
bourgmestre pouvait être un imbécile et nous ren-
voyer sur Aix par une autre brigade. Il était donc
urgent de se tirer au plutôt de la griffe des gendarmes,
et pour cela nous commençâmes à nous relever et à
parler trois fois plus fort qu'eux, ce qui fait toujours
de l'effet sur le vulgaire.

Nous commençâmes à leur conter un tas d'histoires
d'un air assuré et à leur montrer les diverses signa-
tures d'ambassadeur avec les timbres en leur disant
qu'avec cela nous étions dispensés de tout visa posté-
rieur, que nous avions une mission du gouvernement
français, et que ce ne serait pas pour eux une petite
affaire d'avoir eu la sottise de nous arrêter dans l'exercice de nos fonctions. Nous voulions et nous exigions
qu'ils vinssent avec nous chez le plus prochain bourgmestre où nous prendrions leur nom pour écrire à
Berlin et les faire destituer pour avoir arrêté des voyageurs qui étaient dans leur droit ; que d'ailleurs nous
voulions aller au plus prochain poste pour parler au
brigadier, afin d'être sûrs qu'ils ne nous échapperaient
pas. Quand nos gens virent que nous le prenions sur
ce ton ils commencèrent à penser qu'ils avaient fait
une bêtise. Le poste était à deux pas et il fallut qu'ils y
vinssent avec nous quoiqu'ils eussent grande envie que
nous continuassions notre route.

Le brigadier était là et nous recommençâmes la

même kyrielle ; de plus nous atteignîmes une lettre
de recommandation d'un Conseil Supérieur des Mines
de la Prusse, signée d'un Comte avec un gros cachet
rouge qui fit terriblement d'effet, et nous eûmes l'air
de nous dire entre nous que nous allions écrire à
notre ami le Comte à Berlin pour faire destituer tous
ces gens-là. La scène avait alors terriblement changé,
le pauvre brigadier et ses soldats étaient stupéfaits ;
ils avaient reconnu que nous n'étions pas des ouvriers
comme ils l'avaient pensé d'abord ; les distinctions nobi-
liaires sont très puissantes en Prusse, et ces braves
gens étaient persuadés qu'ils avaient affaire à de jeunes
seigneurs déguisés, aussi commencèrent-ils à nous
demander mille pardons et à nous prier de laisser là
cette affaire. Crevant de rire sous cap nous voulûmes
enfin consentir à leur pardonner et nous continuâmes
notre route en riant de leur bonhomie.

Le lendemain nous prîmes la voiture à son passage et nous arrivâmes le soir à Liége. Ce pays abonde
en mines de houille et en mines de fer, ce qui nous
obligera à rester encore ici huit jours, puis nous
emploierons environ douze jours, pour voir Namur,
Dinant, Fumay, Givet, revenir à Paris par Mézières,
Rheims et Soissons.

VOYAGE EN ESPAGNE

(1833)

Bordeaux, 14 avril 1833. — Chère maman, je
commence ici le récit fidèle d'un voyage qui j'espère
sera assaisonné de curieuses aventures ; je vais dans un
pays où d'ordinaire elles ne se font guère désirer et je
suis, Dieu merci, d'humeur à ne pas éviter tout ce
qui pourra jeter du piquant sur ma vie errante. Pour
le moment j'ai fort peu de choses à te dire, il n'y
avait en effet rien à espérer à cet égard d'un voyage
en malle poste qui devait me faire parcourir en
45 heures, ni plus ni moins, les 150 lieues qui séparent Paris de Bordeaux. Partis vendredi à 6 heures de
l'hôtel des postes, nous traversions aujourd'hui Dimanche le fameux pont de 17 arches qui fait communiquer
Bordeaux avec la rive droite de la Garonne, et cela à
l'heure dite, c'est-à-dire à 2 heures 50 minutes de
l'après-midi.

J'ai observé autant que possible les pays que j'ai
traversés, et j'en ai vu assez pour me confirmer dans
l'opinion que les bords de la Loire ne méritent en
rien, pour le pittoresque, leur fameuse réputation. J'en
dirai autant des campagnes de la Touraine ; ce n'est
qu'en approchant d'ici que j'ai trouvé une nature remarquable. A 12 lieues de Bordeaux le caractère du pays

devient évidemment méridional; aux toits aigus et plus grands que les maisons, succèdent des habitations à toits plats, couverts de tuiles rondes qui produisent des corniches très élégantes; la vigne à ceps énormes rampant à terre forme des sillons élégants qui alternent avec d'autres sillons de blé et de plantes légumineuses en fleurs.

J'ai passé deux heures à visiter la ville, qui est fort belle, et je reprendrai à 8 h. mon cauchemar de malle poste qui va me faire franchir en 19 h. les 60 lieues qui me séparent encore de Bayonne.

Bayonne, 16 avril. — Je suis arrivé ici hier à 4 h., éreinté autant qu'un homme peut l'être. Jusqu'à Bordeaux la fatigue est supportable, la route étant fort belle, on peut dormir à son aise mais, dans ce diable de département des Landes, les routes formées de tronçons d'arbres sont tellement cahotantes qu'il nous a été absolument impossible de fermer l'œil de toute la nuit; du reste on ne comprend une nuit pareille que lorsqu'on l'a passée soi-même.

La journée, un peu moins cahoteuse à partir d'un village nommé Roquefort, qui n'a rien de commun avec le fromage du dit nom, a été fort agréable pour le pittoresque. De temps en temps la route était si dure que le postillon faisait entrer la voiture dans les Landes où nous circulions au milieu des pins dont les branches entraient par la portière. Je voyais tous ces arbres couverts de mousses et de lichens inconnus, mais la voiture allait si vite qu'il m'a fallu endurer le supplice de Tantale et me contenter de deux espèces de mousses charmantes que j'ai attrapées au vol.

Mont-de-Marsan, la capitale du pays, est très pittoresque ; c'est une charmante petite ville où il y a quelques ressources sociales et où une famille est riche avec 2000 fr. de revenu. Le pays conserve toujours le même caractère au delà de cette ville jusqu'à 6 l. de Bayonne, qui est dans la situation la plus heureuse. Lorsqu'on l'aperçoit des hauteurs qui l'avoisinent, placée si commodément au confluent de deux rivières, l'Adour et la Nive, à une très petite distance de la mer, on sent tout de suite que c'est un des points qu'on choisirait pour y passer sa vie.

En ce moment je suis bloqué dans ma *Posada de San Esteban* par une pluie épouvantable, j'irai voir Lacouture ce soir ; demain, s'il plaît à Dieu de nous donner du beau temps, je me lance dans les montagnes pour faire une course géologique pour M. Dufrénoy dans la vallée de la Nive, puis à travers les montagnes je compte gagner Tolosa, en passant par San Esteban et par la Maya Suerta.

A Tolosa j'irai voir un géologue pour lequel j'ai des lettres de recommandation, M. le comte de Villa-Fuerte. De là je me dirigerai sur Vittoria jusqu'à ce que je sois rejoint par la voiture de Madrid, qui part de Bayonne vendredi matin et qui arrive le lendemain à Vittoria.

J'espère que je n'aurai point de trop grandes difficultés à faire mes courses à pied dans l'intérieur de l'Espagne ; j'ai été recommandé à l'Ambassade d'Espagne par le Ministre des travaux publics et M. le comte de Colombie, que j'ai été voir, m'a donné une lettre spéciale pour le Ministre de l'Intérieur de Madrid qui me donnera un ordre pour toutes les autorités provinciales d'Espagne dans lequel il leur sera enjoint de me donner aide et protection dans tous les cas.

Bidarray, 17 avril. — Me voici enfin lancé dans les montagnes et, quoique passablement mouillé et fatigué, je prends mon courage à deux mains et vais t'écrire pendant une demi-heure tandis qu'une admirable Basquaise, chez laquelle j'ai trouvé un gîte à une demi-lieue de la frontière d'Espagne, me fait rôtir une épaule d'agneau et fait les autres préparatifs d'un souper aussi somptueux que possible.

J'ai passé ma journée d'hier à me faire mouiller à l'embouchure de l'Adour où j'ai fait une course botanique très fructueuse ; j'ai dîné chez un vieux garçon de la connaissance de mon compagnon de voyage, qui nous a fait faire un repas tout gastronomique, assaisonné d'un vin de Xérès dont le gisement m'a été signalé et que je ne manquerai pas d'aller visiter sur les lieux. J'ai mangé d'une fameuse soupe au jambon qui m'a donné l'envie de vous faire connaître cette excellente production du pays et j'ai aussitôt été acheter un jambon de 15 livres qui vous sera adressé par les soins de notre complaisant amphitryon.

Ce matin à cinq heures je me suis jeté à bas du lit avec la résolution la plus décidée, mais, hélas ! le nuage infernal qui planait depuis deux jours sur Bayonne n'avait pas disparu. A dix h. la pluie avait cessé et je me suis décidé tout à coup à partir, ma place étant retenue pour le vendredi à la voiture des *caliseros ;* on devait coucher le vendredi soir à Tolosa et il m'était impossible d'aller à pied par les montagnes jusque-là en moins de trois jours, puisqu'il y a 45 lieues à faire. Il fallait donc partir ou languir à Bayonne jusqu'au vendredi dans un honteux repos.

Mon parti pris, M. Cabarus a eu la complaisance

de venir me conduire à 2 lieues de Bayonne dans sa petite voiture attelée de 2 petits chevaux de 3 p. 1/2 de haut, et qui, ainsi que leur très complaisant propriétaire, mériteraient une description particulière, mais j'ai à peine le temps de te donner une narration succincte de mon trajet jusqu'ici. Le temps s'est assez bien soutenu jusqu'à cinq heures et j'ai pu étudier avec détail la constitution géologique de la rive gauche de la Nive depuis Bayonne jusqu'à Itsassu au-dessus d'Ustarits et de Cambo. J'ai ramassé un assez grand nombre de plantes qui presque toutes étaient nouvelles pour moi ; j'ai vu, entre autres belles choses près d'Ustarits, un admirable gisement de deux Liliacées qui se trouvent là par millions ; l'une est, je crois, la *seilla umbellata* et l'autre, dont je ne sais pas le nom, est la plus belle plante que je connaisse, elle est composée de fleurs assez semblables à celles de l'*anthericum*, mais plus grandes, groupées au nombre de plus de cent en un long épi qui, avec toute la hampe, atteint à la hauteur de 3 pieds et plus ; la fleur est blanche et les étamines rouge aurore ; elle a la racine fibreuse et les feuilles radicales nombreuses et larges de deux à quatre centimètres, simples comme toutes les Liliacées.

A Itsassu où j'étais à 5 heures je me suis enfin trouvé à l'entrée des montagnes ; elles ont à ce point une hauteur de 2500 p. au-dessus des prairies environnantes et se dirigent de l'est à l'ouest. A l'aide du temps la Nive, qui a en ce point un volume considérable, a rompu cette énorme barrière et s'y est frayé un passage de l'effet le plus pittoresque. Il y a peu de vues plus jolies que celle du village d'Itsassu placé à l'entrée de cette gorge sauvage sur le bord de la Nive. L'église couverte en tuile courbe demi-cylindrique comme toutes les habitations de cette partie de la France est surmontée d'un petit clocher carré de deux étages d'un très bon effet, c'est du reste un type commun à toutes les églises du pays basque.

En traversant le cimetière, j'ai été touché du soin que l'on porte dans ce petit endroit au culte des morts. Toutes les tombes sont couvertes d'iris violets à grandes fleurs et présentent une prairie émaillée d'un effet admirable ; ces iris ainsi que le souci étaient déjà en pleines fleurs. Quoique bien pressé par la nuit qui me menaçait et par les nuages qui s'amoncelaient sur les gorges que j'avais à traverser, je n'ai pu m'empêcher de rester quelques moments dans le cimetière pour admirer cette simple décoration si bien appropriée au caractère du lieu ; il y avait pour nous autres gens civilisés une leçon à prendre à cet égard auprès du bon Basque d'Itsassu. J'ai oublié de te dire que je suis jusqu'au cou dans le pays basque depuis Ustarits, aussi me suis-je bien gardé de me mettre en route sans avoir appris les deux phrases de rigueur pour un voyageur : *Nouda Bidarray rat goraiteco bidia?* où est le chemin pour aller à Bidarray? et *sambat horren emenlic Bidarray?* Combien de lieues d'ici à Bidarray? De 5 h. 1/2 à 8 h. j'ai parcouru dans les montagnes et toujours sur la rive gauche de la Nive la distance d'Itsassu à Bidarray et rien n'est plus intéressant que le commencement de cette course; le chemin, praticable seulement pour les mulets dans la gorge dont je t'ai parlé, est taillé dans le roc à une hauteur suffisante pour le mettre hors des atteintes des eaux de la Nive qui dans cet endroit est tout à fait torrentielle et coule ou plutôt tombe de chute en chute, avec un bruit presque terrifiant, vers le milieu du défilé qui a près de 3/4 de lieue de longueur. Les roches de la rive droite plongent jusque dans le torrent et le chemin passe sous une arcade naturelle de l'effet le plus romantique. Un Basque que j'ai rencontré vers ce point m'a dit que cette arcade se nommait la Porte de Roland, mais il n'a pu me raconter aucune légende intéressante en rapport avec cette dénomination. C'est du reste une chose remarquable de voir combien le souvenir d'un grand règne se perpétue ; pendant bien des siècles encore la trace de la puissance de Charlemagne sera conservée dans les Pyrénées avec le nom du plus célèbre de ses Paladins le demi-fabuleux Roland. J'ai trouvé dans le pays d'Itsassu les plantes les plus jolies, celles d'eau y étaient en abondance sur tous les filets qui tombaient des fentes des rochers ; j'ai trouvé entre autres choses une magnifique Labiée du genre *singuicula,* le *Saxifraga umbrosa,* une charmante anémone très commune dans toutes les montagnes et un grand nombre d'autres dont les noms me sont inconnus ; malgré la pluie je me suis passablement amusé à dessiner et herboriser, aussi ne suis-je arrivé au défilé que vers 6 h. 1/2 dans un endroit nommé le moulin de Latxia.

L'émission de ma seconde phrase basque auprès du meunier de Latxia m'apprit que j'étais encore à 2 h. de marche de Bidarray. Je vis qu'il n'y avait pas de temps à perdre, j'ai donc dit adieu à la botanique et, me contentant de contempler les beautés de la nature, je suis parti au pas de course entretenu par une crainte salutaire de la nuit qui commençait à tomber, et d'une pluie mêlée de neige qui devenait de plus en plus épaisse. Après quelques incidents, seulement remarquables pour le voyageur soucieux de trouver son chemin, je viens enfin d'arriver ici où je me trouve ins-

6

tallé dans une auberge bien délabrée, mais d'une propreté exquise ; j'écris auprès du feu devant lequel je
tourne comme mon rôti pour me sécher ; j'ai pour compagnie deux personnages parlant français : 1° mon
hôtesse, bonne femme de 40 ans, vraie montagnarde,
qui s'occupe de mon repas avec une activité qui me
touche profondément ; 2° le receveur des douanes qui me
paraît très fort sur la littérature basque, j'espère prendre une leçon près de lui après mon souper que je l'ai
invité à partager. Autour de la cheminée se trouvent
encore 4 personnages : l'hôte, qui m'a l'air d'un vrai
sournois, qui ne parle pas français et qui évidemment
fait la contrebande avec ou sans l'autorisation du receveur ; deux voyageurs qui font le commerce entre Saint-
Jean-pied-de-port et les villes basques de ce côté ; enfin
une petite basquaise pittoresque depuis les pieds jusqu'à la tête et telle qu'Homère nous décrit les suivantes des princesses grecques du temps d'Ulysse. Elle serait
admirable à peindre avec sa quenouille et son fuseau
antiques ; c'est une voisine qui vient passer la soirée
auprès du feu de l'hôtesse ; elle lui a donné un coup
de main pour la soulager dans le surcroît de besogne
qui lui arrivait. C'est elle-même qui a défait mes
guêtres et mes souliers qu'elle a nettoyés et placés près
du feu, elle s'est ensuite lavé les mains, ce qui m'a fait
un plaisir extraordinaire, et a repris sa quenouille, tout
cela de l'air le plus noble, avec des mouvements extrêmement gracieux et sans aucune trace de servilité.

Adieu jusqu'à demain, si j'ai le temps, car je partirai de très bonne heure pour traverser le col qui sépare
la vallée de la Nive de l'Espagne, on dit qu'il y a encore un peu de neige, j'espère pourtant m'en tirer sans
guide.

Saint-Jean-de-Luz, 18 avril. — Les aventures se succèdent avec rapidité et malheureusement le temps me manque pour te les raconter, je vais donc seulement te donner une idée de l'emploi de ma journée dans laquelle je n'ai pas marché moins de 15 h. ; j'ai fait 21 l. et je suis véritablement sur les dents parce qu'il m'a fallu courir de nuit, ce qui est la chose du monde la plus démoralisante.

Ce matin à 4 h 1/2, j'étais debout pour me disposer à partir, je me suis d'abord muni d'une bonne tasse de chocolat à l'eau très épais, comme on le fait dans le pays ; mon hôtesse m'observa ensuite qu'il était tombé dans la nuit beaucoup de neige dans les montagnes et qu'il serait dangereux de m'y aventurer seul ; elle me conduisit chez un habitant du village avec lequel je fis prix pour passer le col nommé maya Puerto. Je payai ensuite ma brave femme d'hôtesse qui, pour tous les soins qu'elle m'avait donnés, me demandait seulement 35 sous ; c'était là le cas de faire le généreux à peu de frais et je la rendis très contente en lui donnant 3 fr. J'en donnai 4 à la petite basquaise qui m'avait d'abord, par modestie, dissimulé des connaissances assez éten-dues dans la langue française ; en causant avec elle pendant la fin de la soirée, j'avais appris qu'elle allait se marier et cette petite somme représentait mon cadeau de noce.

Je suis enfin parti à 5 h. 1/2 sous la pluie, tout le haut des montagnes était couvert de neige. Après une heure de marche ou plutôt de courses de rochers en rochers la neige devint tellement épaisse que mon guide déclara qu'il ne pourrait jamais trouver le col. Je me mis en fureur et lui ordonnai de marcher en avant car je ne voulais pas manquer la voiture le lendemain soir à Tolosa; mais les difficultés augmentèrent au point qu'avec un guide démoralisé il devint impossible de continuer; il fallut redescendre et prendre un autre parti. Je voulais passer un autre col pour aller par Vidach sur Biriatos et sur Béobie, qui se trouvent à la frontière de France sur la route de Bayonne à Madrid, où j'aurais pris le lendemain la voiture au passage; il n'y avait pas en effet d'autre parti à prendre que de tâcher d'arriver le soir sur un point de la route que la diligence des caliseros devait parcourir le lendemain; aucun homme du village ne put m'assurer qu'il fût possible de passer le col d'Urdach qui me conduisait à Béobie par la route la plus courte, il fallut donc me décider à redescendre la vallée, ressortir des montagnes par le même chemin et d'Itsassu me diriger sur Saint-Jean-de-Luz qui était le point le plus rapproché. Je suis redescendu à contre-cœur, mais par la rive droite pour varier. Au moulin de Latxia je remarquai que les montagnes qui bordent le torrent n'avaient de neige que par place et sur le sommet; je pris donc le parti de ne pas rentrer dans la gorge de Roland et de traverser la chaîne par la ligne la plus courte, par un col que Cassini indique entre deux hautes montagnes; ce passage, que j'ai exécuté seul avec un plein succès, sera un des souvenirs les plus agréables de mon voyage.

J'ai eu terriblement de mal, mais aussi j'ai vu des choses admirables, la montée a duré 3 h. 1/2, je l'ai exécutée en montant de rochers en rochers dans le lit d'un torrént formant un affluent de la rive gauche du grand torrent de Latxia et qui à chaque pas présente des chutes de 20 et 30 pieds de hauteur. Je suis arrivé aux

3/4 de la montagne ayant eu plus de 10 alternatives de grêle, de neige et du soleil le plus beau dans une heure de temps, mais les nombreux rochers qui se trouvaient sur mon passage m'ont toujours abrité quand les chalets qui se trouvent au pied de la montagne sont venus à me manquer. Il fut un moment où j'avais une vue admirable, j'étais dominé par des montagnes toutes neigeuses qui s'élevaient encore à 500 pieds au-dessus de ma tête ; derrière moi toute la plaine du pays basque et de Bayonne terminée par l'horizon de la mer ; je suis resté une demi-heure pour admirer tout cela pendant le passage d'un nuage.

Le reste de ma journée a été employé à faire de la géologie et à me transporter à Saint-Jean-de-Luz en passant par le village d'Espelette et de St Fé ; je suis arrivé à ce dernier village à la nuit tombante et, comme j'ai appris que les chemins étaient terriblement difficiles, j'ai pris un jeune Basque pour guide qui m'a conduit jusqu'ici. Nous avons fait 4 l. de poste en 2, h. aussi j'étais éreinté en arrivant et j'aurais été absolument incapable de t'écrire un mot avant de m'être restauré de la manière la plus complète par un grand bol de vin chaud et par un copieux souper. Adieu, je vais dormir au moins pour quinze jours.

Béhobie, 19 avril. — Après avoir bien dormi, j'ai pris ce matin la voiture à Saint-Jean-de-Luz et nous arrivons en ce moment à Béhobie, à ce fameux pont de la Bidassoa. Pendant les interminables formalités de la police française, je t'annonce que je fais en ce moment mon entrée sur le territoire espagnol ; je vois les bons douaniers qui s'apprêtent à nous rançonner en nous regardant comme de véritables oiseaux de proie. Du reste fort heureusement il n'y a plus de quarantaine à faire dans une maison de sûreté qui est ici à ma gauche, et nous allons dîner à Irun quand il plaira aux douaniers de nous laisser passer; je vais toujours y aller à pied.

Tolosa, 19 avril. — Les douaniers espagnols se sont montrés très libéraux, mais il paraît que nous ne perdrons rien pour attendre; le pays dans lequel nous voyageons en ce moment se compose de 4 provinces qui jouissent d'une liberté presque complète. la Navarre, le Guipuscoa, dans lequel nous sommes, l'Alava et la Biscaye sont seulement sous la suzeraineté de l'Espagne; elles ont une administration particulière. Elles n'envoient au roi aucune contribution en hommes et en argent et sont de véritables républiques; toutes les marchandises étrangères y sont introduites avec des droits très faibles, établis par les gouvernements provinciaux, aussi sont-elles dans l'état le plus prospère.

La configuration du sol est très montagneuse, et nous avons parcouru toute la journée un pays admirable, pour la culture, la végétation et la beauté de l'espèce humaine; la nouveauté des objets, quand on entre dans un pays étranger, produit toujours un état d'exaltation qui dispose à admirer un pays comme celui-là.

L'une des choses les plus singulières est la vue d'une diligence espagnole; la voiture, assez semblable aux nôtres, est à trois caisses, elle est attelée de 8 mules disposées deux à deux ornées de sonnettes, et rasées partout excepté sur les jambes; un postillon vêtu avec le costume espagnol et la ceinture rouge est sur le devant de l'attelage, 2 autres postillons se trouvent sur la banquette avec le *mayoral* (conducteur). C'est le spectacle le plus étonnant qu'il soit possible d'imaginer que d'entendre ces deux hommes apostropher chaque mule par son nom, jamais ils ne passent une seconde sans parler et crier de la manière la plus comique : *Générala en avant — Capitana vous êtes bien paresseuse — Ravalorosa! allez donc à droite;* et chaque mule de dresser les oreilles lorsqu'on prononce son nom et d'exécuter le commandement; cent fois au moins par heure chaque postillon descend de la banquette pour aller parler de plus près et corroborer ses ordres verbaux par la menace d'un betit bâton et d'un petit fouet à manche très court; on va comme le vent, on monte au grand trot et on descend au galop; du reste, on n'arrive pas plus vite pour cela, parce l'on couche toutes les nuits et que l'on dîne très longuement dans le milieu du jour. Quand la voiture arrive, on commence à mettre le couvert, ce qui dure trois quarts d'heure, puis on dîne pendant une heure et demie, après quoi on cause un peu, puis on se remet en routé; le soir même répétition, puis on se couche quand on a assez causé, c'est ce que je vais faire en ce moment.

Vittoria, 20 avril. — Notre voyage d'aujourd'hui a encore été charmant. Ce matin à 3 heures, on est venu nous éveiller et nous apporter la tasse de chocolat, le verre d'eau et le *sponja*, c'est-à-dire un gâteau de sucre spongieux. Vittoria est une très jolie petite ville que je viens de visiter avec détail parce que nous y sommes arrivés à 4 h. et demie.

En attendant l'heure du souper j'ai le temps de te donner quelques détails plus circonstanciés sur le personnel de notre diligence. La banquette est occupée, comme je te l'ai dit, par le senor mayoral et ses deux postillons; le mayoral est un fort brave homme, qui était autrefois maître de poste à Burgos, ses opinions politiques l'ont fait disgracier et il a été fort heureux de pouvoir obtenir la permission de monter l'entreprise des caliseros; il s'est associé à un grand nombre de muletiers habitants de la route de Madrid de manière que dans tous les villages où nous passons il s'y trouve quelqu'intéressé à cette entreprise. C'est la raison pour laquelle cette voiture n'a jamais été volée, tandis que la poste l'est fort souvent.

Le coupé se trouve inévitablement occupé par un Anglais, sa femme et sa belle-sœur. M. Henekey est un Anglais possesseur de 50 mille livres sterling, qui habite ordinairement Paris, il va faire un tour à Madrid, et revient par Valence et Barcelone; les deux dames sont jolies et je crois assez aimables, elles sont élèves en botanique du fameux docteur Waleston; comme elles m'ont vu escalader les rochers pour ramasser des plantes, elles m'ont envoyé demander hier le nom d'une fleur, en sorte qu'au relais suivant la connaissance a été faite.

Cet incident va, je l'espère, jeter quelqu'agrément sur le reste du voyage, nous avons déjà botanisé ensemble en montant les fameuses montagnes d'Escargas et de Salinas. Le mari est coupé entièrement sur le patron anglais, il a eu soin de nous dire déjà qu'il avait voyagé en Grèce, en Allemagne et en Italie, qu'il a eu un moment 3 voitures : une à Bayonne, une à Londres et l'autre à Paris, mais qu'il a voulu prendre la diligence pour la première fois de sa vie, par crainte des voleurs dont il a une peur affreuse. En somme, ces gens-là sentent l'aristocratie d'une lieue; mais comme ils m'ont fait les premières avances, je puis me permettre de les honorer de ma bienveillance.

L'intérieur, moins aristocratique que le coupé, est pourtant encore beaucoup au-dessus du tiers état; il est d'abord composé de mon aimable compagnon de voyage M. Petit, de moi et de M. Berger courrier de la famille anglaise. Un courrier anglais est un homme qui sait parler toutes les langues et qui, moyennant 3oo fr. par mois, accompagne partout les riches Anglais, les prévient quand le repas est servi, leur procure des guides pour visiter les curiosités du pays et est chargé de payer la dépense de la route et des soins matériels du voyage. M. Berger a voyagé partout et avec tous les membres de l'aristocratie anglaise qui l'ont quelquefois admis dans leur plus grande intimité. Néerlandais de naissance, il baragouine toutes les langues imperturbablement en empruntant à une langue voisine l'expression qui lui manque dans celle qu'il parle dans le moment. C'est du reste le garçon le plus amusant qu'il soit possible d'imaginer, il nous honore de son amitié et nous a déjà dit passablement de mal de la famille du coupé; la quatrième place a été d'abord occupée par un propriétaire campagnard de la Biscaye, il nous a quitté à Bergara pour aller à Mondragon et a été remplacé par un jeune négociant de Saint-Sébastien qui nous accompagne jusqu'à Madrid. Les deux autres places sont occupées par deux riches propriétaires des Asturies dont l'un a été gouverneur de la province sous les Cortès et m'a fait des offres de service si je veux visiter cette province.

C'est la rotonde qui est la partie la plus intéressante : on y voit d'abord un curé au long chapeau roulé avec sa gouvernante ou sa maîtresse, ce dont on ne se cache guère en Espagne à ce qu'il paraît; un étudiant qui va rejoindre l'université d'Oniate près de Mondragon, et qui nous a quittés aujourd'hui pour cette destination. Il a été remplacé par une femme du peuple fort belle qui a avec elle un petit enfant.

Enfin, la partie la plus intéressante pour nous est une brave bijoutière de Saint-Sébastien qui voyage avec sa fille pour affaire de commerce. Le père, Français d'origine, ayant été fait prisonnier pendant la guerre de l'indépendance, s'est fait une petite clientèle en exerçant son état de bijoutier et il n'a pas voulu la perdre à la paix ; il s'est marié à Tolède, mais il a été forcé de transporter son établissement à Saint-Sébastien, où il est maintenant. M. Petit a eu l'occasion de le rencontrer l'an dernier sur la même route et de lui rendre quelques services à Paris ; la petite fille l'a reconnu et est venue lui dire bonjour en sorte que la connaissance est faite, c'est elle qui fait les affaires et la mère est là seulement pour l'accompagner. Elle est gentille à croquer, mais c'est un vrai démon de 16 ans qui fait tourner la tête à la bonne femme ; du reste la maman a pleine confiance en nous et ne trouve pas mauvais que nous nous occupions d'elle.

Sur l'impériale se trouve l'escopetero avec la ceinture de cartouches et 3 carabines chargées. C'est un personnage obligé de toutes les voitures espagnoles.

Vittoria est célèbre par le fameux échec que nous y éprouvâmes dans la retraite de la guerre de l'indépendance ; c'est là que furent perdues toutes les richesses pillées par l'armée française qui y fut surprise par les Anglais et les Espagnols. Après la bataille, toutes ces richesses tombèrent entre les mains des habitants de Vittoria et la prospérité de cette ville date de cette époque ; on y construisit un quartier tout nouveau qui donne à la ville un aspect fort agréable.

Nous avons été à la promenade de la ville où nous avons vu ces fameuses *mantilles* qui valent bien leur réputation. La mantille est un voile noir assez long que les femmes mettent sur leur tête en l'attachant au peigne. Ce voile retombe sur le dos et sur le côté de la tête en laissant voir une figure qui généralement est des plus attrayantes : mais, suivant la recommandation de M. Lebaube, je tiens mon admiration à quatre mains pour n'être pas ravi au troisième ciel en arrivant à Séville.

Briviesca, 21 avril, 1 h. —Décidément nos Anglaises sont des bégueules que j'abandonne, elles nous ont fait attendre ce matin un quart d'heure pour le départ. Après trois jours de voyage, elles sont encore raides et guindées comme le premier jour, aussi ai-je reporté toutes mes affections sur la petite bijoutière avec laquelle je baragouine intrépidement, en montant les côtes, à coups de dictionnaire avec accompagnement de grands éclats de rire. Décidément je suis prolétaire de principe et de sentiment.

En attendant le dîner, qui n'est jamais préparé à l'arrivée de la voiture, il est bon que je te fasse la description d'un repas espagnol; il se compose d'abord inévitablement du fameux mets nommée *olla podrida*, ou plus communément *puchero*; ce mets est extrêmement compliqué dans sa composition sinon dans sa préparation, qui est la même que celle de notre pot-au-feu. Du puchero sortent les plats suivants qui se servent en même temps après le potage qui en général est double, l'un au pain, l'autre à la pâte : 1° le bouilli avec une garniture de pois, 2° un plat de choux verts d'un aspect peu agréable; 3° un plat de gros lard;

4° un plat de saucisson rouge d'un goût très fort; 5° un plat de boudin; après cela vient une fournée de fricassée à l'huile ou à la graisse, du poisson cuit à l'eau avec une sauce composée de beaucoup d'eau et d'un peu d'huile... Puis viennent le rôti et les sucreries d'une nature extrêmement variée mais désignées toutes sous le nom générique de *dulces*, enfin un dessert analogue aux nôtres terminé par le vin de Malaga.

Mais voici le puchero servi et nos Anglaises ne sont pas encore arrivées. Petit et moi donnons le signal de l'attaque pour leur apprendre à vivre, et pour compléter la leçon, nous enverrons tous les bons morceaux à la Signorita Candida et à sa mère; tu vois que la petite bijoutière a un nom aussi joli qu'elle.

Burgos, même jour. — C'est ici le lieu de la couchée et nous voici dans une ville complètement espagnole et comme on n'en voit, je crois, dans aucun lieu du monde. Aujourd'hui, avant le dîner, nous avons passé la frontière qui sépare les provinces libres de la vieille Castille; nous sommes sans restriction sous l'autorité du roi d'Espagne.

A Miranda, 1re ville de la frontière, nous avons été assaillis par une nuée de douaniers qui ont mis sens dessus-dessous toutes nos affaires. J'ai été accablé de tribulations à ce sujet; ma valise toute bouleversée a été horriblement difficile à refaire; une boîte, dans laquelle le cousin Florent avait mis toutes sortes d'objets relatifs à l'histoire naturelle, était malheureusement trop faible et est arrivée toute ébranlée à Bayonne. Je l'avais soigneusement renforcée avec des cordes; les douaniers de Miranda l'ont défaite sans précaution et elle s'est trouvée toute disloquée; les bocaux, les boîtes ont roulé dans la rue, c'était une désolation. Ce n'est pas tout, il y avait malheureusement de l'alcool dans une bouteille, les objets avaient en outre une figure inusitée, tout cela a excité la susceptibilité de ces messieurs qui ne demandent pas mieux que de vous tirer une carotte. Il a fallu ouvrir jusqu'à la dernière boîte, éparpiller jusqu'à la dernière pincée de coton, et la conclusion a été qu'il fallait retenir des objets qui sentaient évidemment la nécromancie et le fagot. Heureusement le mayoral a arrangé l'affaire avec l'argument irrésistible, mais il m'en pend autant à mon arrivée à Madrid. En attendant, il m'a fallu loger le tout comme je l'ai pu dans la poche de la voiture en l'enveloppant dans du papier.

L'aspect du pays est ici complètement différent de celui d'Alava que nous avons quitté à Vittoria. A Burgos nous sommes au milieu des plaines incultes de la vieille Castille; pas un arbre dans tout le pays quelque loin que la vue puisse s'étendre, pas une seule maisón, sauf quelques villages rasés de l'aspect le plus misérable accompagnés de l'inévitable couvent. Les rues sont remplies d'une population de mendiants dont l'aspect misérable ne peut se décrire et d'ailleurs ce n'est pas ici le lieu d'entrer dans tous ces détails. Adieu les jolies femmes des quatre provinces traversées la veille; il ne faut cependant pas conclure de là que le voyage ait été désagréable, tout est si nouveau pour moi qu'il ne peut y avoir place pour l'ennui ou pour la fatigue.

Burgos est une ville sombre toute cléricale et monacale; l'aspect des costumes variés des moines, des énormes chapeaux à la Basile des curés n'est pas la chose la moins curieuse pour un Français. Une autre

classe remarquable par son costume pullule dans les
rues de Burgos, ce sont les étudiants au chapeau à
claque haut de deux pieds, à l'habillement noir recouvert d'un manteau idem, le tout, la plupart du temps,
criblé de trous et présentant l'aspect le plus misérable.

Rien de plus étonnant que la promenade de Burgos.
Aujourd'hui dimanche, à quatre heures, c'est le moment de la promenade qui a lieu sur une partie du
quai longeant le cours de l'Arlanzon ; de loin, on aperçoit une masse sombre qui ressemble à un enterre-
ment, de près, on se trouve au milieu de nombreuses
femmes en noir avec la mantille, marchant sans
hommes au nombre de deux ou trois, mais accompagnées de près par les parents qui paraissent les sur-
veiller d'un œil jaloux ; une quantité immense de
moines de toutes couleurs et surtout de longs chapeaux
de curés circulent au milieu de tout cela presque sans
parler.

A notre grand regret, la Signorita Candida reste à
Burgos : la mère en nous faisant les adieux nous dit
que Candida ira à Paris l'an prochain avec son père,
qui y va faire du commerce et voir un frère ; la petite
nous avait déjà parlé de ce projet ; nous avons fortement engagé la mère à la garder à Saint-Sébastien, c'est
j'espère un beau trait de notre part.

Boceguillas, 22 avril 1833. — Tu chercheras en
vain sur la carte le nom de ce petit village qui se trouve
à environ six lieues avant le fameux passage du
Sommo Sierra qui présente devant nous ses cîmes
couvertes de neige.

Nous stationnons en ce moment dans un petit trou
habité par des bergers, dans ce que l'on nomme une

venta, c'est la plus sale auberge qu'on puisse imaginer, où nous mangeons notre Puchero de compagnie à peu près avec les mules. Toutefois c'est encore une chose qui serait très curieuse à voir si je n'étais assuré d'avance d'un grand nombre d'observations analogues : nous n'avons pour nous récréer que la vue de la cuisinière qui est de Saint-Sébastien et qui a la fameuse tresse pendante du pays ; comme elle a été à Bayonne pendant un mois, qu'elle y a entendu chanter la Parisienne qu'elle sait par cœur, je me suis installé dans la cuisine en me bouchant le nez et je baragouine avec elle, à la grande admiration de mes compagnons de voyage qui écoutent en riant aux éclats mes progrès dans la langue espagnole ; je ne sais si elle est touchée de mes attentions, car il m'est impossible de voir si elle me fait les yeux doux, vu que nous sommes seulement éclairés par le feu, et étouffés par une amosphère d'huile et de tabac qui ne permet de rien voir.

Nous avons aujourd'hui passé le Duero à Aranda où nous avons dîné. On est évidemment trop mal ici pour y coucher ; nos bégueules d'Anglaises, que je déteste maintenant, font une grimace du diable, et nous les avons décidées à partir ce soir à dix heures, au risque des voleurs du Sommo Sierra, moins redoutables que tous les ennemis qui nous assailleraient ici. D'ailleurs nous avons du renfort et il y a trois escopeteros sur notre voiture.

Çavarillas, près le couvent de la Cabrena, 23 avril. — Nous voici enfin dans la nouvelle Castille et nous avons traversé sans accident l'admirable chaîne de montagnes qui la sépare de la vieille Castille ; ce soir à quatre heures nous arrivons à Madrid. Nous dînons ici à midi, après avoir parcouru toute la matinée des superbes rochers de granit redoutés pour les voleurs. Nous entrons en ce moment dans un pays de plaines ondulées sur lesquelles l'œil ne peut apercevoir un seul arbre ni une seule maison jusqu'à Madrid, sauf deux villages qui sont sur la route, et cela jusqu'à la porte même de la ville. Je suis curieux de voir une pareille entrée de capitale.

Madrid. — Pendant les interminables lenteurs et vexations de l'octroi et de la douane, j'ai le temps de te dire que je suis entré enfin dans cette fameuse capitale.

Ce que je prévoyais est arrivé, on m'a saisi ici tous mes livres de science française et jusqu'à ma grammaire espagnole, tous les bocaux de Florent, le savon arsenical, les outils ; tout cela est envoyé à la douane, d'où je les tirerai quand il plaira à Dieu. Du reste les honnêtes gens voulaient encore nous rançonner, mais cette fois nous avons tenu bon et nous les avons traités comme des chiens ; maintenant je suis tout yeux et tout oreilles.

Un grand nombre de señoras se promènent autour de nous armées de l'éventail et de la mantille. Mais tout cela n'est que du fretin, c'est ce soir au Prado que nous irons promener notre admiration ; je vais faire mes affaires pendant trois ou quatre jours à Madrid, puis je finirai cette longue lettre pour te l'expédier.

Madrid, 1er mai. — Voilà j'espère un long séjour et un long silence ; le long séjour a été motivé par la nécessité de voir un combat de taureaux lundi dernier, ce qui remettait notre départ au jeudi suivant, car la voiture de l'Estramadure ne part que deux fois par semaine. Le long silence a été motivé par l'extrême activité dans laquelle je suis depuis mon arrivée ici. Il est en ce moment onze heures et demie du soir, nous partons demain à quatre heures et je n'ai pas encore songé à faire ces affreux paquets; j'ai fait le sacrifice du sommeil de cette nuit, mais comme je n'ai que très peu de temps et de papier à ma disposition, je prends le parti de remettre à la prochaine lettre la description de Madrid : je te dirai seulement que j'ai été traité ici par le négociant espagnol, avec lequel je suis en relation, de la manière la plus cordiale et la plus prévenante qu'il soit possible d'imaginer; j'avais tous les soirs ma place au spectacle où j'ai vu danser les fameuses danses nationales : le Bolero, les Manchegas, la Cachucha, le Fandango, etc., danses qui à mon avis sont plus séduisantes que tous nos pas de l'opéra.

J'ai assisté à la *Corrida de Toros*, course de taureaux, c'est la chose la plus extraordinaire que j'aie jamais vue et elle mérite une description toute spéciale. J'ai fait un voyage à Aranjuez, magnifique résidence royale; j'ai été dans un très joli bal où était la haute société de Madrid; j'ai été tous les soirs dans des petites *tertulias* (soirées) charmantes. Tous les jours à six heures nous allions faire le tour du Prado et de Buen Retiro, je dînais et je déjeunais chez M. Carasco, où il y avait toujours nombreuse assemblée. De toutes mes observations il est résulté que nous connaissons infiniment peu en France les mœurs espagnoles; et sans entrer ici dans aucun détail, je dois dire que j'ai été extraordinairement frappé du peu de fondement du reproche banal de jalousie que nous faisons aux maris de ce pays.

Demain, à quatre heures du matin, je pars pour

Tinxillo où je serai dans trois jours; je trouverai là deux chevaux et un domestique de M. Carasco monté lui-même, enfin un senor du pays qui me servira de guide et qui sera chargé de me préparer mon logement et de commander tout ce qui me sera nécessaire dans la course d'un mois que je compte faire dans l'Estramadure; tu vois qu'il est impossible d'être plus confortablement.

Talaveyra de la Reyna, frontière de la nouvelle Castille, sur le Tage, 3 mai 1833. — Comme tu le vois, ma chère maman, j'ai quitté Madrid et ses délices.

Malgré toute l'ardeur que je porte à la géologie et à l'histoire naturelle, cela a été avec peine, tant j'avais su m'accommoder des petites *tertulias* qui se rassemblent après le spectacle, et dans lesquelles en ma qualité d'étranger j'ai trouvé un accueil extrêmement agréable et l'attrait de la nouveauté. Je suis resté 9 jours à Madrid; un jour 1/2 a été consacré à aller à Aranjuez, résidence royale située à 9 k. de poste de Madrid, et dont les jardins offrent un grand intérêt.

J'ai été reçu dans cette ville par un géologue espagnol pour lequel j'avais une lettre de recommandation et qui d'ailleurs me connaissait déjà parce qu'il venait souvent à l'école des mines pendant ma maladie : c'est l'ancien ministre des finances du temps des *Cortès;* aussi, pour cause de santé, a-t-il maintenant sa résidence à quelque distance de Madrid. J'ai été chez lui admirablement bien, et si bien que j'ai laissé partir la diligence qui devait me mettre le soir à Madrid pour voir le lendemain, qui était un lundi, la *Corrida de torros.*

M. Vallejo, mon hôte, m'avait assuré que la voiture d'Andalousie me prendrait le lendemain de bonne heure et que j'aurais le temps d'arriver avant la course, qui a lieu à 3 heures 1/2 de l'après midi ; cela a donné lieu à une vraie aventure. Le lendemain, à 4 heures du matin, la voiture a passé, mais si pleine qu'il m'a été impossible d'y trouver place. M. Vallejo m'a alors assuré que j'arriverais à l'aide d'une voiture qu'il allait louer pour moi : je lui ai laissé faire tous les préparatifs et, vu tous les délais de la lenteur espagnole, je n'ai pu me mettre en route qu'à 8 heures 3/4 ; mais, hélas ! ma voiture était une charrette, ni plus ni moins. Je me consolai d'abord en pensant que mon cocher, qui marchait gravement à côté de la voiture, se déciderait à monter et faire trotter une fois hors du pavé, mais il n'y eut aucune accélération sensible et, après de longues explications, j'appris enfin que le cheval ne pouvait aller plus vite et qu'il ne pouvait me conduire qu'à 3 lieues de là où nous arriverions à midi ; je fus saisi à cette nouvelle d'un accès de rage difficile à décrire ; un bond épouvantable me précipita hors de la voiture par dessus l'homme et le cheval, et me voilà à courir devant mon conducteur ébahi en prenant mon pas de 32 minutes pour la lieue de poste. Il était 9 heures, j'avais 9 lieues à faire, il fallait dîner et me trouver en toilette à 3 heures 1/2 chez M. Carasco. J'ai obtenu ce résultat, mais il m'a fallu remuer les jambes d'une furieuse façon.

Bien m'en a pris de ne pas manquer la course, car c'est vraiment la chose la plus singulière ; il est impossible de rendre l'impression qu'un pareil spectacle produit pour la première fois. Le cirque dans lequel se fait cette grande solennité est situé au delà de la porte d'Alcala, la plus belle de Madrid. Cette porte termine la belle rue du même nom et se trouve tout près du Prado et du Retiro. Bien que tous les gens comme il faut aillent à pied à Madrid, la mode veut que l'on se rende au cirque dans une voiture nommée calecina, d'une forme particulière et analogue à celle que l'on avait en France il y a plus d'un siècle. Aux approches de la porte, en voyant la foule innombrable qui se portait au cirque avec fureur, je me croyais transporté au temps de Louis XIV ou de la Fronde.

Le cirque, d'une étendue immense, tout à fait circulaire, est limité par un pal de 6 pieds de hauteur derrière lequel se trouve une galerie dans laquelle se réfugient les combattants des taureaux aux instants de danger. Derrière cette galerie commence un amphithéâtre garni d'un très grand nombre de gradins surmontés de deux rangées de loges élevées d'environ 40 pieds au-dessus du niveau du cirque. Il faut toujours prendre les billets huit jours d'avance, car cet espace immense, qui renferme douze à quinze mille personnes, est encore trop petit. Le cirque a 4 portes, dont l'une est réservée aux taureaux; les autres donnent entrée aux combattants; la loge du roi et celle des autorités sont en face de la première. On commence par arroser la place pour diminuer la poussière pendant qu'un peuple nombreux circule en vociférant dans l'attente du plaisir.

Un son de trompette annonce l'arrivée d'une compagnie de cavaliers qui fait le tour du cirque avec deux alguazils en grand costume. C'est alors qu'ont lieu plusieurs cérémonies très antiques, mais que je n'ai pas le temps de te décrire, et les combattants sont introduits; ils sont au nombre de douze ou quinze, huit d'entre eux sont armés d'un long voile bleu appelé capa et le tiennent à la main pour irriter le taureau ; ils se nomment *bandilleros*. Deux autres nommés *picadores* sont montés sur des chevaux et armés de lances ; enfin d'autres, nommés *matadores* ou *espadas*, sont ceux qui doivent tuer le taureau, ils sont tous trois d'une dignité différente. Le premier, nommé *primera spada*, est le fameux Montès, qui a une réputation bien plus grande que celle de Talma et de tous les acteurs fameux de Paris. Le second se nomme *seconda spada* et le troisième *media spada*.

Dans chaque course, on fait combattre six taureaux choisis parmi les plus beaux que fournissent les prairies de l'Andalousie. On commence par les irriter par tous les moyens possibles. On les enlève à un bon pâturage, on les tient renfermés dans des lieux où ils sont fort mal et sans nourriture enfin, à l'instant d'en lâcher un, on lui enfonce dans le haut du col une longue aiguille ornée de rubans ! C'est un spectacle étonnant de voir la furie avec laquelle il passe de l'enceinte étroite et sombre dans laquelle il était renfermé dans ce vaste amphithéâtre tout resplendissant de la lumière d'un soleil d'Afrique et entouré d'une immense multitude qui l'excite par ses cris ; aussi se jette-t-il avec fureur sur tout ce qui l'entoure !

Sur l'ordre donné par le grand corregidor de Castille qui préside la *Corrida*, une fanfare annonce l'entrée du taureau. En ce moment, les quinze combattants sont dans l'arène : les deux picadores à cheval, les bandilleros armés seulement de la grande et large banderole bleue et les trois matadores ou espadas qui n'ont eux-mêmes à la main que de longues banderoles roses en soie, longues comme les

bleues, d'environ six pieds sur quatre pouces de large.
Tous sont vêtus d'une manière très élégante avec le
costume andalous dans toute sa pureté à peu près
semblable à celui de nos Figaros.

Le combat présente trois parties distinctes. La première est le combat des picadores, qui en général sont
les combattants les plus exposés au danger, mais leur
rôle n'exige pas, à beaucoup près, la même adresse
que celui du matador, qui est le vrai héros de la Corrida, celui qui est exclusivement chargé de tuer le taureau, car les lances des picadores ne peuvent que le
piquer de manière à repousser son attaque, mais non de
manière à le blesser. Les deux premières parties du
combat ont seulement pour but de montrer l'adresse des
picadores et des bandilleros et de porter la rage du taureau à son plus haut degré pour la troisième partie dans
laquelle il est tué par le matador.

En général, à son entrée dans le cirque, le taureau
s'élance sur le premier picador qu'il aperçoit, celui-
ci l'attend avec sa lance et le repousse. Si sa lance est
bien dirigée, le taureau se sentant piqué se rejette sur
le côté vers les bandilleros qui sont disséminés dans
le cirque et qui courent devant lui en faisant flotter
avec grâce la banderole nommée *capa;* puis quand
le taureau les serre de trop près, ils sautent avec
une adresse merveilleuse par-dessus le pal, et la bête
s'arrête pour courir de nouveau sur un autre bandillero
ou sur un picador qui attend toujours le taureau ou
du moins qui va se poser devant lui à quelque distance,
la lance en arrêt. Les chevaux ont les yeux bandés
et sont sans contredit les êtres les plus à plaindre de
toute la course, puisqu'il y en a toujours un grand
nombre de tués d'une manière souvent horrible. C'est

la partie dure à digérer pour un étranger, car quand le
picador manque son coup, ou quand le taureau est lancé
avec trop d'impétuosité, il arrive jusqu'au cheval qui
serait tué infailliblement ainsi que son cavalier sans l'as-
sistance des capas bleues et rouges que l'on fait voltiger
autour du taureau qui quitte ses deux victimes pour se
précipiter sur les nouveaux objets ; c'est là sans contredit l'épisode le plus intéressant de la course et il excite
ordinairement au plus haut degré l'enthousiasme et
les applaudissements de l'assemblée. C'est aussi la
partie la plus philosophique, puisque de l'adresse et
de l'intrépidité des porteurs de capa dépend en ce
moment la vie d'un homme.

La course que j'ai vue a présenté tous les accidents
possibles et les tours d'adresse les plus remarquables,
mais peu s'en est fallu que je n'assistasse pas à la
course entière, car le premier épisode m'avait boule-
versé. A la première charge du premier taureau,
le picador et le cheval ont été renversés, le cheval a reçu dans le ventre deux énormes coups de
corne et le picador, quoique non blessé par le taureau,
a été cependant emporté sans connaissance tout meur-
tri des suites d'une chute épouvantable avant laquelle
l'homme et le cheval avaient été enlevés par les cornes
du taureau. Tout cela n'était rien, mais quand j'ai vu
le malheureux cheval forcé de se relever et de porter
un autre picador quoique toutes ses entrailles pendis-
sent sous son ventre, et qu'une partie même eût été
enlevée de l'arène, j'ai été saisi d'une envie de vomir
que j'ai eu bien de la peine à contenir. Petit, mon
compagnon, qui était à côté de moi et qui avait déjà vu
une course, a quitté la place, et je crois bien que j'en
aurais fait autant si je n'avais été retenu par M. Ca-

rasco, qui voulait m'amener juqu'au bout ; heureusement les choses n'ont plus été si dégoûtantes et non
seulement j'ai été fort content de rester, mais encore j'ai
eu bien du mal à partir pour le dîner après l'entrée du
sixième taureau.

Les pauvres chevaux doivent combattre jusqu'à l'instant où ils tombent morts, et en général ils ne tombent
morts qu'après avoir reçu 3 à 4 coups de corne, mais
ils sont très souvent renversés avec le picador. Dans la
course à laquelle j'ai assisté, un seul picador a été
blessé grièvement, un 2me a eu une assez forte blessure
à la jambe et 14 chevaux ont été tués. La blessure du
2me a donné lieu à un épisode intéressant : le cheval et
le cavalier avaient été renversés comme à l'ordinaire,
les bandilleros n'avaient pu écarter le taureau qui en
plusieurs coups de cornes avait mis le cheval sans vie ;
le picador renversé dessous attendait son tour avec
anxiété, déjà un coup de corne l'avait saisi par la
jambe, s'était accrochée dans l'éperon et allait soulever
le pauvre diable, lorsque le fameux Montès se précipite
avec sa capa qu'il fait flotter dans les cornes du taureau qui alors, baissant de nouveau la tête avec fureur,
pour tomber sur son nouvel assaillant, dégage le cavalier ! Ce fut un moment d'enthousiasme difficile à
décrire, mais il est facile de concevoir par cette description combien ce spectacle peut faire éprouver d'émo-
tions de tous genres.

La 2me partie du combat est extrêmement curieuse,
c'est le tour des bandilleros qui laissent la capa bleue
pour prendre chacun 2 dards entourés de rubans ; ces
dards ont 3 pieds de longs et peuvent pénétrer d'un
pouce environ dans le cou du taureau ; des petits crochets les empêchent de tomber dans les bonds furieux

qu'il fait ; les bandilleros se présentent ainsi armés quand le corregidor a donné le signal, c'est-à-dire quand les picadores ont combattu pendant 20 à 25 minutes. Le talent du bandillero est d'enfoncer ses deux dards dans le col du taureau à l'instant où celui-ci s'élance sur lui ; il faut qu'il les enfonce tous les deux à la fois et qu'il se jette rapidement de côté, car il est facile de comprendre que les cornes du taureau ne passent pas à une grande distance de lui, vu la dimension des dards. Le taureau ayant ainsi 8 à 12 bandilleros dans le cou et la rage de l'animal étant portée à son comble, un roulement de tambour, sur l'ordre du corregidor, annonce que la partie la plus intéressante du drame va commencer.

C'est le tour des matadores qui tuent le taureau chacun à leur tour, en sorte que chacun en tue deux dans sa soirée. Le matador quitte sa capa rose, on lui en apporte une autre plus petite et d'un rouge écarlate qu'il porte sur le bras. On lui donne aussi une épée large de 3 ou 4 doigts et longue de 2 pieds 1/2 environ. Ainsi armé, il se rend sous le balcon du roi, salue avec grâce, jette au loin son chapeau andalous d'une manière particulière et marche droit au taureau.

Ici il ne s'agit plus de se sauver en sautant par-dessus la balustrade, le matador ne doit éviter une attaque trop brusque du taureau qu'en se jetant de côté avec agilité et en appelant avec adresse le coup de corne sur la capa rouge qu'il tient à la main gauche. Du reste le taureau fait très peu d'attaques de ce genre, il semble qu'il ait compris que son nouvel ennemi est plus redoutable que les autres, sa rage est concentrée et il s'approche doucement jusqu'à une distance de 3 ou 4 pieds ; il reste alors en arrêt, la tête un peu baissée, le matador est devant lui immobile, l'épée tendue. Si le taureau ne bouge pas, il l'excite avec la capa écarlate, le taureau baisse encore plus la tête et se précipite sur lui. Si l'instant n'est pas favorable, l'homme se jette de côté et revient devant la bête auquel il doit toujours faire face. Si le moment est propice, il laisse arriver le taureau et lui enfonce son épée dans le cou au-dessus des épaules ; c'est du moins l'endroit que doit choisir un matador habile et intrépide. Quand l'épée est enfoncée un peu loin de ce point, le coup est réputé mauvais ; on conçoit combien ce coup doit être difficile, vu la petite longueur de l'arme. Quand le fer a pénétré d'un pied, le matador se jette de côté en sorte que les cornes du taureau lancé lui passent sous le bras à environ 1 pouce du corps : quand le matador n'est pas habile, il faut une seconde épée pour tuer le taureau, mais alors l'assemblée a soin de manifester son mécontentement, et si pareille chose arrivait souvent le matador serait forcé de quitter la place.

Montés s'est montré dans cette circonstance digne de sa haute renommée et de la fameuse école de Séville dont il est l'élève ; il est impossible d'avoir plus de grâce et d'intrépidité. C'est vraiment une chose superbe que de le voir lever les bras et rester pour ainsi dire sans défense pendant plusieurs secondes à 3 pas du taureau furieux et puis voir enfoncer l'épée précisément au point voulu. Le taureau tombe alors après avoir fait 2 ou 3 tours sur lui-même et un des bandilleros lui enfonce un poignard dans la tête pour l'achever.

Aussitôt 3 mules magnifiquement harnachées et attelées au même crochet viennent enlever d'abord les chevaux morts, puis le taureau, et un autre taureau est lancé dans l'arène.

Pour pouvoir donner une idée suffisante d'un pareil spectacle, il faudrait pouvoir peindre l'énergie avec laquelle toute l'assemblée prend part aux divers incidents. Le peuple espagnol jouit là de toute la plénitude de sa liberté et exerce la justice en dernier ressort de la manière la plus pittoresque sans distinction de rang.

J'assistais à ce spectacle à côté d'un grand d'Espagne lancé dans les hautes dignités et qui, ami de la maison Carasco, a eu pour moi toutes sortes d'attentions pendant mon séjour à Madrid, et j'étais stupéfait de voir avec quelle ardeur il joignait ses vociférations à celles de la populace ; évidemment il y a du sang arabe chez tous ces gens-là. En somme, la Corrida m'a intéressé au plus haut degré et je me promets bien de ne pas manquer celle de Séville.

Je m'aperçois qu'il est une heure du matin, ma voiture repart aujourd'hui à 3 h. 1/2, j'espère donc qu'on me saura gré de la longueur de ma veillée sinon de la clarté de mon style. Je demande grâce à ce sujet vu que je suis tellement fatigué qu'il m'est impossible de penser à la fin d'une phrase quand j'en écris le commencement. Adieu donc, je vais dormir 2 heures, s'il plaît à Dieu, aux puces et autres insectes que je n'ose nommer.

Carricéjo, 4 mai. — La voiture de Madrid à Badajos qui me porte depuis deux jours m'a amené ce soir dans ce petit village, situé entre le Tage et Trujillo ; je vais tâcher de te raconter en peu de mots comment je suis arrivé ici, mais je serai laconique, car je dors debout vu que je n'ai pas fermé l'œil depuis deux nuits et je pourrais presque dire depuis que je suis à Madrid.

Le mardi et le mercredi qui ont précédé mon départ,

j'ai fait de nombreuses visites à mes nombreux amis et amies, à la Senora Domingues et à ses quatre jolies filles, à dona Vicenta, à dona Orosia qui a de si beaux yeux noirs et des dents si blanches, au marquis de Pontéjos, noble industriel à qui j'étais recommandé, au comte de Cabarus, fils du fameux ministre espagnol, propre frère de la célèbre Mme Talien, maintenant princesse de Chimay, et beau-père de Martines de la Rosa pour lequel mon brave comte m'a donné des lettres de recommandation à Grenade.

J'ai également mes poches pleines de lettres pour la plus haute société de Séville et de Cadix; aussi j'espère faire dans le midi de l'Espagne le voyage le plus agréable; mais pour le moment notre situation n'est pas très confortable.

J'ai quitté mon délicieux Madrid presque à regret, le jeudi matin 3 mai, après avoir passé la nuit à faire mes paquets, vu que nous avions jugé à propos de rester à causer avec les senoritas Auria, Aurita, Théresita et Domingues jusqu'à une heure du matin, et malgré toute la diligence possible, nous avons risqué de manquer la voiture de Badajos, qui nous amène jusqu'à Trujillo.

La journée d'hier nous a fait arriver à Talavera Nejua où j'ai commencé cette lettre; j'ai enfin quitté l'affreux plateau de la nouvelle Castille en parcourant une plaine peu ondulée dans laquelle, sur trente lieues de distance, je n'ai pas vu un seul arbre. On est toutefois dédommagé de cette privation si dure pour un Français, par la vue de l'immense chaîne de montagnes du Sommo-Sierra et du Guadarama dont le sommet couvert de neige nous a accompagné à cinq lieues de distance jusqu'aux bords du Tage, que nous avons traversé aujourd'hui à 3 h., auprès d'un petit village nommé Almaraz.

Talavera est une ville de 20 mille habitants, célèbre par une fameuse bataille ; elle est environnée de beaux arbres d'une admirable verdure que je n'ai vue que là et à Arranjues depuis mon entrée en Espagne. De Talavera à Almaraz, le pays est formé d'immenses friches couvertes de lavandes à très grandes fleurs violettes et de bouquets de chênes verts et d'oliviers. A droite de la route on a constamment les montagnes neigeuses du Guadarama, et à gauche, des escarpements pittoresques formés par le cours du Tage.

Toute cette contrée ne nourrit peut-être pas deux mille habitants et pourrait en avoir 2 millions. Il est impossible de concevoir rien de plus beau pour un botaniste que le trajet d'environ une lieue qui sépare du Tage le village d'Almaraz. Tout ce pays est formé de collines traversées de ruisseaux et couvertes de bouquets d'arbres. Au-dessous de ces arbres se trouve, à cette époque de l'année, une floraison qui surpasse toutes les descriptions poétiques. Si l'infernale voiture n'avait pas couru aussi vite, j'y aurais certainement ramassé plus de 150 espèces absolument nouvelles pour moi ; quelques poignées d'herbes, que j'ai arrachées en grande hâte et au hasard, m'ont présenté une très grande variété de légumineuses, d'iridées, de renonculacées, et particulièrement de cistes d'un effet étonnant. Toute la surface du sol est couverte de petites fleurs en nombre infini qui forment un vrai tapis émaillé. A un pied et demi pousse la fameuse lavande si odorante ; puis une nouvelle forêt de liliacées semblables à celles que j'avais trouvées près d'Ustarist, mais d'une espèce beaucoup plus ra-

meuse, s'élève jusqu'à quatre pieds; enfin au-dessus, les fameux cistes montent jusqu'à 8 et 10 pieds
avec un feuillage semblable à celui du laurier, chaque
arbuste couvert de plus de 50 fleurs larges comme la
plus grande rose à cinq pétales blancs dont les onglets
sont tachetés de violet, et tout cela non par millions,
mais par milliards, sans aucune trace de culture humaine! Je jouissais là par tous les pores.

Au Tage nous avons trouvé un pont ruiné depuis la
guerre de l'indépendance qui n'a pas été relevé. On
traverse le fleuve dans un bac; à ce point, le Tage sans
valoir la réputation que lui fait la chanson est pourtant
extrêmement pittoresque, il est bordé de montagnes fort
élevées et après l'avoir traversé il nous a fallu gravir
un col nommé Puerto de Miravete dont l'ascension dure
plus d'une heure malgré le trot continu des mules et
les exhortations énergiques du mayoral et du postillon
à la *capitana et compagnie.*

Au delà de ce col nous avons traversé un pays de
landes dans lequel les perdrix et les lapins sont tellement abondants qu'aujourd'hui même où la chasse est
défendue chaque pièce vaut ici un *réal;* cinq sous!
Mais me voici arrivé à Jaraicajo, dont le nom horriblement difficile à prononcer a été pour moi un motif d'é-
tudes très prolongées, je souhaite donc le bonjour à tous
mes amis et vais dormir si cela m'est possible.

Trujillo, 5 mai. — Nous sommes arrivés ce
matin après avoir quitté Jaraicajo à 4 heures. C'est ici
que je vais quitter mon agréable compagnon de voyage
Petit qui se dirige sur Caceres pour acheter un million de laine. Pour moi je pars demain de très bonne
heure pour un petit village nommé Talarubias, situé

sur la rive gauche du Guadiana, environ à 3o lieues
au-dessus de Badajos et à 10 seulement au-dessus de
Médeline. Je vais faire un voyage tout à fait à l'espagnole que diverses circonstances imprévues, et dont je
profite avec plaisir, promettent de rendre très agréable.

Berzocana, 6 mai. — Me voici décidément lancé
dans les aventures d'un voyage à l'espagnole et je crois
qu'il me faudrait un Homère pour te les raconter ; avant
tout que je décrive notre équipage :

.Don Fréderico Le Play, chef de la Cavaléria, que
ses amis de France ne reconnaîtraient certainement pas
en ce moment noirci pas le soleil d'Espagne, décoré
d'une moustache que les nobles d'Espagne, et les Français qui se permettent tout, ont seuls le droit de porter ;
coiffé d'un élégant chápeau andalous à bords larges de
6 pouces, à forme pointue et orné de bandes de velours,
enveloppé avec gravité dans une vaste capa brune dou-
blée de velours rouge comme la portent les élégants du
pays.

A ma suite marche le senor Luna qui a été appelé
à Madrid par M. Carasco pour me servir de guide dans
toute l'Estramadure ; il parle un mauvais français que
j'entends encore moins que son Espagnol ; c'est du reste
un homme de quelque instruction, professeur d'agriculture du temps des Cortès, sachant un peu de botanique, exploitant vaille que vaille les mines de M. Carasco,
jouant agréablement de la guitare et qui en somme
me promet une société agréable si je puis le déterminer
à me parler Espagnol.

Enfin un domestique de louage pour soigner nos
trois mules également de louage, mais à Tallarubias

nous serons montés à cet égard plus régulièrement.

Conjointement à cette première partie de la troupe, se trouvent associés deux autres individus, comme on n'en voit que dans les romans : le plus important est M. Jacquet, Français de Toulouse établi à Trujillo pour faire le commerce de laine, c'est un ami de Petit qui fait des affaires avec lui, et l'homme le plus étonnant qu'il soit possible de voir; aussi ai-je profité avec ardeur de l'occasion qui se présentait de faire avec lui une excursion.

Une nouvelle loi, qui permet aux particuliers d'exploiter les mines, a porté l'attention publique sur ce sujet en Estramadure. M. Jacquet, tout en faisant ses affaires de laine, s'occupe aussi un peu de mines, et, vu le manque total d'ingénieurs dans le pays, il est tombé sur moi avec ardeur quand il a appris ma profession et le but de mon voyage. Il m'a supplié de laisser le chemin direct de Logrosan, où nous devions coucher ce soir, pour aller voir une mine à laquelle il s'intéresse : j'avais d'abord refusé, au grand contentement de Luna, qui désirait aller à Tallarubias par le plus court chemin, mais en causant avec ce brave Jacquet, je me suis aperçu que c'était un homme des plus précieux, habitué depuis 10 ans à voyager dans toute l'Estramadure. Il connaît admirablement la langue et les mœurs du pays et il transporte avec lui un équipage très commode qui renferme tout ce qui est nécessaire à la vie dans un pays où tout manque. Il possède le meilleur cheval de l'Estramadure et un domestique espagnol nommé Pépé, façonné à la française, faisant la cuisiné admirablement, et fort bien le coup de fusil avec les voleurs, c'est le 5e personnage de notre troupe.

Jacquet est grand admirateur des systèmes de Fourrier,

profond connaisseur du cœur humain et il se flatte de connaître toutes les pensées d'un homme après un quart d'heure de séjour avec lui; c'est une épreuve vivante du M. Martin de Pigault-Lebrun, dont il est d'ailleurs un admirateur passionné. Il est adonné à la recherche des causes premières, à la chimie; il estime surtout la recherche de la pierre philosophale et en astronomie il cherche à comprendre l'infini; il a fait particulièrement une étude approfondie des femmes et tout le pays est rempli du bruit de ses nombreuses expériences. Il sait par exemple imperturbablement combien il y a de jolies filles dans chaque village de l'Estramadure, qu'il parcourt constamment pour son commerce de laines, qui est immense.

C'est dans cet équipage que nous avons parcouru les 7 lieues d'Espagne (14 de poste) qui séparent Trujillo de Berzocana par le chemin des montagnes. Tout a été bien dans la matinée, j'ai recueilli beaucoup de plantes, de pierres, et nous avons déjeuné sur la mine même, après avoir pris un guide à Aldea de Centenera, que je signale parce que Jacquet m'y a donné une preuve de ses connaissances statistiques en me menant voir une des plus jolies filles de l'Estramadure qui demeure dans la maison de notre guide. Ce diable de Jacquet pense à tout!

A 8 h. 1/2, pendant que nous chevauchions vers Logrosan avec célérité, un orage affreux est venu nous assaillir. Le vent était si horrible que, dès le commencement de la tempête il n'y avait plus sûreté à rester sur les mules. Je me suis donc mis à pied chargé de mon manteau et Dieu sait si j'en avais lourd à porter; une demi-heure après le commencement de la tempête, il n'y avait plus moyen d'avancer; au détour d'un ravin, la mule qui portait les bagages a été renversée par un coup de vent et débarrassée de son fardeau en un clin d'œil : ma pauvre valise, qui renferme le fameux habit noir, et avec lui tous mes moyens de séduction auprès des beautés de l'Andalousie, a été s'échouer dans un ruisseau fangeux, la pauvre boîte du cousin Florent a été redisloquée pour la dixième fois après avoir échappé à grand'peine aux triples griffes de la douane, de l'octroi, et de l'inquisition. Jacquet seul, monté sur son incomparable, bravait les éléments et, sautant par-dessus des rochers, venait donner des conseils sur les moyens d'avancer ; nous sommes enfin arrivés ici à 2 lieues de Logrosan : c'est un petit village de 200 habitants dans lequel, bien entendu, il n'y a pas de posada.

A notre arrivée, d'après le conseil de Jacquet, nous nous sommes rangés en bataille sur la place, devant le village, et Pépé est parti au galop pour nous chercher des hôtes qui sont arrivés en assez grand nombre.

Celui qui réunissait les conditions les plus favorables a été préféré, et nous voilà cheminant vers la maison, suivis de tout le village dont les sauvages nous ont poursuivis jusqu'à la porte, qui en ce moment encore est obstruée de curieux. Je n'ai pas le temps de décrire notre gîte, ce qui est dommage, car c'est une chose vraiment curieuse. J'ai fait de vaines tentatives pour me sécher auprès d'un feu allumé en grande pompe au premier étage de notre maison ; le dit étage se compose seulement d'un grenier très petit, où il est impossible de se tenir debout ailleurs qu'au milieu. On avait placé sur le plancher un espèce de fagot vert qu'on avait allumé par un bout. Dans les circonstances ordinaires, la fumée sort tranquillement par quelques petites ouvertures qui donnent un peu de lumière au grenier, mais aujourd'hui d'horribles bouffées de vent nous envoient la fumée dans les yeux ; la partie n'était pas tenable, il nous a donc fallu redescendre dans l'étage inférieur qui est une sorte d'intermédiaire entre une cave et un rez-de-chaussée.

Pendant ces tentatives infructueuses, dans un intérêt tout personnel, l'intrépide Jacquet travaille pour l'intérêt général ; déjà Pépé a acheté dans le village une poule et une perdrix et, après s'être préalablement lavé les mains, les apprête avec célérité pour notre souper. La maison contient toutes sortes de vases dans un état de propreté suffisant et Jacquet nous a préparé une limonade faite avec du sucre et des oranges tirées de ses sacoches.

Je t'écris en ce moment placé à peu près dans la position de S. Laurent sur un brasier à l'aide duquel j'espère me sécher avant le souper qui doit être très confortable, pendant que Jacquet me fait part des pensées intimes du pauvre Luna, qui, sans oser le dire, n'est pas trop content de notre excursion dans les montagnes. Maintenant je vais vous quitter pour écrire quelques notes sur mes observations du jour pendant lequel j'ai mérité l'admiration de Jacquet en cassant des pierres au plus fort de la tempête.

Tallarubias, 9 mai. — Le lieu d'où j'écris aujourd'hui est situé au sud du *Guadiana* que j'ai traversé hier et lequel est célèbre par sa source dans la fameuse caverne de Monterinos. C'est du moins, je crois, une des sources que lui donnent les géographes.

Ce village, dans lequel je resterai quelques jours, est placé près des mines que je vais étudier, dans l'intérêt d'une compagnie dont M. Carasco est le chef.

Il m'est absolument impossible de te détailler toutes mes aventures, je ne te parlerai que des faits principaux d'une manière bien sommaire. Le souper de Berzocana a été fort bon, quoiqu'attristé par la perte des pierres recueillies dans la journée, le vent avait emporté les sacoches qui les contenaient. Jacquet a mis à profit son séjour à Berzocana pour acheter 10.000 fr. de laine: je l'ai quitté à Logrosan le lendemain après le déjeuner, après avoir promis de lui écrire et de m'entendre avec lui pour faire une course plus longue dans le sud de l'Estramadure.

Je suis ensuite parti avec Luna et le guide pour Tallarubias, mais la nuit nous a surpris dans un petit village nommé Casas de don Pedro, situé près du Guadiana, au sud de Logrozan. Après une tournée de 3/4 d'heure dans le village nous avons enfin trouvé un gîte dans lequel j'ai éprouvé toutes les vexations possibles, la chose est sanglante et vaut la peine d'être racontée. Mon ami Luna, qui a toutes sortes d'attentions pour moi, m'a dit qu'il se chargeait de me faire souper d'une manière confortable; en effet, il trouva dans le village une perdrix et un lapin de la plus belle apparence et il me dit qu'il savait faire une soupe excellente. La maîtresse du logis m'avait l'air assez entendue en cuisine, il y avait donc la plus belle apparence de souper ; il fut bien entendu que l'on mettrait la perdrix à la broche, et le lapin en fricassée, nommée dans le pays *guirado*, ce qui ressemble assez à nos ragoûts français, sauf la cuisson, qui a lieu dans un pot de terre, car les casseroles sont inconnues ici.

J'étais bien un peu inquiet de voir la manière dont le pauvre lapin avait été déchiqueté et de la quantité d'ingrédients de toute nature que la bonne femme empilait dans le pot, mais enfin je la laissai faire avec résignation comptant toujours en cas de malheur sur la perdrix rôtie dont je surveillais la préparation avec un soin religieux. Du reste, la manière de rôtir n'a rien de commun avec celle des pays civilisés, ce n'est ici qu'une grillade dans laquelle la pièce placée sur des charbons est soutenue par un bâton qui l'embroche au lieu de l'être par un gril. Quand mon objet me parut suffisamment brûlé, je dis à la bonne femme d'arrêter l'opération et de la tenir chaude près du feu : pendant ce temps, l'ami faisait sa fameuse soupe; alors je crus pouvoir me relâcher de ma surveillance et écrire des notes. Quelques minutes après je reviens jeter un coup d'œil sur ma perdrix! elle n'était plus auprès du feu; d'un regard inquiet j'interroge l'assemblée, et qu'aperçois-je? des mains horribles! celles de mon muletier, qui, pour se rendre utile, déchirait ma perdrix en cent morceaux avec ses ongles comme un affreux sauvage! Je me précipite sur lui dans un état de fureur inexprimable, surtout quand je vis ma perdrix dans les mêmes mains qui venaient de faire la toilette aux mules et qui de temps immémorial n'avaient sans doute été touchées par une goutte d'eau. Je restai anéanti sans prêter la moindre oreille aux explications de la bonne femme qui me contait comme quoi j'aurais le bonheur de voir nager mes particules de perdrix dans une bonne sauce de sa façon, composée essentiellement d'huile et d'autres assaisonnements variés. Or il est impossible de concevoir rien d'aussi infernal que cette huile espagnole, surtout celle des villages, toujours dans un pot placé dans un coin de la chambre, d'une saleté révoltante et dont

le produit sert également pour la lampe et la cuisine ;
bref je soupai d'un morceau de pain dur arrosé d'un
vin exécrable, car l'olla était faite avec la même huile
et la soupe de Luna n'était autre chose qu'une soupe
à l'huile et à l'ail d'un goût révoltant ; la nuit n'a pas
été meilleure que le souper et, sans avoir fermé l'œil, je
suis parti emportant une collection des trois insectes
connus...

Hier, je suis arrivé à Tallarubias dans la matinée.
Le jour même de mon arrivée, j'ai ouvert la boîte du
cousin, je me suis muni de celle de chasse et j'ai pris
avec moi 2 gamins intelligents, pour me ramasser tous
les insectes et monstres de toute sorte que produit le
pays. Je suis donc sûr de remplir les flacons qu'il m'a
donnés. J'ai trouvé moi-même quelques scorpions qu'il
m'avait recommandés d'une manière particulière ; quant
aux salamandres qui se tiennent dans les arbres, on ne
peut s'en procurer ici, du moins, c'est la réponse qu'on
m'a faite. Je crois qu'une des raisons de cette impossibilité est l'absence complète d'arbres à deux lieues à la
ronde. Je ne ferai pas d'acquisition en oiseaux pendant
un temps où la chasse est défendue de la manière la
plus sévère ; toutefois, je tâcherai de trouver l'un des
tueurs des nombreuses perdrix qui se vendent dans la
contrée.

Cordoue, 22 mai. — Il s'est bien passé du temps
depuis mon dernier paragraphe, mais c'est qu'aussi
depuis ce temps j'ai fait un grand nombre de choses
parmi lesquelles l'opération de me transporter avec célérité de Tallarubias en cette ville fameuse après une
course de 55 heures, sans compter celle que je vais faire
pour retourner à Tallarubias.

Je suis parti pour faire une excursion à la célèbre mine de mercure d'Almaden, qui presque à elle seule fournit ce métal à tout l'univers. J'ai trouvé à Tallarubias un guide du pays, attaché spécialement à ma personne par les ordres de M. Carasco, ainsi que deux mules munies de tout leur attirail, avec lesquelles on peut passer par tous les chemins de géologue, avantage dont on est privé avec des chevaux. Je voyage déjà depuis dix jours avec un brave homme nommé Jean Ximénès que j'appelle Juanito par amitié; je suis à peu près décidé à le garder avec moi pour parcourir toute l'Espagne, car l'expérience que je viens de faire dans le voyage qui m'a amené me prouve par une foule de raisons qu'on ne peut faire autrement.

Je suis arrivé à Almaden le deuxième jour de mon départ de Tallarubias ; j'ai fait le trajet avec Juanito seul, car Luna, qui avait également besoin de venir à Almaden pour acheter diverses choses, a dû prendre subitement une autre route que celle qui avait été annoncée officiellement.

Je suis resté dans le pays d'Almaden quatre jours pour étudier avec soin tout ce qui m'intéressait en ce point. J'ai heureusement fait la connaissance du dessinateur de la mine, qui avait été trois ans prisonnier de guerre à Nancy et qui parle fort bien le français ; nous avons fait ensemble une excursion à Almadenejos, village situé à 4 lieues d'Almaden, où se trouvent d'autres mines de mercure dirigées par notre ami don Barnave.

Ce brave homme, qui avait été prévenu de notre arrivée, m'a fait un accueil splendide qui m'a fait le plus grand plaisir, car pendant mes quatre jours à Almaden j'avais mené une dure vie. La meilleure des deux auberges de la ville, qui compte 3ooo habitants et qui est le siège d'une industrie de premier ordre, se compose d'un vaste hangar.

Ce grand espace soutenu par de nombreux piliers n'est divisé par aucune cloison. D'un côté se trouve ce qu'on nomme la cuisine, composée d'un feu placé au milieu d'une enceinte comprise entre quatre piliers, et entourée d'une rangée de bancs sur lesquels chaque sauvage surveille les apprêts de son dîner qui se fait toujours dans un pot de terre disposé circulairement autour du feu. Dans un coin voisin se trouve l'espace assigné aux mules, dans un autre celui occupé par les vastes cruches d'eau, article d'une haute importance et que l'hôtesse se charge de distribuer à ses hôtes. Tout le reste de l'espace est occupé, suivant la volonté de chaque arrivant, par ses bagages et par quelques privilégiés qui viennent dans le jour y exercer leur industrie à l'abri du soleil ; nous avions ainsi à Almaden un cordonnier, un fabricant de nattes en pailles et quelques petits marchands. Enfin chaque voyageur se couche par terre comme il l'entend entre ses bagages.

Comme je décris une auberge du premier rang, il existe un premier étage composé d'un long corridor avec une petite fenêtre fermée par un volet, car les carreaux sont absolument inconnus, excepté chez le gouverneur. De part et d'autre du corridor se trouvent des coins de chambre nommés *quartos* dans lesquels il n'y a d'autre lumière que celle envoyée par la porte du corridor, d'autre ornement que les quatre murailles et rien autre chose si ce n'est des puces.

Luna, qui était heureusement arrivé avant nous, m'avait retenu la chambre du bout dans laquelle il y a une fenêtre ; il s'était procuré une table microscopique

et deux chaises, en sorte que j'ai trouvé un ameublement des plus distingués; pendant deux jours j'ai
couché par terre enveloppé dans mon manteau, mais
les deux jours suivants j'étais parvenu à me procurer
une sorte de matelas qui m'a permis quelques heures
de sommeil.

Il est donc facile de concevoir combien la réception
du directeur d'Almadenejos a dû m'être agréable.
Comme le brave homme avait voyagé, et comme, en sa
qualité de vieux garçon, il connaissait parfaitement ce
qui était confortable et tout ce qui a du prix pour un
voyageur, j'ai trouvé chez lui tout ce que je pouvais
désirer et surtout un bon lit sur lequel j'ai dormi six
heures avec un fier plaisir.

Cependant en jetant les yeux sur la carte, je vis que
je n'étais pas à plus de 30 lieues de Cordoue. Je me
décidai tout à coup à profiter de l'occasion, et me voilà
parti le lendemain à 5 heures du matin après avoir dit
adieu à Luna que j'ai engagé à retourner à Tallarubias , et seulement dans la compagnie de mon fidèle
Juanito.

Nous avons mis trois jours à traverser le désert, mais
désert admirable qui sépare Almaden de Cordoue ; les
deux derniers ont été passés dans la Sierra Morena
qui forme une chaîne très élevée en ce point, bien
qu'au-dessous de la limite des neiges à cette époque ;
je puis même dire qu'en ce moment il y fait une furieuse chaleur.

Voici notre manière actuelle de voyager : nous partons à 4 heures du matin, montés chacun sur notre
mule, celle de Juanito porte les provisions du jour, ma
valise et mes pierres, nous cheminons jusqu'à midi, et
nous nous arrêtons alors dans quelque lieu où il y a de

l'eau courante, un peu d'ombre et de l'herbe pour les mules. Nous restons ainsi jusqu'à 2 heures et demie, puis Juanito, ayant fait sa sieste que je n'ai pas la cruauté de lui interdire, recharge les mules et nous cheminons jusqu'à la nuit. Nous nous 'arrêtons dans un village s'il y en a un, sinon nous couchons sous un chêne liège en plein air, méthode que je compte adopter exclusivement en Andalousie, car pour le moment il fait un froid terrible la nuit dans les montagnes.

Les auberges que nous avons trouvées sont horribles ; là il n'existe que le hangar sans quartos et il faut se coucher pêle-mêle dans un cloaque infecte avec les mules et les arriéros. Ce pauvre Juanito se met en quatre pour venir à mon secours, il commence à s'habituer à franciser un peu sa cuisine, il se lave les mains de temps en temps, il sait me déterrer une perdrix dans un village, s'il y en a une, et, quand il est impossible de me trouver des draps, il m'arrange un lit avec les couvertures des mules et avec les allorcas. Ce matin à midi je suis enfin arrivé à Cordoue, sur le bord du Guadalquivir.

Malpartida, près Cacérès, 10 juin 1833. — Malgré la meilleure volonté possible, je n'ai pu, ma chère maman, trouver un moment favorable pour t'écrire seulement une ligne, c'est te dire que j'ai fait terriblement du chemin. Je suis revenu de Cordoue à Tallarubias en faisant une grande courbe à l'ouest du chemin direct et, après de nouvelles coursés dans les environs pour soins à donner à l'exploitation de mes mines, j'ai entrepris et exécuté une autre grande excursion sur la frontière du Portugal.

De Tallarubias, j'ai descendu le Guadiana en parcourant la contrée située sur la rive gauche de ce fleuve, que j'ai traversé à Badajos ; ensuite, remontant au nord et suivant toujours la frontière, j'ai été à Albuquerque, et de là, marchant à l'est, à Cacérès, où je suis maintenant à me délasser de mes fatigues dans un petit village situé à 2 lieues de cette ville où je vais seulement de temps en temps voir les dames Carasco, qui viennent aussi nous visiter à Malpartida.

Depuis mon départ de Cordoue, j'ai fait à peu près 200 lieues de France, toujours dans l'équipage que tu dois suffisamment connaître, il faut seulement y ajouter un *alforça* de plus contenant nombre de commodités de voyage que j'ai reconnues indispensables ; il m'a fallu singulièrement modifier mon système général de porter avec moi le plus petit bagage possible.

Ici il faut au contraire en prendre un très considérable, les choses les plus indispensables dans l'ordre de leur utilité sont : le manteau, l'alcarazas ou vase poreux de terre, servant à porter de l'eau qui, par la plus grande chaleur du jour, se tient entièrement fraîche, des boîtes de fer blanc pour enfermer les provisions de la journée et du lendemain, car on est souvent deux jours sans villages et sans vivres, des oranges et un vase rempli de sucre râpé ou à défaut, de cassonade, un puchero ou vase en terre pour faire une fricassée, soit à l'auberge, soit le soir en pleins champs, soit dans la posada, une broche et une petite lèchefrite en fer blanc pour rôtir les perdrix, un vase aussi en fer blanc pour contenir du miel, la botta ou outre en cuir remplie de six litres de vin.

Pour avoir une idée complète de mon bagage, il faudrait joindre à tout cela une alforça remplie de pierres avec la poche pour mes 3 marteaux, mes cartes, mes livres, mes papiers gris pour le séchage des plantes, les couvertures de laine pour dormir la nuit en plein air, etc., etc. Nos deux mules, qui en outre doivent nous porter, ont assez de besogne et souvent il devient nécessaire d'en prendre une supplémentaire. Aujourd'hui nous couchons très fréquemment dans les champs où je passe toujours une meilleure nuit que dans les auberges ; notre excursion de Tallarubias ici a été surtout agréable à cet égard à cause de la lune qui nous a éclairés toutes les nuits.

Je t'ai déjà parlé de l'admirable position de la ville de Cordoue. Depuis le départ de ma dernière lettre, j'ai pu visiter les environs avec plus de détail, et je suis parti enchanté de cette admirable nature, mais l'impression que m'a produite le Guadalquivir si vanté est restée dans toute sa force ; c'est celle du désappointement de trouver un fleuve assez large, mais avec des eaux jaunes et coulant entre des rives absolument dégarnies d'arbres et livrées ainsi sans défense à l'action du soleil brûlant.

Il n'y a point à cet égard la moindre comparaison à établir entre ce fleuve et ceux de l'Europe plus septentrionale. En voyageant du Havre à Rouen, tu as vu un fleuve mille fois plus beau que le Guadalquivir ; le regret qu'on éprouve en le voyant ainsi est d'autant plus grand que la plus simple réflexion montre combien il serait beau si les hommes voulaient y faire pousser la végétation admirable qui couvre les jardins des environs de Cordoue et les 5ooo pieds de pente de la Sierra Morena, qui s'élève en amphithéâtre au dessus de la ville.

En revenant à Tallarubias j'ai traversé avec un bonheur complet la Sierra Morena dans une direction un peu différente avec nombre d'aventures que je ne puis te raconter, car le temps me manque absolument.

J'ai eu dans mon retour deux stations très agréables, l'une à Espiel, petit village dans la Sierra et dans lequel je m'étais résigné à aller coucher, vu que la nuit était froide en diable. Bien m'en a pris, car j'ai trouvé, quoique dans un véritable trou, deux auberges dont la plus petite *la Posada chica*, est tenue par une brave femme de la plus grande propreté, et qui possède ensuite une fille fort gentille ; c'est du reste une remarque générale que partout où il y a une jolie fille l'auberge est passable et quelquefois fort bonne pour l'Espagne ; j'avais trouvé la même chose à Torremilano, petit village dont je ne t'ai peut-être pas parlé et dont l'auberge m'a pourtant laissé des souvenirs fort agréables.

J'ai passé la nuit suivante dans un village de 5ooo habitants, nommé Hinojoza, dans la plaine au nord de la Sierra et dans lequel j'avais été attiré par l'espoir d'une bonne nuit ; il a été impossible d'y trouver un lit, c'est-à-dire un matelas et deux draps, il m'a fallu dormir sur le pavé, dans la compagnie des puces et des arrieros, malgré la concurrence de quatre ou cinq auberges.

La nuit suivante a été toute différente ; j'étais parti de Hinojoza à 3 h. du matin, ne pouvant dormir dans la compagnie où j'étais, et je me suis dirigé promptement sur Cabera del Bacy, village de 4ooo habitants, situé à 10 lieues de France de Hinojoza, c'est le pays de mon guide Jean Ximenès et de mon compagnon de voyage, Luna, qui y était venu de Tallarubias, pour m'y recevoir chez lui.

En entrant dans le village, j'ai aperçu de loin une maison d'assez belle apparence, avec une fenêtre sur la rue à laquelle étaient placées quatre jolies senoritas aux cheveux noirs ornés d'œillets rouges. Elles m'accueillirent de loin avec le salut le plus amical et force signes d'amitié comme à une vieille connaissance, quoique je ne les eusse jamais vues ; j'avais grande envie de descendre de ma mule et de leur parler, mais, comme j'étais assez sale avec ma barbe longue, je jugeai d'une meilleure politique de les saluer aussi affectueusement que possible et d'aller faire toilette chez Luna.

J'appris que ces dames étaient parentes de mon hôte de Tallarubias et que ma réputation s'était étendue jusque-là, parce que, outre plusieurs qualités recommandables qu'on me donnait, j'étais surtout un professeur achevé de contredanses françaises nommées ici *rigodon !* Luna me prévint que le père et la mère étaient assez ennuyeux, mais que nous verrions les filles dans la soirée chez une cousine nouvellement mariée où elles viendraient faire visite par hasard ; les choses se sont en effet ainsi passées et nous avons passé la soirée la plus gaie jusqu'à une heure du matin, car ici c'est l'heure à laquelle tout le monde se couche.

Je ne sais si je t'ai dit qu'à Tallarubias j'ai deux élèves qui me font beaucoup d'honneur, ce sont les deux seules sénoritas du village et c'était cette éducation qui me procurait une si agréable réception à Cabera del Bacy ; en échange de mes leçons, la sénorita Dolores, l'une des danseuses de Cabera del B., m'a chanté force seguidillas ou boleros, avec paroles qui en général n'ont pas un caractère bien saillant, mais de plus elle m'a appris la *cachucha*, air délicieux d'une danse encore plus délicieuse et qui ne se danse bien, dit-on, qu'à Séville. Je l'ai pourtant vue très bien exécutée au théâtre de Madrid. Elle m'a aussi chanté un air assez

joli nommé la sota de Calia, qui est, je crois, origi-
naire de l'Aragon ; je n'ai pu l'apprendre en une seule
leçon.

Dans ma tournée de retour à Cacérès par Badajos,
je n'ai pas eu moins de satisfaction à tous égards, sauf
dans ma dernière journée d'Albuquerque, à Cacérès, où
j'ai manqué mourir de faim, pour avoir compté en partant de Badajos sur la ville d'Albuquerque (4000 habitants) pour avoir des provisions pour le lendemain. Je
n'y ai pu trouver que du pain noir très dur et un fort
mauvais morceau d'une chair si coriace qu'il a fallu
renoncer à la mâcher. Aussi depuis deux jours, je
mange ici comme dix sans pouvoir me rassasier.

Dans cette tournée, j'ai fait des observations du plus
haut intérêt ; mes lettres de recommandation m'ont
procuré deux très agréables soirées et un bon lit pour
une nuit. Je passe sous silence tout cela pour te dire
seulement un mot d'une aventure qui m'est arrivée
dans un petit village nommé Castuera, situé à environ dix lieues au sud de Medelina, assez grande ville
située sur le *Guadiana*.

J'arrivai près du village une heure avant la nuit et
je voulus profiter du reste du jour pour escalader une
montagne de six cents pieds qui domine le village ; je
dis à Juan de faire le tour et de m'attendre à l'entrée
du village, et me voilà grimpant au galop au grand
étonnement de deux ou trois sauvages qui parurent fort
surpris de mon ascension rapide. Il paraît qu'ils allè-
rent jeter l'alarme dans le village en disant qu'un
homme d'une singulière façon s'était enfui à leur vue
dans la montagne.

A ma descente je fus fort étonné de voir une foule
assez grande rassemblée au pied de la montagne, mais

je continuai à descendre pour rejoindre Juan qui n'était plus au rendez-vous, parce que, en ne me voyant pas revenir, il avait pris le parti de conduire les mules à l'auberge. Je vis bientôt arriver au devant de moi un alguazil armé d'un bâton qui me somma de le suivre, ce que je fis avec joie, voyant un commencement d'aventure fort intéressante. Je fus mené ainsi devant un vénérable personnage, l'*alcade major* du village, qui pour m'examiner avait fait un détour dans la promenade qu'il faisait avec sa femme, fort jolie senora, portant bien sa mantille et paraissant spirituelle.

L'alcade, vieux bonhomme, était évidemment une bête qui se donnait des airs d'importance à mourir de rire ! J'arrivai d'un air fier avec mon chapeau sur la tête. Je l'ôtai pour faire un salut à la senora avec toute la grâce parisienne et je le remis aussitôt. J'avais un assez mauvais costume tout couvert de terre avec une déchirure à mon pantalon ; malgré cela je vis tout de suite que la senora avait compris que j'étais un homme comme il faut ; le pauvre alcade, lui, ne voyait que mon habit sale, ma fuite dans la montagne, et surtout ma qualité apparente de voyageur à pied, la plus mauvaise recommandation possible dans ce pays. Il me demanda donc, d'un air hautain, qui j'étais et ce que je faisais ; je lui demandai sur le même ton qui il était pour se permettre de m'interroger ainsi et de m'arrêter sur le chemin du roi ? Je lui dis qu'il pouvait voir qui j'étais par mon passeport ; il le prit et, furieux de mon air de fierté qui faisait un contraste avec l'humilité des assistants, il me dit de le suivre à sa maison : je lui répondis que j'avais affaire ailleurs, et que je ne le voulais pas ; grand scandale et grande contestation que la pauvre senora voulait apaiser en me disant que je n'avais rien à craindre; moi, prenant toujours les manières les plus galantes et les plus respectueuses avec elle et le ton le plus insolent avec le mari et l'alguazil, je lui répondis qu'un Français ne connaissait pas la crainte, que, dans toute autre circonstance, je regarderais comme un bonheur bien grand de la suivre chez elle, mais qu'en ce moment j'avais pour manteau mes droits. Je dis alors à l'alcade que je ne céderais qu'à la violence de ses alguazils et je me suis fièrement assis sur une pierre, après avoir salué une autre fois la pauvre senora qui me paraissait de plus en plus jolie par son air de compassion, et par la peine qu'elle se donnait pour persuader à l'alcade qu'il se trompait sur mon compte. Mais lui, qui recevait un affront devant tout le village, ne voulait pas céder et je comptais bien là-dessus; pendant cinq minutes je ne répondis pas un mot à toutes les exhortations et menaces des alguazils qui étaient venus renforcer le premier; enfin ils vinrent me prendre au collet.

Après un simulacre de résistance, je me levai avec dignité et avec un air de grandeur je pris tout le village à témoin de la violence infâme qu'on exerçait contre un voyageur étranger qui voyageait avec la protection des lois, et je suivis les alguazils ayant tout le village à ma suite.

J'avais un air si sévère grâce à mes énormes moustaches, à mon teint cuivré et à mon large sombrero, que pas un seul sauvage ne fut tenté de rire, et je ne répondais pas un mot à l'alcade qui me suivait avec une contenance assez incertaine, et qui désirait évidemment établir entre nous des relations moins tragiques. Bref, la situation se prolongea pendant plus d'une heure parce que l'alcade, qui voyait mon passeport en règle

quand il l'eut examiné dans la maison, désirait ardem-
ment savoir qui j'étais. Mais je refusais constamment
de répondre en disant de lire et de comprendre, ce qui
fut impossible, vu que les plus habiles du village,
malgré leur réputation de savants dans la langue française, ne purent jamais en déchiffrer un mot.

Je m'étais établi à la porte, assis à terre, refusant
absolument une chaise et un verre d'eau offert par la
senora, et en prenant un au contraire que j'avais envoyé chercher par un des assistants que je récompensai
généreusement en lui jetant *deux pesetas*, deux francs.

Enfin le pauvre alcade fut forcé de me dire que mon
passeport était en règle, et que je pouvais me retirer; je
me levai alors, je saluai la senora en la remerciant de
ses attentions et je la priai de lire deux papiers qui lui
apprendraient le nom et la qualité de la personne à
laquelle elle avait si généreusement voulu rendre service; l'une de ces lettres, qu'elle lut tout haut au grand
contentement de l'imbécile alcade, était une circulaire
du Ministre de l'Intérieur de Madrid qui me recommandait de la manière la plus spéciale à toutes les autorités du royaume, et l'autre une lettre de don Juan
Carasco pour son correspondant de ce village même,
dans laquelle il lui disait de mettre à ma disposition
tout l'argent et tous les ouvriers dont je pourrais avoir
besoin!

Ce fut un vrai coup de théâtre, comme dans les opéras où l'on reconnaît la qualité d'un grand seigneur
jusque-là inconnu, et cette reconnaissance donna lieu à
la soirée la plus agréable qui se termina encore par
une leçon de rigodon. La pauvre senora ne savait
comment me dédommager de la mauvaise réception de
son mari qui était consterné de sa bévue et qui me ré-

pétait à chaque instant : Eh bien, señor, les femmes
ont plus de pénétration que les hommes, car la mienne
avait de suite deviné que vous étiez l'ami français de
Los Carasco de Cacerès.

Rentré enfin chez moi à onze heures, après avoir
soupé chez l'alcade, je reçus dix minutes après sa visite
officielle d'excuse, qu'il me fit dans la compagnie du
notaire et des autres autorités; c'était à mourir de rire;
il me quitta en me disant que toute sa maison était à
ma disposition, ce qui est la plus grande formule de
politesse. Une seule chose m'aurait assez convenu, mais,
en conscience, il n'y avait pas moyen de la lui demander, et je n'avais pas d'ailleurs assez de temps à moi,
pour songer à me passer de sa permission; je quittai
donc Casterica sans tirer du bon alcade d'autre ven-
geance que celle causée par le dépit d'une si lourde
méprise.

Aujourd'hui je suis on ne peut mieux placé pour me
délasser de mes fatigues et pour me restaurer de ma
diète d'Albuquerque. Malpartida est le village dans
lequel se lavent les laines des Carascos. J'y ai trouvé
mon cher compagnon de voyage Petit, qui m'a reçu à
bras ouverts.

Je demeure en ce moment dans ce que les habitants
du pays appellent le Palais. C'est un énorme bâtiment
ayant un premier étage partagé en une infinité de
chambres avec un vestibule énorme où l'on charge et
décharge les mules et les chevaux.

Au premier une vaste salle de réunion; la moitié au
moins des chambres ont une fenêtre et deux de celles-ci
ont trois carreaux de verre sur une moitié de leur largeur; du reste pas un seul meuble outre des tables ou
des chaises et les pucheros pour les cuisines. Il y a

cependant quatre lits montés sur des tréteaux, mais les quarante autres habitants du Palais couchent par terre dans le vestibule, roulés dans leurs *capas.*

Les principaux habitants sont : don Ruffino Carasco, qui a joué à peu près le rôle le plus important dans la révolution de Palais qui a mis la reine à la tête des affaires, et qui aujourd'hui, exilé de Madrid, lave de la laine ou plutôt chasse le sanglier et le cerf, son occupation favorite après la politique ; Petit, un négociant en laine de Lodève ; deux négociants d'Elbeuf, badauds normands qui regrettent leurs pommiers et qui, ne pouvant se faire à ce pays, repartent promptement ; un docteur qui a été exilé 6 ans en France, et une trentaine de voyageurs, amis, employés de la maison, le tout faisant un sabbat d'enfer.

Il faut y joindre 20 domestiques, les escopeteros, 20 chevaux et mules, 30 ou 40 dogues pour le sanglier, 15 lévriers pour le cerf ; c'est digne de l'hospitalité de Cédric le saxon, dans Ivanhoé. Il est impossible de décrire la vie qui se mène ici ; depuis le matin on joue des onces d'or (80 fr.), comme on joue à Paris la pièce de 5 fr. à l'écarté.

Hier soir à 11 h. nous nous sommes tout à coup déterminés à partir une douzaine à cheval pour courir au clair de lune tout le pays avec des provisions pour souper ; on est rentré à 4 heures du matin.

Ce soir on va à la chasse au sanglier et en revenant demain matin on ira tirer les cerfs que l'on tue par douzaine dans les montagnes.

Les dames Carasco habitent Cacerès qui est la résidence de la famille, elles sont venues nous visiter hier ; mais ces dames toutes aimables sont peu gaies maintenant par la perte d'un parent et on aime autant qu'elles restent à Cacerès, vu que leur présence cause une interruption dans l'extrême liberté de la vie qu'on mène ici, qui ressemble à une orgie continuelle, sauf les excès de table inconnus à la frugalité espagnole.

Grenade, 10 juillet 1833. — En ce moment je marche littéralement jour et nuit, toujours dans le même équipage, c'est-à-dire, avec mes 2 mules et mon *mozo* Juan de Cabera del Bacy, que je t'ai signalé déjà plusieurs fois.

De Sechoso au Guadalquivir, toute la chaîne de la Sierra Morena présente à cette époque de l'année une végétation encore plus belle que celle que je t'avais signalée avant El Pedroso. Le jaca ou cistus ladaniferus avait disparu complètement, mais le myrte dont je t'ai déjà parlé avec tant d'admiration dans ma dernière lettre s'est montré sur ce point 10 fois plus beau et forme souvent des arbustes de 8, 10, 12 et 15 pieds de haut couverts de millions de fleurs, c'est aussi beau que le jaca. J'ai revu une deuxième fois le fameux Guadalquivir; décidément ce fleuve est une mystification. A Torina, petit bourg à 8 lieues au-dessus de Séville, il coule presque sans eau entre des rives sèches et abominables comme celles de Cordoue; je n'ai pas voulu lui faire l'honneur de le passer en bateau; en faisant un léger détour, j'ai facilement trouvé un gué pour le traverser avec les mules.

M. Le Baube et les autres personnes qui m'avaient parlé de Séville ne m'avaient pas trompé et j'en suis sorti vraiment enchanté; j'ai d'ailleurs eu les moyens de passer agréablement les trois jours que j'ai consacrés à cette autre Capoue.

Je t'ai dit que j'avais le dessein de voir près d'El Pedroso, une grande mine de fer. Or j'ai eu le bonheur de rencontrer dans le directeur un ancien émigré qui a voyagé dans toute l'Allemagne et surtout dans le Hartz. Comme deux hommes qui ont vu le Brocken ne se quittent pas facilement, j'ai passé un jour et demi avec lui et nous avons pris nos mesures pour faire ensemble le voyage de Cadix. Il m'a adressé à Séville dans une maison particulière, chez les sénoras Borazitos.

Cette maison est tenue par une très brave dame de 38 ans. La senora Rosario, la tante, a une nièce qui n'a pas vu les Français de 1808, mais qui ne m'en plaît pas moins pour cela, vu qu'elle n'a que 17 ans; à la recommandation de don Francisco de Erlorza j'ai été reçu à bras ouverts par les deux dames et je me suis très bien trouvé de mon séjour chez elles, où j'étais véritablement comme en famille.

J'avais encore à Séville des lettres de recommandation pour le capitaine général de la province, le marquis de Las Amarillas, pour le comte d'El Pedroso, pour le consul des Pays-Bas et pour un certain don Arrazzola Onâte connaissant son Séville sur le bout du doigt.

Les maisons de Séville sont admirables non à l'extérieur, qui est assez misérable, mais à l'intérieur, qui est disposé de la manière la plus commode. Le *patio*, habitation d'été, est un vrai délice; dans les maisons un peu riches tout cela est construit sur le modèle arabe comme les habitations des villes de Barbarie et donne un véritable avant-goût de l'Orient.

J'ai assisté à la fameuse nuit de la Saint-Jean dans laquelle toutes les senoritas de Séville, sans distinction de rang, passent tout le temps à leur fenêtre en demandant des bonbons à tous les cavaliers qui passent dans la rue exprès pour distribuer des douceurs (*dulces*). La

plus grande liberté règne dans les conversations nocturnes qui pourtant se font toujours à travers des grilles
fort serrées, car je n'ai pas vu dans la ville une seule
croisée privée de cet agréable ornement. On se tutoie
comme chez nous dans le carnaval, et c'est avec une satisfaction inexprimable qu'on entend les petites senoritas demander par la fenêtre haute : *chico, elevas dulces?* (Petit, as-tu des bonbons?); on ne manque jamais
de répondre oui, mais qu'on ne veut les donner que par
la fenêtre du rez-de-chaussée. De là des pourparlers ;
les senoritas par l'attrait des bonbons se décident enfin
à descendre, et les malins armés de lanternes sourdes
éclairent tout à coup leur figure et s'assurent ainsi si
elles méritent un joli cadeau. Je n'ai pas manqué de
régaler amplement la senorita Rosarito ainsi que les
amies qu'elle m'avait fait connaître.

Je suis parti enchanté de Séville, après avoir observé
que les nièces de 17 ans sont des choses que les tantes
de 30 ans surveillent de très près, et je dois dire que la
brave tante Rosario n'a quitté la sienne que lorsqu'elle
ne pouvait faire autrement, malgré sa confiance et surtout sa grande amitié pour les Français qui ont laissé
de fort agréables souvenirs à Séville tant en 1812 qu'en
1823.

.Après avoir envoyé Juan avec les mules pour m'attendre dans la ville de Chiclana près de Cadix, je suis
parti avec Erlorza, qui était venu me rejoindre par le
bateau à vapeur de Cadix où l'on arrive en 12 h. Le
fleuve, très large à son embouchure, n'est guère plus
beau qu'au-dessus de Séville.

Cadix est une ville tout originale en Espagne, par
la liberté dont on y jouit, par une population très re-
commandable, par l'absence de la populace, par l'af-

fluence des étrangers et par un caractère de propreté et d'élégance qui ne se trouve dans aucune ville de France. Il n'y a rien à comparer pour la splendeur aux villes qui bordent la baie de Cadix et l'Isle de Lion et qui comprennent San Lucar, Rota, Port Sainte-Marie, Xérès, Isle de Léon, Chiclana, toutes villes de 20 à 60 mille habitants.

J'ai assisté par hazard à Cadix aux fêtes célébrées à l'occasion de la fameuse *Jura* (serment) pour la reconnaissance de la princesse des Asturies. La ville était vraiment admirable avec ses maisons toutes blanches, ses portes et ses balcons vastes ornés de draperies rouges, avec ses rues toutes couvertes de toiles et avec ses milliers de jolies femmes parcourant les rues en bourdonnant comme des essaims d'abeilles. J'ai encore quitté Cadix avec peine.

J'ai été à Chiclana reprendre mon équipage et dîner avec ce bon Erlorza qui était là dans sa famille avec une cousine qu'il va épouser dans 3 mois ; puis je suis parti à toute bride pour le fameux détroit de Gibraltar où je voulais voir les côtes d'Afrique, le point le plus méridional de l'Europe, car je ne crois pas que la Sicile s'avance aussi loin, et enfin pour voir à Tarifa les plus jolies femmes du monde.

Cette excursion a été faite avec un plein succès ; j'ai pris des pierres et des plantes à l'extrémité de l'Europe, j'ai fait au clair de lune, dans un bateau de pêcheur, une excursion en Afrique, et j'ai mis pendant cinq minutes le pied sur le sol africain où j'ai cueilli une demi-douzaine de plantes, puis je suis revenu coucher à Tarifa.

Les femmes du pays, par une coutume toute mauresque, se tiennent la figure couverte, mais il n'est pas sans exemple qu'elles veuillent bien la montrer à ceux qui ont très envie de la voir.

Rien de plus pittoresque que la chaîne de montagnes qui borde la partie septentrionale du détroit ; elles sont d'une très grande hauteur, et la plus haute forme, avec celle qui lui est appuyée sur la côte africaine, les deux colonnes d'Hercule. C'est la seule contrée de l'Espagne où j'ai vu dans les montagnes quelques réminiscences des montagnes du Hartz, c'est-à-dire, des eaux abondantes, de grands arbres (chênes verts, ormes, liège) et enfin des nuages.

Du sommet des montagnes on a une vue ravissante de l'océan et de la Méditerranée, du détroit, de la baie et du rocher de Gibraltar et aussi de la jolie ville d'Alguiras. J'en aurais bien long à te conter sur tout ce pays, mais puisque le temps me manque, j'arrive à Malaga, à 40 lieues de Tarifa, en laissant de côté trois nuits consécutives passées dans les champs et la persécution des douaniers, véritables voleurs, opérant avec les patentes du roi, et qui pour 5 fr. laisseraient passer un million de contrebande. Toute la côte de la Méditerranée depuis Tarifa est bordée de montagnes de 3 à 4 mille pieds qui descendent en amphithéâtre jusqu'à la mer, en laissant près du rivage une plaine plus ou moins large ; en général cette plaine est assez aride et habitée seulement par le palmier nain qui remplace ici le jaca de l'Estramadure.

De distance en distance on voit des jardins qui se trouvent formés par l'habile arrangement des eaux, et qui réalisent les descriptions les plus poétiques.

Malaga est située dans une plaine de ce genre, cultivée quoique peu agréable vu le défaut d'arbres, mais à quelque distance à l'Est et principalement à l'embouchure et dans tout le cours de la vallée la culture est admirable.

On voit dans la plaine basse de vastes champs de maïs, de blé et de canne à sucre bordés de haies d'un effet étonnant, formées d'aloës, de cactus à grandes feuilles et surtout du grenadier constamment paré de fruits et de fleurs. Le sol est ombragé par des plantations de figuiers, de citronniers et d'orangers tandis que les plus hautes montagnes sont couvertes des fameuses vignes qui donnent le vin de Malaga, avec des eaux vives divisées en mille rigoles, car ici il n'y a pas de culture sans eau. Il faut pourtant m'arrêter dans mes éloges, car je ne trouverais pas de termes pour te vanter Grenade, Grenade! la véritable huitième merveille du monde.

Tout le plateau qui s'étend entre le haut de la vallée du Veler et la plaine de Grenade est un véritable désert de Sahara, et même, quand on aperçoit Grenade de loin à l'extrémité d'une longue plaine, on est prévenu désagréablement; pour ma part je n'ai pu m'empêcher de dire en la voyant à deux lieues : encore une mystification comme le Guadalquivir.

Mais j'ai changé de langage en approchant et surtout en entrant dans Grenade. Je viens de faire ma troisième et dernière excursion dans la ville et je pars convaincu qu'on ne peut voir une réunion de choses aussi curieuses. Grenade est encore une ville tout arabe, ses rues, ses portes, ses quartiers sont tous de dénomination arabe.

L'un de ces quartiers nommé l'Albacin présente des restes arabes dans chaque maison. Deux ruisseaux, le Génil et le Darro, se joignent au milieu de la ville, séparés jusque-là par un promontoire élevé de 500 pieds au-dessus des rues les plus basses de la ville et sur lequel sont bâtis l'Alhambra et le Généralife. Tout ce système est situé à l'extrémité d'une plaine où règne une chaleur épouvantable, mais qui est arrosée par une foule de dérivations du Génil. Au pied de la montagne, de la chaîne la plus haute de l'Espagne dont le sommet présente toujours de la neige, toutes les collines, jusqu'à 4 ou 500 pieds, sont couvertes de maisons et de jardins et partout, jusqu'au Généralife élevé à plus de 600 pieds, il y a des milliers de ruisseaux d'eau courante amenés dans ces lieux par des travaux gigantesques des Maures.

Je renonce pour mille raisons à te parler de l'Alhambra et du Généralife; ce n'est pas en 6 lignes qu'on peut décrire cette architecture à ornements aussi fins que de la dentelle : les mosaïques admirables dans lesquelles il y a 6 jours de travail pour dessiner un pied carré, les bains somptueux, les patios ou cours intérieures ornées d'eaux jaillissantes.

Des artistes se sont enfin emparés de l'Alhambra, des peintres du plus grand talent viennent de le dessiner avec détail et avant un an on verra arriver à Grenade des nuées d'Anglais. Il n'y a plus moyen de parler maintenant Suisse et Italie, le monde voyageur va vivre pendant 10 ans avec Grenade.

Demain je pars pour le Malihacen, le point le plus élevé de toute l'Espagne; on le dirait à une lieue de la ville et il faut 12 heures pour y monter. De là j'irai à Adra, Dalias, Almeira où sont les plus belles mines de plomb de l'univers, puis au Cap de Gate, à Carthagène, Murcie, Alicante, San Felipe et Valence où j'arriverai vers le 24. Comme je donne cinq jours aux mines d'Adra, tu vois qu'il ne me faudra pas perdre de temps. Je ne sais ensuite comment je reviendrai? Ce sera par Saragosse et Barcelone ou par mer à Marseille; je me déciderai suivant les circonstances, je t'écrirai probablement de là ma dernière lettre datée d'Espagne.

Le voyage de F. Le Play fut brusquement interrompu par les atteintes d'une fièvre typhoïde des plus violentes dont il ne se releva que grâce à la précaution qu'il avait prise de faire promettre à son fidèle domestique Juan Ximenès de ne le laisser saigner à aucun prix par les docteurs Sangrado du pays pendant les périodes où il aurait perdu connaissance.

Il faillit encore périr pendant le voyage de retour qu'à cause de sa faiblesse, il dut faire de Valence à Marseille sur un médiocre bâtiment de commerce qui, à la suite d'une terrible tempête, fut rejeté en dehors de sa route. Il fut obligé de faire lui-même le point et de prendre la direction du navire avec un équipage toujours ivre et un capitaine complètement affolé.

VOYAGE EN ANGLETERRE

(1842)

Londres, 12 août 1842: Soir. — Me voilà installé
à Londres. . . . .
La traversée a été bonne et nous sommes venus du
Havre à Southampton en 9 heures 1/2 ; le bateau est
excellent et d'une marche vraiment supérieure. . . . .
Je suis descendu à l'hôtel Prince of Wales dans le
quartier dit « Leicester Square ». L'hôtel n'est pas brillant, mais il n'est pas non plus très cher. J'ai une
Chambre assez belle pour 3 schil. et un déjeuner avec
thé et deux côtelettes pour 2 1/2 schil. . . . .
Par un hasard heureux j'ai vu aujourd'hui, étant au
bureau de M. Porter, la Reine allant en grande pompe,
avec 6 voitures à 6 et 8 chevaux et une suite nombreuse et magnifique, clore la session du Parlement. La
Reine est une très jolie personne qui paraît très bien
porter la couronne. Son mari l'accompagnait ainsi que
le duc de Wellington. . . . .

Alfreton, 17 août 1842. — J'ai quitté Londres hier
matin à 10 heures pour gagner le Derbyshire où je
suis maintenant. Je suis parti tranquillement après déjeuner et je dînais à Alfreton le même jour, à 60 lieues
de Londres, à 5 heures 1/2 du soir. . . . .

Je commence à m'habituer à la nourriture des naturels de ce pays. Cependant l'apprentissage est plus difficile par la chaleur que par le froid, parce que les vins de Porto et de Xérès que l'on boit ici sont entièrement chargés d'eau-de-vie. Le thé lui-même est une nouriture très échauffante ; les Anglais sont d'ailleurs si peu accoutumés à boire de l'eau qu'on n'en peut trouver de bonne même dans les lieux où elle abonde.

Je vais maintenant dans un des plus beaux pays de l'Angleterre. Je me dirige demain vers Matlock et Bakewell au milieu d'une contrée très montagneuse où les mines de plomb sont abondantes et où je me propose de rester environ huit jours. Si je puis réussir à visiter ce qui m'intéresse, je me rendrai ensuite à Sheffield. Je suis resté à Alfreton pour y faire une visite à un directeur d'usines à fer, nommé Joseph Glynn, dont j'ai fait la connaissance dans mon premier voyage et qui m'a très bien reçu, j'ai dîné avec lui et avec sa femme : ils m'ont donné leur véritable dîner de famille composé comme suit : pas de soupe, un gigot d'agneau cuit au four avec une sauce brune dont la nature est assez indéchiffrable, des petits pois cuits à l'eau et des pommes de terre... Voilà pour le premier service.

Le deuxième service consistait en une tarte aux pommes non sucrées. — On sert à chaque convive de la marmelade avec un morceau de croûte, et on y ajoute de la cassonade jaune, ce qui n'est pas un luxe inutile. Il y avait un second plat peu sucré qui est une copie du riz au lait.

Comme troisième service on enlève la nappe et on met sur la table une bouteille de vin qui circule devant les convives qui se servent chacun à son tour. Mme Glynn n'a pas tardé à se retirer et nous sommes restés seuls causant de nos affaires. Après une demi-heure on quitte la salle à manger et l'on passe au salon où l'on trouve la maîtresse de la maison occupée à faire le thé et à préparer des tartines de beurre.

Cromford, 19 août 1842. — J'ai mené depuis deux jours une vie extrêmement active : à l'instant où je me préparais à partir d'Alfreton hier matin pour venir un peu plus à l'ouest au milieu des mines de plomb, j'ai vu arriver mon ami Glynn en tilbury qui venait me chercher pour m'accompagner et me présenter lui-même à plusieurs fabricants de plomb qui sont de ses amis. . . . .

. . . .

Grâce à M. Glynn et à deux lettres dont j'étais pourvu, j'ai été parfaitement reçu partout et je suis maintenant assuré de voir avec toute facilité les usines du Derbyshire. Ces braves gens, étant dans un pays montueux et peu parcouru par les étrangers, sont plus disposés qu'ailleurs à laisser visiter leurs établissements. Les ouvriers eux-mêmes sont très complaisants ; ils parurent contents de pourboires raisonnables, en sorte que je pourrai étudier ce pays beaucoup mieux qu'on ne l'a fait, sans qu'il m'en coûte beaucoup d'argent. . . . .

Cromford, 20 août. — J'ai passé toute cette journée dans une usine à plomb située à une demi-heure environ de mon auberge. Je me suis dépêché de faire provision d'observations afin d'avoir quelque chose à faire demain dimanche, jour de repos absolu pour toute l'Angleterre et que redoutent tant les voyageurs qui n'ont pas en eux-mêmes les moyens de se distraire. Tous les habitants de ce village s'empressent en ce moment de faire leurs provisions et tous leurs achats : il y a foule sur la place qui est transformée en une sorte de marché où l'on vend de la viande, des fruits, des objets de ménage et d'habillement.

Ce village est très peuplé parce que il y a dans ce voisinage une grande filature de coton. Cette filature est fort célèbre dans le monde industriel, car elle appartient à Sir Askwright, petit-fils de celui qui a inventé les machines à filer le coton. Le descendant de ce grand homme est excessivement riche puisqu'on estime sa fortune à 20 millions. Il possède la plus grande partie du terrain environnant Cromford. Il a conservé les anciennes machines de son grand-père, et n'y fera aucun perfectionnement jusqu'à ce que la recette de son industrie descende au niveau des frais : c'est ce qu'on peut appeler un industriel amateur.

. . . .

Bakewell, 26 août.

. . . .

Je suis installé à Bakewell. . . . .
Je partirai demain pour me rendre à Sheffield où je resterai quelques jours, de là je partirai pour les montagnes du Yorkshire où je resterai peu de temps, puis de là à Newcastle on Tyne, où je serai rejoint par M. de Saint-Léger, s'il ne m'a pas rattrapé à Sheffield. . . . .

Grassington Yorkshire, 3 septembre 1842. — J'ai fait bien du chemin et vu bien des choses depuis ma dernière lettre datée de Bakewell. Je me suis trouvé transporté vers le nord, au milieu des plus sauvages montagnes du Yorkshire dans une petite ville uniquement composée de mineurs et de fondeurs de minerais de plomb. Il me semble presque que je suis au milieu des montagnes du nord de l'Allemagne tant les gens et les choses diffèrent de ce qu'on trouve ordinairement en Angleterre.

Le lendemain du jour où je t'ai expédié ma lettre, je me suis transporté à Sheffield, grande ville de plus de 100.000 habitants, où chaque individu est occupé directement ou indirectement à la fabrication de l'acier et de tous les instruments qui se fabriquent avec ce métal. La ville est littéralement composée de cheminées d'une hauteur énorme qui vomissent sans cesse des torrents de fumée, elle serait autrement pittoresque si on la pouvait voir, mais elle est constamment ensevelie sous des nuages si épais qu'on a souvent du mal à apercevoir le soleil en plein midi. Le séjour m'a paru triste et ennuyeux en sortant des belles montagnes du Derbyshire et je me retrouve avec plaisir au milieu d'un air pur et avec du soleil.

Hier, j'ai quitté Sheffield à 11 heures après y avoir employé mon temps très utilement. Le chemin de fer m'a conduit à Leeds, autre ville de fumée et de cheminées où l'on fabrique des fils et des tissus de laine de toute sorte : c'est la même industrie qu'à Louviers. . .

. . . .

Je me suis rendu ce soir à pied à Grassington après avoir fait mes cinq lieues en 3 heures de temps dans un pays fort agréable et par un temps délicieux. J'ai trouvé un gîte passable quoique rustique, aux armes du Devonshire.

Le maître de l'auberge ayant jugé convenable de

mettre son établissement sous le patronage du duc de
Devonshire auquel appartiennent les mines de ce district. Malgré la longue distance parcourue depuis
Bakewell je me trouve donc encore sur les propriétés du
noble duc... Si je n'étais pas embarrassé par le bagage
qui m'oblige à retourner au sud vers Leeds pour reprendre la route en voiture, je me rendrais aisément à pied à
Newcastle en deux jours en traversant les montagnes.
Je me trouve si bien de cette course à pied que je ne
puis m'empêcher de regretter, l'indépendance que me
donnaient mes courses pédestres sur le continent.......

Je n'ai reçu aucun avis de Saint-Léger ; je commence
à croire qu'il me manquera de parole et que je ferai
seul mon voyage..... L'isolement est plus sensible en
Angleterre pour un voyageur ; sur le continent, en
France, en Allemagne et même en Espagne, il ne tarde
pas à faire connaissance avec la famille de l'aubergiste.
Les gens de la maison s'intéressent à lui, s'inquiètent
de savoir d'où il vient, où il va. Souvent l'on s'efforce
de lui être utile et de l'assister dans ses affaires. Ici un
voyageur ne se trouve jamais en contact avec l'aubergiste et encore moins avec sa famille : il n'a affaire qu'à
trois domestiques qui sont, pour ainsi dire, stéréotypés
dans toutes les auberges anglaises, le *waiter* chargé
du service de la table, la *chambermaid* chargée du
service de la chambre à coucher, et le *boots* chargé
de la chaussure et du service des bagages. Chacun d'eux
est une véritable mécanique qui exécute régulièrement
son service suivant l'ordonnance sans s'occuper de la
personne du voyageur et de sa convenance particulière.
Ils agissent sur lui comme la machine à filer agit sur
le coton ; il n'y a jamais entre eux aucune relation
humaine.

Les Anglais trouvent qu'ils sont bien servis comme cela ; pour moi je me prends quelquefois à regretter nos maritornes servant à table de la main qui vient de cirer une botte, et s'ingéniant à varier leur service pour se plier aux convenances spéciales de chaque voyageur et tâcher de lui être agréable.

Partley Bridge (Yorkshire), 6 septembre. — La poste de Grassington est un bouge qui ne m'a inspiré aucune confiance, et je me suis décidé à différer l'envoi de cette lettre jusqu'au moment où je pourrai trouver un lieu d'expédition offrant plus de garanties. J'ai trouvé à Grassington une excellente famille qui m'a fait le meilleur accueil ; c'est celle de l'essayeur des minerais du duc de Devonshire. Ce brave homme m'a été fort utile et je serais resté un jour de plus à Grassington si je n'en avais été chassé par les punaises qui m'ont dévoré pendant deux nuits.

Mon brave essayeur Jenkin m'a fait transporter mon bagage de Skipton à Grassington, et a voulu me conduire lui-même avec sa femme à Partley Bridge, autre ville de mines, où il m'a procuré un bon lit....... Ces braves gens sont repartis à 9 heures et cheminent vers Grassington par une nuit obscure pendant que je t'écris ces lignes. Il n'y a que des Anglais des montagnes qui puissent prendre une pareille course pour une partie de plaisir.......

Newcastle, 16 septembre 1842. — M. de Saint-Léger et M. Benoist m'ont enfin rejoint à Newcastle... J'ai passé le temps qui s'est écoulé depuis ma dernière lettre, dans le nord du Yorkshire, dans le Durham et dans le Northumberland. Aujourd'hui nous partons pour visiter le nord de l'Angleterre et une partie de l'Écosse, puis nous nous rapprocherons peu à peu du sud, en visitant les lacs de Cumberland, j'espère que nous arriverons à Liverpool avant une quinzaine de jours......

VOYAGE EN RUSSIE

(1844)

Cologne, 27 avril 1844.—Ma chère Augustine, nous nous sommes réunis à Malines avec Saint-Léger qui avait passé comme nous une très confortable nuit dans la malle-poste qui va comme le vent. Le matin, à 7 heures, nous sommes partis pour Cologne où nous ne sommes arrivés qu'à 4 heures, ayant constamment voyagé avec une lenteur qui nous faisait douter que nous fussions sur un chemin de fer. Les chemins de fer ont ici les mêmes allures que les voitures de France.

Je pense avec regret qu'il me faut encore rouler 8 ou 10 jours dans de véritables coucous; mais je savais, du reste, que c'était sous tous les rapports la plus désagréable partie du voyage et j'en ai complètement pris mon parti.

Berlin, 2 mai 1844. — Nous avons passé la journée d'hier à faire une charmante excursion à Postdam, qui est le Versailles de Berlin.

Postdam est en grande partie la création du grand Frédéric qui y a laissé des souvenirs qui sont encore vivants ; sa blibliothèque, ses manuscrits, sa chambre à coucher, son cabinet de travail, sont toujours dans l'état où il les a laissés. Nous avons vu d'admirables tableaux, de jolis jardins, un beau lac ; un étranger pourrait avec grand intérêt vivre plusieurs jours au milieu de cette résidence ; la distance de 7 lieues qui sépare Postdam de Berlin est maintenant franchie en 3/4 d'heure, au moyen d'un chemin de fer.

St-Pétersbourg, 11 mai 1844. — Je suis arrivé hier matin à 6 heures après avoir employé 7 jours et 7 nuits à faire le trajet de Berlin à St-Pétersbourg. De Berlin à la frontière de Prusse (à Tilsitt), j'ai pris la malle-poste prussienne ; une petite voiture spéciale nous a conduits de Tilsitt à Tauroggen, premier village de Russie dans cette direction. Là, grâce aux ordres qui avaient été adressés de St-Pétersbourg par le directeur général des postes de l'Empire, j'ai pu immédiatement trouver deux places dans la malle-poste qui fait le trajet de la frontière à St-Pétersbourg.

Nous commencions à craindre de trouver des chemins fort difficiles sur le territoire russe. Mais nous avons été fort agréablement surpris, dès notre départ de Tauroggen, de nous trouver beaucoup mieux qu'en Prusse. La malle est un double coupé qui ne contient que 4 places et où par conséquent chaque voyageur a un coin sans avoir devant lui un voisin souvent incommode. Nous avions le coupé de devant, ce qui nous permettait de voir la campagne.

Le pays que nous avons traversé, surtout en Courlande et dans quelques parties de la Livonie, est admirable, parce qu'on y a conservé de magnifiques futaies d'arbres verts et de bouleaux. Plus de la moitié de la longueur de la route semble tracée au milieu d'un parc anglais. La futaie qui borde la route en est ordinairement séparée par des gazons où le bois a été abattu pour préserver la chaussée de l'humidité que donne la proximité des arbres. Çà et là la forêt est interrompue par de charmantes prairies et par des ruisseaux bordés d'arbres.

Malinvaud et moi nous n'avons éprouvé aucune fatigue; nous dormions toutes nos nuits, comme nous le ferions dans notre lit, bien que la forme de la voiture ne nous permît pas de prendre une position horizontale. Aussi sommes-nous arrivés à St-Pétersbourg aussi dispos qu'à l'époque où tu nous a mis en voiture rue J.-J. Rousseau.

Nous avions des compagnons de voyage très agréables, une dame polonaise et ses deux enfants, une fille de 16 ou 18 ans et un jeune garçon qui vient suivre les écoles de St-Pétersbourg. La conversation de cette aimable famille nous a donné l'occasion de constater plusieurs faits qui peuvent intéresser les Parisiennes. D'abord la polka, malgré son nom, est inconnue en Pologne; il faut donc convenir que c'est une invention française, et qu'on a mystifié nos danseuses en leur faisant croire qu'il s'agissait d'une importation de pays étrangers. Toutes les têtes parisiennes ont fermenté, toutes les jambes aristocratiques et financières des deux faubourgs se sont agitées pour étudier une danse nationale étrangère....., inventée peut-être dans la rue St-Denis au grand profit de l'inventeur.

Le second point que j'ai constaté est qu'Eugène Sue n'a pas moins de crédit en Prusse et en Pologne qu'en France. Les « Mystères de Paris » ont été dévorés dans toute cette partie de l'Europe par toutes les dames sachant le français, et traduits à l'usage des autres dans la langue allemande : on s'extasie, comme à Paris, sur la candeur de la Gualeur, sur les coups de

poings et la philanthropie du premier Souverain de
Gerolstein, sur la sensibilité du Chourineur. La petite
jeune fille elle-même était fort au courant de toutes
les parties de cette longue épopée. Elle appréciait fort
bien toutes les finesses de l'argot du Lapin-Blanc, du
tapis-franc de la rue aux Fèves. Elle jugeait sévèrement
la légèreté de Mlle Cecily et reprochait cependant à
M. Eugène Sue de ne pas avoir suffisamment informé
le lecteur de la fin de cette intéressante personne. J'ai
cru pouvoir prendre sur moi de lui assurer qu'elle
avait dû terminer ses jours dans la componction et la
pénitence.

On ignore complètement dans ces contrées l'apparition du « Juif Errant », et j'ai comblé de joie mes
compagnons de voyage en leur annonçant ce nouvel
ouvrage de l'auteur aimé du sexe féminin. J'ai appris,
de mon côté, qu'il se faisait en ce moment des Mystères de Vienne, des Mystères de Berlin, des Mystères
de Varsovie, et on commence à espérer dans la Courlande qu'il y aura aussi des Mystères de Riga.

St-Pétersbourg est une ville immense à grandes
rues, à maisons somptueuses, à palais ornés de colonnes enrichies de dorures. Tout ce qui n'appartient pas
aux dernières classes de la société y va en voiture, de
là résultent, dans les principales rues, un bruit et un
mouvement qu'on ne retrouve au même degré que
dans les quartiers de Londres et de Paris.

La différence entre ces capitales gît surtout dans
le costume. Ici tout est militaire et l'habit bourgeois
est dans la rue une véritable rareté. L'aspect extérieur
des choses n'en est que plus brillant. Je passe mon
temps à visiter les personnes qui peuvent m'être utiles,
et aussi à visiter les monuments : j'ai trouvé partout

l'accueil le plus cordial, le plus empressé. La seule difficulté que j'éprouve est de ne pouvoir dîner trente fois en huit jours. J'ai dîné aujourd'hui chez l'oncle de M. Anatole qui occupe une position considérable. J'y ai pris une haute idée du luxe et de l'urbanité de la noblesse russe et c'est à peine si j'ai pu apercevoir dans la conversation les doctrines aristocratiques qui doivent faire le fonds de la vie sociale; il m'a semblé que la réserve que s'imposait à cet égard la société présente ne causait aucune gêne à personne et que tout se passait de la manière la plus naturelle. On dîne à cinq heures, on sort de table à 6 heures et demie, on cause une demi-heure, puis la société se sépare en plusieurs groupes pour aller à la promenade; c'est une coutume fort commode pour des étrangers qui ont a libre disposition de leur soirée.

La cordialité que l'on témoigne aux étrangers, ou que du moins j'ai trouvée pour moi-même, s'étend au point qu'un des propriétaires des forges de l'Oural, qui se rend dans ce pays, m'a proposé de m'y conduire. La véritable difficulté qu'on éprouve en présence de tant de prévenances est de savoir s'y soustraire convenablement.

L'un des chefs de l'Administration des Mines de Russie m'a accueilli avec une bienveillance qui me dispense de recourir à d'autres personnes. Dans tous les établissements que je me propose de visiter, la difficulté ne sera pas d'entrer, mais de sortir sans être accablé de dîners par les intendants empressés.

Je fais préparer notre équipage de voyage. D'après l'avis de tout le monde, j'ai choisi un tarentas : c'est une sorte de calèche où il n'y a pas de siège, et dans laquelle on étend des coussins et des matelas que l'on y range diversement suivant qu'on veut dormir dans la position horizontale ou s'asseoir pour observer le pays. Cette caisse est posée sur deux longues pièces de bois longues de 15 pieds, portées elles-mêmes sur quatre roues placées aux extrémités. On assure que ce mode de suspension est assez doux à cause de la flexibilité de la longue pièce de bois. Le grand avantage est qu'on peut réparer partout la voiture quand ces ressorts d'une espèce particulière viennent à casser; deux boîtes surmontées de deux sièges sont placées aux deux extrémités, devant pour le cocher et derrière pour le domestique.

J'ai choisi décidément pour domestique mon ancien garde du corps Akim, que l'on a fait venir de Moscou à cet effet. Il est enchanté de faire la campagne avec moi, bien qu'il ne soit pas devenu grand cuisinier, je crois qu'il sera sous tous les rapports à peu près ce que nous pouvons désirer.

J'oubliais de te dire que pour faciliter mon voyage on m'a adjoint un officier des Mines qui m'accompagnera dans sa voiture aux frais de l'Administration russe. C'est évidemment une très grande faveur que l'on me fait; j'ai fait la connaissance de cet officier et je suis sûr que ce sera un très utile et très agréable compagnon.

Saint-Pétersbourg, 27 mai 1844. — Notre voiture de voyage est prête depuis longtemps, je ne sais si nous y serons passablement pour ce qui concerne la douceur des mouvements, mais je suis sûr que nous y serons fort bien sous tous les autres rapports. Elle se compose d'une caisse fermée, à deux portières, fixée sur deux traverses de bois longues de 3^m5o. Ces deux traverses sont elles-mêmes supportées à leurs extrémités par deux essieux.

On assure que les deux grandes pièces de bois ont une grande élasticité ; ce qui est certain, c'est que ces singuliers ressorts peuvent être remplacés en moins d'une heure dans les forêts que nous allons traverser au moyen de la hache qui est l'outil obligé dans ces voyages en Russie.

Pendant le jour nous serons assis sur quatre gros coussins de crin empilés à l'arrière et soutenus encore par quatre excellents coussins d'édredons placés derrière le dos et sous les bras. Le devant de la voiture est séparé en deux parties par une traverse de bois, une planche horizontale recouverte d'étoffe ; au-dessous on empile les deux matelas et les couvertures, des courroies les empêchent de tomber sur nos jambes : au-dessus de la planche se trouvent d'un côté les deux malles, de l'autre une armoire à plusieurs rayons où nous serrons notre mobilier de science et de cuisine ou plutôt de table. Tout autour de la voiture sont des poches pour recevoir livres, cartes, verres, bouteilles, etc... ; un grand rideau de la même étoffe que le reste de la voiture se rabat sur le devant, dissimule tout ce qui est derrière, et en forme un coupé ; devant la caisse est une boîte contenant divers ustensiles et recouverte par un siège où s'assied le cocher.

Derrière est une autre boîte recevant une cuisinière de fer blanc avec sa coquille, une timbale pot au feu, une casserole en cuivre, une deuxième en fer étamé, une bouilloire, etc... ; au-dessus est une capote où siège l'illustre Akim qui règne sur ce train de derrière en maître absolu ; une glace située à l'arrière de notre caisse établit entre nous les communications.

Notre mobilier de cuisine est assez luxueux : nous avons une admirable et ample théière en métal anglais, deux assiettes à soupe, deux assiettes plates, un plat, deux salières. Nous sommes bourrés de provisions, confitures, miel, chocolat, thé, semoule, sardines de Nantes, saucisson, langue fumée. Nous y joindrons au moment du départ quelque rôti frais ; nous avons pour la consommation courante vingt livres de sucre, et six bouteilles de rhum, six bouteilles de vin de Bordeaux fin pour les cas graves où il faut se donner du ton.

Avec toutes ces richesses nous allons nous trouver jusqu'à Moscou et même jusqu'à Kasan en pays très civilisé ; en sorte que nous aurons du malheur si nous ne parvenons pas à nous tirer d'affaire et à assurer notre position gastronomique.

Le plan de voyage qui a été convenu dès notre arrivée est toujours à l'ordre du jour. L'officier qui doit nous accompagner est prêt à nous suivre au premier signal dans sa voiture. Nous serons munis de passeports ou plutôt d'une feuille de poste nommée ici « Podarojné » qui doit nous attirer une certaine déférence de la part des maîtres de poste.

On y mentionne que nous voyageons pour le service de l'Empereur. Nous espérons donc qu'on ne nous fera pas trop longtemps attendre les chevaux, et qu'il nous sera possible d'atteindre en moins de douze jours la ville de Perm, qui est le premier but de notre voyage.

Moscou, 5 juin, 3 h. du matin. — Je n'ai pu partir de St-Pétersbourg que le 31 mai, à 3 heures après midi. Nous n'avons pu atteindre Moscou que le 4 juin à 3 heures du matin. Il nous a donc fallu près de quatre jours pour faire les 700 verstes environ qui séparent les deux villes. (La verste est à peu près notre kilomètre : elle a environ 1/10 en plus, en sorte que 100 verstes font à peu près 110 kilomètres.)

L'expérience que nous venons de faire depuis Saint-Pétersbourg nous prouve que nous avons bien réussi dans le choix de nos équipages. La voiture dont je t'ai précédemment indiqué la construction est fort dure quand on s'en sert à l'européenne ; mais elle est fort convenable quand on y voyage couché sur des piles de coussins, matelas et édredons. Nous y dormons comme dans notre lit et je voyagerais ainsi quinze jours sans être plus fatigué qu'au moment du départ. Tout irait parfaitement si la route était partout formées de cailloux cassés ou seulement même de terre battue; mais malheureusement on fait ici de grandes parties de chaussées au moyen de pièces de bois posées en travers de la route qui donnent à la voiture des chocs contre lesquels nos ressorts ordinaires ne pourraient tenir, et qui, malgré les coussins, matelas et édredons, réagissent vivement sur les os des voyageurs. Au delà de Nijni il n'y a plus de chaussée boisée et je m'en félicite, car à cette époque de l'année nous n'avons guère à craindre la boue et nous aurons de très douces nuits par une chaussée simple en terre et en sable.

En résumé, comme je le prévoyais, le voyage dans une très large voiture et avec de bons lits est très peu fatigant, et certainement je ne me repentirais pas de t'avoir emmenée avec moi comme j'en avais eu le désir, si Albert ne t'avait retenue en France. Je te dirai une autre fois, quand je serai moins pressé par le temps, le confort que nous pouvons nous donner dans notre voiture et que j'aurais pu encore augmenter.

Moscou est une ville magnifique et d'un aspect très saisissant. Elle l'emporte sur St-Pétersbourg par l'originalité de son architecture, par ses rues contournées qui décèlent une capitale née spontanément comme Paris, Londres et Vienne, et non une ville créée artificiellement par la volonté d'un homme comme Berlin, Carlshruhe, St-Pétersbourg.

Si le centre de l'Empire était ici, si le mouvement que jette à St-Pétersbourg la présence du chef de l'État, d'une grande garnison, des administrations centrales, était aussi bien à Moscou, la capitale de la Russie serait certainement comparable pour l'importance et l'originalité à Londres et à Paris.

La grande supériorité de Moscou sur St-Pétersbourg réside surtout dans l'inégalité du sol de la ville bâtie sur deux collines entre lesquelles coule la Moskowa : en sorte que des hauteurs on aperçoit les centaines de clochers de la ville comme on voit tout Paris des hauteurs de Belleville et du Panthéon: A St-Pétersbourg il n'y a pas deux mètres de différence de niveau entre toutes les rues aussi, dans les grandes crues de la Néva, toute la ville est-elle uniformément inondée jusqu'au premier étage.

Les deux choses les plus curieuses de Moscou sont : le Kremlin et l'église de Vasili Blagennoi qui n'a que les dimensions d'une chapelle. Elle serait au premier rang des monuments d'Europe si elle avait les proportions de nos grands édifices.

Kasan, 11 juin 1844. — Nous sommes arrivés seulement ce matin à 7 h. C'est une fort médiocre vitesse, quoique nous ayons marché jour et nuit, mais on perd énormément de temps aux relais. Nous avons ordinairement six chevaux à notre voiture et le mode d'attelage est très compliqué. Il arrive parfois que les cordes cassent et il faut s'arrêter pour les raccommoder ; ensuite les roues, les brancards exigent parfois des réparations.

Le plus grand obstacle à la rapidité du voyage est la nécessité de passer d'immenses rivières qui sont souvent débordées. Le passage se fait dans des petits bateaux sur des berges de rivières escarpées et fangeuses où la voiture ne peut être manœuvrée que par 20 hommes qui jettent des cris affreux pour s'exciter au travail et agir de concert. Depuis 9 h. du soir hier nous avons passé 3 bacs qui ont exigé chacun 2 h. Nous sommes arrivés ici en bateau par le Volga et par la petite rivière Kasanka sur laquelle est située la ville de Kasan.

Quoique nous soyons venus de Moscou sans nous arrêter ni jour ni nuit je ne suis pas fatigué. Il m'arrive souvent de faire 3 relais de 60 kilomètres sans me réveiller.

Nous sommes également bien organisés sous le rapport des provisions, et bien nous en a pris, car on ne trouve aucune ressource sur la route, si ce n'est du lait et de l'eau potable. Le matin nous faisons une immense casserole de chocolat au lait avec de la semoule, le soir nous faisons une autre casserole de potage à la semoule avec les tablettes Chevet qui sont, ou du moins nous paraissent exquises. Dans la journée nous mangeons du pain et des confitures.

Lorsque nous traversons une grande ville (Moscou, Nijni) nous renforçons cet ordinaire par du gibier qui est très abondant, mais peu savoureux à cette époque de l'année. A l'instant même nous venons d'acheter ici deux bécasses, une sarcelle, un coq de bruyère et une poule.

Nous faisons sans contredit la partie la plus difficile du voyage

Au retour, à la fin de la saison, j'aurai moins de fatigues que maintenant, parce que j'aurai à voir d'étape en étape plusieurs établissements dans lesquels je ne m'arrête pas maintenant afin d'aller aussi vite que possible au point le plus éloigné de la route.

Ce qu'il y a de plus curieux dans le voyage que je fais est la diversité d'aspect du pays et des gens que nous voyons à divers points de la route.

Hier nous avons successivement traversé des plaines à blé aussi bien cultivées et vingt fois plus vastes que la Beauce, puis une magnifique forêt de chênes, de noisetiers, d'érables, de sorbiers et d'ormes. Nous sommes arrivés enfin dans la magnifique vallée du Volga où le fleuve est large 10 fois comme la Seine à Rouen bien qu'il soit encore à une immense distance de son embouchure.

Nous voici maintenant dans une ville habitée par des Tartares à face plate et à peau jaune qui professent encore la religion de Mahomet, bien que depuis près de trois siècles ils aient été conquis par la Russie.

J'ai été frappé de la différence qui existe entre ce peuple et la race russe. En entrant hier dans le gouvernement de Kasan et dans la première station de poste où nous avons reconnu ces caractères nouveaux, j'ai demandé qu'on fît venir devant nous une fille de la maison en grand costume. C'était vraiment un spectacle curieux pour un homme qui était encore à Paris il y a six semaines ; j'ai vu une grosse fille trapue, taillée en hercule, vêtue seulement d'une chemise de toile blanche épaisse, à longues manches, descendant au-dessous du genou et bordée au cou, au bas et aux manches de broderie rouge en laine. A ses oreilles pendaient des ornements d'argent pesant au moins 3oo grammes. Autour de la tête, qu'elle n'avait pas eu le temps de peigner, était enroulée une sorte de bandeau orné d'argent. Sur le devant de la chemise, immédiatement au-dessous du menton, était attachée une énorme pancarte bordée de rouge comme l'habillement, à laquelle étaient appliquées de nombreuses brochettes où sont enfilées une quantité prodigieuse de petites pièces d'argent de la grosseur de nos pièces de 25 centimes; il y en avait mille au moins. Une seconde pancarte au-dessous de la première et descendant à la naissance du ventre contenait pareil poids de pièces d'argent plus grosses et plus anciennes. Plusieurs d'entre elles étaient antérieures au xviie siècle. La même fille était chaussée de bottes à plis montant au genou. Quand il fait froid, elle porte un surtout ayant la forme d'une robe de chambre et dont le poil est tourné en dessous.

Je te quitte pour aller visiter la mosquée.

Kasan, 11 juin 1844. — Kasan était il y a trois siècles la capitale d'un puissant empire; la guerre contre les Tartares de Kasan occupe une grande partie de l'histoire ancienne de la Russie. Depuis la conquête de Kasan, la nationalité politique des Tartares s'est complètement effacée. Toutefois ici, comme chez les Tartares de Crimée, la religion a conservé au peuple un caractère tout spécial et qui ne s'effacera qu'à la longue sous l'influence des siècles.

J'ai visité aujourd'hui l'une des principales mosquées de la ville. J'y ai retrouvé le caractère sévère de tous les établissements voués au culte de Mahomet. Il est très frappant de voir la gravité et la noblesse des muftis qui exercent le culte. Ils ont conservé le costume oriental dans toute sa pureté : le turban blanc artistement agencé, le caftan, le large pantalon et les babouches que les fidèles portent à la main en entrant dans le temple ou laissent à la porte de la mosquée dans une sorte d'antichambre.

Kasan est la dernière ville digne de ce nom que nous rencontrerons en allant vers l'est. Nous avons donc pris toutes les précautions convenables pour ne pas mourir de faim d'ici-là. Akim est occupé depuis ce matin à élaborer notre gibier et notre volaille dans la cuisinière que nous avons achetée à cet effet à St-Pétersbourg. Cette seule opération nous indemnise des frais d'achat de l'instrument.

Nos provisions achetées au marché de la ville nous coûtent à peine 3 francs ; elles nous seraient revenues à plus de 20 fr. s'il avait fallu les commander dans ce qu'on appelle ici une auberge. Les denrées coûtent à peine en Russie le 1/4 de ce qu'elles valent en France et cependant on les vend aux voyageurs dans les auberges quatre fois plus cher que dans les nôtres.

Les chevaux de poste sont ici à très bon marché, sans quoi il serait inabordable à une bourse telle que la mienne de faire d'aussi immenses voyages. De St-Pétersbourg à Moscou on paie 10 centimes par cheval et par verste, ce qui fait pour 3 chevaux 30 centimes par verste. On donne 40 centimes au postillon pour un relai qui a moyennement 20 werstes, ce qui ajoute 2 centimes par werste aux 30 centimes comptés précédemment et établit à environ 29 centimes le prix du kilomètre. A l'est de Moscou et dans toute la Sibérie, on paie seulement 6 centimes par cheval et par verste, la route étant plus tirante on prend ordinairement 4 chevaux, ce qui, y compris le postillon, ne fait que 23 centimes par kilomètre.

En France, pour une voiture aussi lourde que la nôtre, 2 personnes et 1 domestique prendraient 3 chevaux, ce qui avec le postillon coûterait 80 centimes par kilomètre. C'est donc plus du triple de ce que nous payons ici. Par compensation il y a peu de voyageurs qui fassent dans une campagne de France les 14.000 kilomètres que nous ferons seulement dans l'intérieur de la Russie. Un postillon qui reçoit 40 centimes pour une station de 20 verstes (plus de 5 lieues de France) se prosterne devant le voyageur pour le remercier de sa générosité. Ici on fait des heureux à bon marché et les pauvres diables, qui fournissent parfois des relais de 30 verstes par une pluie glaciale obligés de descendre à chaque instant dans la boue pour rattacher leurs misérables cordes, n'ont pas volé le pourboire que leur donnent les voyageurs.

Perm, 16 juin, 4 h. matin.—Nous avons retrouvé en approchant de Perm cette race de postillons qui nous menaient si grand train dans la Russie méridionale et pendant les dernières 24 heures nous avons parcouru plus de 200 verstes.

En entrant à Perm, hier à 1 h. du matin, nous avons trouvé à la porte de la ville un soldat mis en planton par le gouverneur. Malgré l'heure indue, une maison avait été préparée pour nous recevoir et nous nous y sommes établis.

J'ai passé hier toute la journée dans la fonderie de Motovilik, ce qui a été pour moi une étude d'un grand intérêt, et j'ai terminé la soirée en allant remercier l'excellent gouverneur qui s'était si obligeamment occupé de moi.

« On passerait ici bien agréablement tout l'été ; tous les Russes en général, et en particulier les personnes auxquelles je suis recommandé par les plus hauts personnages de l'administration, pratiquent si bien l'hospitalité que, dès ce moment, je n'ai plus à redouter aucune des privations qu'on ne peut éviter dans un voyage rapide, sur une route sans auberge habitable et où les vivres sont souvent rares. Tu en vas juger par l'emploi de ma journée d'hier.

A 8 h. je me suis rendu à la fonderie, où nous nous sommes installés avec nos deux compagnons. L'officier des mines, directeur de la fonderie, s'est mis lui, ses employés et ses gens à notre disposition. Nous avons déjeuné et dîné chez lui, et cela est tellement naturel qu'il ne lui est même pas venu à la pensée de nous inviter. Nous nous sommes servis des voitures du directeur pour faire quelques petites courses aux environs de l'usine et le soir, à 8 h. 1/2, nous nous sommes encore servis de deux de ses voitures pour aller à Perm visiter le gouverneur de la fonderie et ramener Drut qui est établi en ville.

Le gouverneur de la province a une position analogue à celle d'un préfet de département avec cette différence qu'il agit sur un pays 10 fois plus grand, et au nom d'une autorité beaucoup plus puissante et absolue que ne l'est celle de notre gouvernement central. Il vit en garçon parce que sa femme surveille à Saint-Pétersbourg l'éducation des enfants. Il occupe la seule maison qui ait été rétablie depuis l'incendie récent qui a brûlé toute la ville.

Nous avons été immédiatement invités à dîner à

perpétuité. Le gouverneur nous a de plus.fait remarquer qu'il a une immense maison et qu'il ne se gêne nullement en la mettant à notre service. Il est donc convenu que, quand nous passerons à Perm, dans nos excursions, nous y entrerons à quelque heure que ce soit, nous nous y installerons avec nos lits et nos bagages et nous choisirons dans les six salons du rez-de-chaussée la place qui nous conviendra.

Voulant terminer, pour n'y plus revenir, l'étude de cette partie de la province de Perm, je me propose de remonter la vallée de la Kama jusqu'à Solikamsk dernier lieu habité que l'on rencontre dans la direction du nord, et près duquel se trouvent beaucoup d'établissements métallurgiques.

Apprenant mon désir, l'excellent gouverneur m'a de suite offert d'expédier, sur toute la route que je vais parcourir dans cette excursion, un agent qui fera réunir partout les chevaux nécessaires afin que nous n'attendions nulle part. De Perm à Solikamsk, le service de la poste est fait par des paysans dont les chevaux sont souvent lâchés dans les forêts, de sorte qu'il faut un certain temps pour les réunir quand on arrive de nuit et même de jour. Grâce à ce secours, nous allons faire beaucoup de choses en peu de temps. Nous ferons trois stations d'ici à Solikamsk : nous étudierons pendant le jour les fonderies et mines qui y existent, et emploierons les nuits à nous transporter d'un lieu à un autre.

Nous partirons ce soir, à 7 h.. Drut m'accompagne dans cette excursion et sa femme veut aussi être de la partie, qui, au train où nous irons et par les chemins que nous parcourrons, ne serait pas regardée par une Parisienne pur sang comme une partie de plaisir. Drut, Peretz et moi, avec nos trois voitures absorbons

12 chevaux, la course eût été impraticable sans l'appui que nous donne notre bon gouverneur en faisant mettre d'avance les paysans en réquisition.

. . . .

Après mon retour à Perm je compte me diriger vers l'est à peu près dans la direction d'Ekaterinebourg, pour gagner l'Oural.

. . . .

Ekaterinebourg, 29 juin 1844.

. . . .

Nous avons fait avec M. et Mme Drut la course assez longue de Perm à Ekaterinebourg et c'est également dans leur compagnie que nous allons pousser jusqu'à Nijni-Taguil.

Le pays que nous traversons continue à être délicieux. Si ce pays était à proximité de l'Europe occidentale les touristes y afflueraient certainement. Je ne puis mieux caractériser le genre de beauté propre au gouvernement de Perm qu'en disant que c'est un admirable parc anglais, grand comme la Normandie et la Bretagne réunies, où le bois, le gazon, les eaux sont disposés par la nature comme aurait pu le faire le meilleur jardinier. Nous ne pouvons nous lasser d'admirer cette belle nature bien que nous l'ayons sous les yeux jour et nuit dans des courses dont la longueur et la continuité dépassent tout ce qu'on peut imaginer chez nous.

. . . .

Notre équipage, que nous avions dû laisser de côté pour parcourir avec rapidité les chemins à pentes rapides et les forêts désertes de la haute vallée de la Kama, nous a rendu de nouveau de loyaux services

dans toutes les excursions que nous avons faites entre
Perm et Ekaterinebourg.

Il ne se passe pas de jour que je ne regrette que les
circonstances ne t'aient pas permis d'être de ce voyage.
Mme Drut s'en trouve très bien et tu aurais été infiniment mieux qu'elle, parce que sa voiture est complètement ouverte avec des rideaux en cuir comme celles
du pays, tandis que la mienne est une véritable maison
complètement close. Tu y aurais trouvé un bon lit, une
cuisinière montée, une table, un couvert, des assiettes,
un verre, une tasse à thé, une bouteille de vin, du
rhum, du lait sous la main ; le matin, à l'heure que
tu aurais indiquée, une tasse de thé ou de chocolat,
dans la journée, un dîner toujours passable et quelquefois recherché avec profusion de toutes espèces de vins.
Sans doute les routes sont quelquefois dures, mais on s'y
accoutume si bien que cette nuit je n'ai fait qu'un somme
de 7 heures, malgré les cahots, le bruit et les relais.

Nijni-Taguil, 6 juillet 1844.

. . . .

Ce qu'il y a de pénible jusqu'ici dans mon voyage,
c'est que je n'ai jamais eu une heure de loisir ; j'ai été
sans cesse occupé, d'abord à me transporter à d'énormes distances, puis à visiter à la hâte des fabriques,
à faire et défaire des malles, à charger et décharger des
voitures. Aujourd'hui, et depuis dimanche dernier, je me
trouve Dieu merci dans une situation toute différente.

Mon plan de campagne est de voir rapidement toutes
les mines et usines de la Chaîne Ouralienne, comme
j'ai vu celles de la vallée de la Kama, et celles comprises entre Ekaterinebourg et Perm ; mais, pour étudier les
détails, je veux séjourner longtemps sur un groupe de

mines et d'usines où j'étudierai la fabrication une fois pour toutes.

J'ai choisi pour cela les mines et usines dont le chef-lieu est Nijni-Taguil. Cette immense propriété appartenant à MM. Demidoff, j'étais sûr à l'avance d'y trouver des gens éclairés pour me seconder dans mes études et de plus des amis pour passer agréablement la soirée après une longue journée de travail. Je ne parle pas de la certitude d'un bon accueil matériel, car l'hospitalité se pratique ici dans des proportions qu'on ne pourrait même pas soupçonner dans l'ouest de l'Europe. Je vais d'abord te donner une idée de l'agréable position dans laquelle je suis depuis mon arrivée.

A Nijni Taguil, comme dans les autres chefs-lieux des propriétés des mines de l'Oural, il y a ce que l'on appelle une maison seigneuriale, immense habitation, qu'on pourrait appeler la maison du bon Dieu, où l'on refait, loge, nourrit, entretient de toutes façons tout voyageur, toute famille, s'élevant au-dessus de la classe du peuple. Cette maison est ici tenue par l'intendant général des biens de MM. Demidoff, M. Daniloff, excellent homme, qui a passé une grande partie de son temps à Paris, et qui parle français aussi bien que moi.

J'aurais pu m'établir dans cette maison avec ma suite, mais j'avais à l'avance indiqué que j'aimerais mieux être installé dans une petite maison où je serais seul avec mes amis, à proximité des établissements que je veux surtout étudier. M. Schwechoff, dont tu dois te souvenir, puisqu'il a dîné chez nous en 1839, ayant appris ce désir, m'a cédé sa maison d'hiver qui se compose de trois étages.

Au rez-de-chaussée se trouve la cuisine, les bûchers, la glacière, les remises, la chambre de domestique. Au premier étage, que j'occupe avec Malinvaud, nous avons une antichambre, un office, et une pièce où nous déposons les manteaux; un 1er salon de 14 pieds sur 20, un 2e salon de 18 pieds sur 24, un cabinet de travail grand comme le premier salon, une chambre à coucher avec un grand cabinet de toilette pour moi, une grande chambre à coucher pour Malinvaud. Au 2e étage, se trouve un autre appartement que M. Peretz occupe en partie. Cet appartement est fort bien meublé, et garni de bonnes copies de Rubens, des grands maîtres français, italiens et flamands.

Nous mangeons chez nous, j'ai trouvé plus convenable et plus commode de ne pas vivre aux crochets de la maison seigneuriale. Il y a ici un négociant fameux dans tout l'Oural qui est à la fois le Chevet, le Delille, le Petit St-Thomas, le Susse, le Géroult, le Marquis, etc... de la ville, et chez lequel nous trouvons du bon vinaigre, de la moutarde, de l'huile d'olives, du thé, du vin de Bordeaux à 2 fr. 25 la bouteille.

Le même vin coûterait chez Brébant 4 fr. Ce qui prouve combien le commerce du vin est mal fait en France. Il est honteux, pour l'habileté de nos négociants, que notre vin coûte moins cher au milieu des montagnes de l'Asie, dans une ville complètement inconnue en Europe, que dans la capitale de la France.

M. Daniloff a fourni notre maison de domestiques : ainsi nous avons un cuisinier, un huissier dans l'antichambre pour garder les manteaux et recevoir les arrivants, un commissionnaire et deux cochers. Ici, comme dans toute la Russie, on ne fait pas un pas à pied; nous avons en outre comme surintendant Akim qui s'acquitte assez bien de ses fonctions.

Nous avons encore chaque jour un pourvoyeur qui

va au marché, mais notre cuisine est en partie alimentée par les présents de M. Daniloff qui nous envoie d'excellent lait, de la crème, du beurre frais, des œufs, des gelinottes, des perdrix, des canards sauvages, des coqs de bruyère, de la laitue, des fraises qui abondent maintenant dans les bois, des champignons qui sont une immense ressource pour le pays et qui ne sont jamais vénéneux. Outre cela on me fait des cadeaux de tous côtés : M. Schwekoff avait envoyé hier une épaule de mouton de race anglaise et des côtelettes qui nous ont un peu rappelé le mouton de l'ouest de l'Europe, c'est une viande très rare en Russie.

Mes occupations et mon train de vie sont, comme tu le vois, fort agréables. Le matin, à 6 h., après avoir pris une tasse de thé, je descends à la forge qui est à 60 pas de ma maison : je reviens déjeuner à 10 h., je retourne aux usines : je dîne à 6 h. et enfin je termine la journée en allant à 7 h. prendre le thé à la maison seigneuriale, puis en allant faire en nombreuse compagnie une course quelconque dans les mines des environs. Cette course peut se prolonger jusqu'à 11 h., vu l'absence complète de nuit dans cette saison. Pour la première fois, depuis notre départ de Russie, nous avons de bons lits pour dormir.

Les usines sont ici montées sur une échelle colossale, on y fabrique à la fois le cuivre et le fer. Les deux mines se touchent et sont dans la ville même ; chacune d'elle est la plus riche que je connaisse au monde. Le minerai de fer est taillé au jour comme la pierre dans une carrière ordinaire. L'excavation principale a plus de 500 mètres de diamètre. Les excavations sont aussi grandes que le vide formé entre le Pont-Royal et le pont de la Concorde.

La principale usine qui a plus de 60 roues hydrauliques pour faire tourner les machines et battre les marteaux reçoit les eaux d'un lac immense, long de 12 kilomètres, que l'on a créé en barrant la vallée de la Taguil :
la chute des eaux est d'environ 6ᵐ ; 3 ou 4000 ouvriers
sont journellement employés dans les mines et dans les
usines, en sorte qu'une population de 22.000 habitants
est groupée à Nijni-Taguil ; chaque maison ayant
cour et jardin, la ville occupe un espace immense. La
ville a 7 à 8 kilomètres de longueur et 4 à 5 de largeur.
Elle occupe un espace grand comme la moitié de Paris.
Il y a 10 ou 12 églises ou chapelles d'une construction
soignée ; l'une d'elles, qui contient le tombeau de
M. Demidoff père, a coûté 1/2 million. C'est un coup
d'œil admirable de voir, des hauteurs qui dominent la
contrée, cette ville immense entourée de forêts d'arbres
verts, située près de ce beau lac, dans une belle
vallée au milieu des montagnes. On conçoit difficilement à la vue de ces belles choses qu'elles puissent
être la propriété d'une seule famille. Sept autres
usines, toutes situées dans des positions pittoresques,
sont le centre de populations fort considérables,
mais de beaucoup inférieures en nombre à celle de
Nijni-Taguil. La propriété renferme en tout 50.000
habitants.

. . . .

Nijni-Taguil, 12 juillet 1844.

. . . .

Je pars ce soir pour faire une assez longue course
vers le nord et pour remonter l'Oural jusqu'à Bogos-
lovskoa...... Notre vie ici est aussi régulière que
celle que je mène à Paris. Notre cuisine est définitive-

ment organisée et nous vivons on ne peut mieux. Nous
avons maintenant abondance de fraises d'excellente
qualité, et de gibier de toutes sortes. Nous donnons
quelquefois à dîner aux gens d'ici.........

Grande réception hier chez l'intendant général, nous
y sommes allés passer une heure dans la soirée. Nous
avons trouvé une très nombreuse réunion et une charmante société de dames fort bien parées en robes dé-
colletées à manches courtes avec de jolis rubans. Tout
cela était fort bien porté et on aurait pu se croire dans
une petite préfecture de France. Je doute même que
l'on puisse réunir à Mende, à Guéret ou à Auch, une
société aussi élégante et d'aussi bonnes façons que
celle qui se trouvait hier à Nijni-Taguil.

Le climat est en ce moment aussi chaud que celui
du midi de la France ; les nuits continuent à être clai-
res ; si cette température durait 3 mois au lieu de six
semaines, on obtiendrait aisément tous les fruits du
midi de l'Europe pourvu que l'on prît soin d'empêcher les arbres de périr par la rigueur du froid en hiver. Je passe mon temps non seulement à observer les
grandes usines concentrées dans la ville même de Nijni-
Taguil, mais encore à aller voir dans les forêts qui
nous entourent une foule de petites usines qui ont
pour objet d'extraire l'or contenu dans beaucoup des
terres de ce district. .   .   .   .

En général les vallées de ce pays sont creusées dans
des roches très dures semblables à celles que nous
avons vues dans les Apennins près de Gênes. Le fond
a été rempli de sable et d'argile dans lesquels il s'est
déposé des parcelles d'or et de platine. C'est un travail fort curieux que de voir vider pour ainsi dire ces
vallées et extraire le métal précieux qui y est contenu

en quantité presque inappréciable aux réactifs chimiques. Il faut en général laver 4 millions de kilog. de sable pour obtenir 1 kilog. d'or. On produit dans la propriété environ 10 kilog. d'or par semaine ; il est aisé de juger par là de l'importance du travail qui se fait dans ces petites usines, qui sont au nombre de plus de 30 en ce moment et dont les positions varient à chaque instant.

Les laveries sont ordinairement situées dans une situation très pittoresque au milieu de magnifiques forêts. Nous y trouvons toujours, à la fin d'une journée un peu fatigante, un excellent dîner qui y a été préparé par les soins d'Akim ou d'un cuisinier envoyé avec un petit fourgon chargé de provisions. Partout nous trouvons de la glace et des fraises.

Toute la Sibérie est couverte d'exploitations semblables. Aux environs de Tomsk, particulièrement au centre de la Sibérie, on a trouvé depuis 10 ans des alluvions aurifères tellement riches que de simples marchands ont fait et font journellement des fortunes colossales. Ainsi il y a tel exploitant qui produit aujourd'hui à lui seul 30 à 40 kilog. d'or par semaine. Les sables sont d'ailleurs plus riches que ceux de ce district en sorte que, pour produire 1 kilog. d'or, il ne faut souvent laver que 200.000 kilog. de sable.

De semblables découvertes ont mis toute la population en mouvement. Tous ceux qui sont en position d'aller chercher fortune vont dans cette contrée pour y laver des sables ; toutes les imaginations fermentent à peu près comme à l'époque de la découverte de l'Amérique.

. . . .

Kouchva, 12 juillet 1844.

. . . .

Je vais encore dans cette course remonter à la limite de la région habitée en parcourant une série de mines et d'usines d'un grand intérêt pour moi. Nous sommes partis hier soir à 8 h. avec Drut, Peretz et Malinvaud. Mme Drut accompagnait son mari ; nous avons vu en passant deux belles forges établies à Laia et qui appartiennent à M. Demidoff. Là nous sommes sortis du territoire de Taguil pour entrer sur le territoire des forges de Kouchva qui appartiennent au gouvernement.

Nous avons trouvé à Kouchva, auprès des officiers qui dirigent ce grand établissement, le même accueil que partout, c'est-à-dire qu'ils se sont mis entièrement à ma disposition. Le colonel qui commande dans ce district dispose de plus de 20.000 individus qui sont attachés à la propriété, et je n'ai qu'à exprimer un désir, pour que tout le monde concoure aux exigences de mes études. Nous logeons comme toujours chez le chef qui nous héberge et nous nourrit, nous et nos domestiques, en poussant la complaisance jusqu'à changer l'heure des repas pour prendre celle qui nous convient.

Au milieu de ce luxe d'hospitalité, un Parisien fraîchement débarqué trouverait bien singulier qu'il ne soit pas question de lit. Mais, suivant les habitudes russes, un lit est un meuble absolument sans importance et qui n'a point place dans la maison. Il n'est pas rare de voir des maisons fort bien montées où il n'y a pas de lit du tout, chacun se couche dans le lieu de la maison où il se trouve, quand il lui prend envie de dormir.

En ce moment par exemple, Akim commence à faire les dispositions de mon coucher. (Il est 1 heure du matin, nous sommes arrivés à 11 h., après avoir fait 14 lieues en 3 h.) Dans la pièce que j'ai occupée en arrivant, Akim a jeté son dévolu sur un grand canapé. Il y place le matelas galette de crin qui me suit dans mes voyages et à la tête, en guise d'oreiller, il met le grand coussin qui sert d'appui à mon dos dans le tarentas. A mes pieds, il étend mon manteau, et je n'ai plus qu'à me coucher tout habillé.

Bogoslovsk, 16 juillet. — Je suis maintenant à 80 lieues au nord de Nijni-Taguil par le soixantième degré de latitude. Je suis venu voir de très riches mines de cuivre et des laveries d'or encore plus riches. Je suis établi ici chez le colonel commandant le district comme je l'étais à Kouchva. Le colonel est ordinairement employé à Zlatooust, grand district au sud de l'Oural; il est ici temporairement et sa femme est précisément arrivée en même temps que moi pour lui faire une visite.

Elle a 6 enfants et est venue avec les deux petits. Elle a dû parcourir une distance de 200 lieues le long de toute la chaîne de l'Oural, seule avec deux petits enfants, dans un pays où les auberges sont inconnues ; il y a peu de femmes françaises qui entreprendraient avec succès une pareille corvée. Nous sommes ici à la limite du monde habité. Le pays que nous avons traversé depuis Verkhotourié est une véritable forêt vierge où se trouve la plus belle végétation que j'aie jamais vue. Le mélèze et le pin cembro, qu'on appelle ici cèdre, croissent avec une vigueur admirable. Ils sont associés avec les arbres résineux que nous avons dans nos jardins, l'épicéa et le pin sylvestre.

La forêt est remplie, dans la clairière et sur le bord de la rivière et de la route, de fleurs admirables et de plusieurs fruits délicieux.

Parmi les fleurs, je citerai suivant l'ordre de beauté et d'abondance : un épilobium à grande fleur rouge ; la reine des près ; une véronique bleue à épi ; le géranium sanguin, etc... ; parmi les fruits, la fraise qui a un parfum délicieux, la framboise ordinaire ; un petit fruit, qu'on nomme ici la framboise du nord, est excellent et m'a paru préférable à notre groseille pour la fabrication des confitures. Enfin deux fruits assez semblables à la framboise du nord, mais d'un goût différent.

Ces fleurs et ces fruits forment une véritable forêt bien fournie, avec de si admirables couleurs que, même en Espagne, je n'ai rien vu de plus beau ; s'il fallait décidément faire un choix, je crois que je préférerais aux vues du midi de l'Europe ces belles montagnes, toujours parées de leurs belles enveloppes de vertes forêts, contre lesquelles le soleil et même les frimas ne peuvent rien.

Nous avons vu hier beaucoup de traces d'incendies de forêts ; les branches mortes, les vieux arbres pourris forment à la longue une couche fort épaisse de matière combustible. Souvent le feu du ciel et les feux allumés par les voyageurs sur le bord de la route embrasent cette couche dans la saison sèche d'avril à juin, avant que les herbes ne soient poussées. Le feu, quand il est excité par le vent, se propage avec une rapidité telle qu'en deux heures le pays est en flammes sur 2 ou 3 lieues de longueur.

Hier, nous avons traversé une forêt qui était brûlée sur 15 verstes de longueur et 7 verstes de largeur. Les arbres résineux sur pied ne brûlent jamais au delà de l'écorce ; ils restent sur pied complètement charbonnés, et les branches intactes pendant de longues années : le feu s'éteint de lui-même quand le bois mort qui lui sert d'aliment est consumé, mais les arbres tués par la violence du feu ne repoussent jamais et forment une forêt sèche et noire. Le sol, engraissé par la combustion du bois, donne pendant les années qui suivent l'incendie des champs admirables d'épilobiums rouges qui poussent spontanément sur la place incendiée.

Nijni-Taguil, 27 juillet 1844. — Me voilà de nouveau installé avec tout le confort désirable dans notre petite capitale, à laquelle je suis déjà attaché et que j'ai revue avec un bien grand plaisir, au retour de notre grande excursion au nord de l'Oural, dans le pays de Bogoslovsk. Je ne saurais trop louer l'admirable pays que j'ai traversé dans ce voyage ; aucune région de notre Europe occidentale n'en pourrait donner la plus légère idée. J'y ai trouvé à la fois toutes les impressions qu'on peut ressentir en voyant des grandes montagnes, des forêts vierges, la végétation luxuriante des tropiques, le désert et la vie civilisée avec sa bonne cuisine et le vin de champagne qui coule ici par torrent, bien qu'il coûte 20 francs la bouteille.

Toutefois, en balance de sa beauté et de ses avantages, chaque pays a ses inconvénients. L'inconvénient fondamental du nord de l'Oural est l'abondance des moustiques. Cette abondance est telle que nous aurions été dévorés pendant les deux nuits que nous avons passées dans les forêts, si nous n'avions eu la précaution de nous envelopper complètement la tête et les mains ; il nous a bien fallu cependant laisser à l'air un petit bout de notre nez pour respirer ; aussi chaque matin, le malheureux bout de nez était-il gonflé comme une betterave.

A notre passage à Verkhotourié, il nous est arrivé une petite aventure : il existe dans cette ville une chapelle qui renferme les cendres d'un saint vénéré dans toute la Russie et la châsse de ce saint attire des pèlerins de toutes les parties de l'Oural. Une jeune fille d'Ekaterinebourg, fille d'un serf de la couronne, se trouvait à Verkhotourié depuis deux semaines, appelée par ce motif et n'en pouvait partir parce que tous les chevaux du pays sont maintenant employés pour la récolte des foins. Apprenant que des officiers voyageant pour le service de l'Empereur avaient mis huit chevaux en réquisition, elle eut l'idée de venir nous supplier de la conduire à Nijni-Touva où elle avait des parents. Peretz, à qui elle s'adressa, la rejeta d'abord bien loin; je vis à sa mine que la pauvre fille était fort désorientée de ce refus et j'intervins pour lui faire accorder sa requête. La jeune fille fut placée à côté du postillon sur l'une des voitures, ce qui ne laissait pas que de faire une assez singulière acquisition pour des géologues. Nous nous divertîmes beaucoup en entendant le récit du pèlerinage de la jeune fille, et fûmes très touchés de l'expression de sa reconnaissance quand nous la déposâmes à Nijni-Touva. Je ne sais pas assez le russe pour avoir éclairci la délicate question de savoir en vue de quel péché le pèlerinage avait été entrepris. La pauvre fille, habituée à voyager dans les petites charrettes du pays nommées ici télègues, a failli dix fois mourir de peur en subissant les rapides temps de galop pendant lesquels nous voyageons avec la vitesse du chemin de fer.

Pour en revenir aux cousins, l'abondance de ces

insectes, dans le nord de l'Oural, a conduit les habitants à adopter une singulière coutume. Comme la fumée est le seul moyen de les chasser, les paysans ne marchent jamais sans un pot de terre dans lequel il y a du feu et une certaine quantité de champignons secs qui brûlent lentement en développant une fumée très épaisse. Il est vraiment très curieux de voir les faucheurs armés de leur pot fumant.

A l'entrée de tous les villages, du côté où souffle le vent, on trouve toujours un feu entretenu par des fumiers et des bois pourris. Ce feu est allumé en vue de préserver le village. Toutes les bêtes du village, chevaux et vaches, viennent se grouper à côté pour échapper pendant la nuit à la fureur de ces insectes. L'une des impressions les plus agréables de notre retour à Nijni-Taguil a été de nous trouver débarrassés de ces ennemis. Fort heureusement les moustiques ont entièrement manqué cette année dans la partie centrale de l'Oural.

Cette semaine, nous avons entrepris une grande excursion de trois jours dans la partie orientale de la propriété de MM. Demidoff. M. Schwekof nous accompagnait cette fois avec un excellent cuisinier ; aussi avons-nous fait d'excellentes études et des repas non moins bons.

Malinvaud pour la première fois fait usage de son fusil et en moins de quatre heures il nous a rapporté dix pièces de gibier (canards sauvages, plongeons, bécassines, sarcelles, etc.). Au reste le gibier est si abondant et si peu farouche qu'Akim a pris un canard à la main. Une bécassine a été tuée au moment où elle allait entrer dans la maison où nous étions ; une autre a été chassée par une poule qui la poursuivait dans le jardin.

La semaine prochaine nous nous proposons d'entreprendre une grande excursion à l'ouest de la propriété dans les hautes montagnes qui séparent l'Europe de l'Asie, pour étudier des mines de platine qui fournissent dix fois plus de ce métal que le reste du monde.

Tchernoïstotchinsk, 10 août 1844. — Je termine en ce moment une grande excursion dans la partie des montagnes de l'Oural qui est comprise dans la belle propriété de Nijni-Taguil. . . . . !

Le but de cette excursion était de visiter trois forges. La première, Tchernoïstotchinsk, se trouve au milieu des montagnes sur une rivière qui porte ses eaux dans le Taguil et par conséquent en Asie. Cette forge comme toutes les autres reçoit les eaux, qui font tourner ses roues hydrauliques, d'un étang formé artificiellement par le barrage de la vallée. Mais c'est un étang qui, comme toutes les choses de ce pays, est taillé sur une échelle gigantesque. On l'appellerait lac dans l'ouest de l'Europe. Il a 4 à 5 lieues de long et 2 à 3 de largeur. Il présente une vue admirable parce qu'il est entouré de tous côtés de hautes montagnes, couvertes de forêts. C'est aussi beau qu'un lac de Suisse.

Sur la route de Tchernoistotchinsk à Vicimo-Chaïtansk, on traverse la ligne de faîte de l'Oural ; au point de partage on trouve un poteau sur les deux côtés duquel on lit : Europe-Asie. Un verre d'eau répandu en ce point se partagerait en deux parties, dont l'une se jetterait par le Volga dans la mer Caspienne, et l'autre par la Tobal dans la mer Glaciale, à deux points éloignés de plus de 1500 lieues.

Vicimo-Chaïtansk et Vicimo-Outkinsk sont deux autres grandes forges situées également sur de grands

lacs, au milieu de chaînons secondaires. C'est aux
bords de la Tchoussovaïa que se termine la propriété.
On y a établi un port où se construisent chaque année
40 barques de 180 tonneaux chacune qui exportent les
produits de la propriété dans toutes les parties du
monde ; la plus grande partie de ces métaux se rend à
Saint-Pétersbourg dans la même barque à une distance de 3200 kilomètres. . . . .
On ne peut aller en voiture que jusqu'à Oust-
Outkinsk ; mais pour faire les nombreuses excursions,
que nous entreprenor dans la montagne, il faut aller
à cheval et même à pied sur les points les plus difficiles, quelquefois on peut prendre pour certaines parties
du trajet de très petites voitures à 1 cheval qui, avec les
roues et la caisse, pèsent à peine le poids d'un homme.

Comme notre temps est très précieux dans ces pays si
éloignés, et où l'approche de la mauvaise saison talonne
notre zèle, nous nous faisons préparer les voies et
moyens d'actions de manière à ne perdre jamais un
moment. Aussi nous avons sans cesse vingt chevaux,
vingt hommes, 8 ou 10 voitures qui nous accompagnent et qui se rendent à points nommés pour nous y
attendre à une heure convenue, tantôt sur le versant
d'Europe, tantôt sur le versant d'Asie : souvent en effet
dans une journée nous passons 2 ou 3 fois la ligne de
faîte par des chemins où aucun homme n'a encore passé,
et nous avons besoin de prendre des chevaux frais après
chacun de ces passages.

Nous sommes également accompagnés par un fort
bon chef qui est muni d'un équipage complet de cuisine et pourvu de toutes sortes de provisions. Dans
chaque localité nous mettons en campagne des chas-
seurs qui nous fournissent d'excellent gibier, des ca-

nards sauvages, des coqs de bruyère, des coqs de bois, des gelinottes, des bécasses et bécassines. En outre un exprès, qui entretient nos communications avec Nijni-Taguil, nous apporte du filet de bœuf, du bœuf pour le potage, du veau et du mouton. De temps en temps nous avons du gibier de grosse taille, ainsi nous venons nous régaler d'excellent filet d'élan, sorte de cerf de haute dimension dont la chair est exquise. Chaque jour, avant de partir, nous prenons le thé de bonne heure : nous trouvons un déjeuner abondant vers 11 h. ou midi au milieu des bois ; enfin, le soir, vers 8 ou 9 heures, nous trouvons au gîte que nous choisissons un dîner en règle avec trois ou quatre sortes de vins parmi lesquels le champagne occupe toujours une place importante. A l'exception des vins et des choses venant d'Europe, tout ce luxe ne coûte littéralement rien.

Il faut avouer cependant que cette existence princière présente un revers de médaille : d'abord, comme je le disais ci dessus, il faut se résoudre à peu dormir ou à dormir vite ; de temps en temps la pluie contrarie les excursions dans les forêts ; c'est une rude besogne que de franchir à cheval des hautes montagnes avec des pentes raides, couvertes de forêts vierges qui sont magnifiques, mais qui ont l'inconvénient d'être enchevêtrées en tous sens d'arbres morts qui pourrissent sur place ; ces arbres ont souvent des dimensions énormes. Les chevaux ont beaucoup de mal à passer par-dessus et, si on voulait les tourner pour trouver un passage, on ferait dix fois la route tracée en ligne droite. Ce qui est pire encore que les arbres hauts à franchir, ce sont les arbres aux trois quarts pourris ; ils forment une sorte de terreau dû à vingt générations dans lequel les chevaux enfoncent jusqu'au genou.

Au nombre des inconvénients du voyage dans les forêts, il faut encore compter les cousins et les taons qui assaillent le voyageur et qui ne laissent pas un instant de repos aux hommes ni aux chevaux. Enfin les gîtes que l'on trouve çà et là dans les forêts sont ordinairement d'une saleté repoussante et garnis d'insectes de tout genre. Toutefois, avec nos lits et nos moustiquaires repliées par-dessous les matelas, nous nous préservons complètement de toute atteinte.

Nous allons rentrer à Nijni-Taguil. Nous allons reprendre encore pour quelques jours notre vie de repos et de confort qui ne laisse rien à désirer. Nos domestiques sont tout à fait rompus à nos habitudes et nous trouvons maintenant toutes les aises qu'on pourrait avoir à grand'peine dans la partie la plus civilisée de l'Europe. Nous avons à notre disposition le pourvoyeur de la maison seigneuriale qui achète pour nous toutes les bonnes choses qui paraissent sur le marché.

Voici les prix des principales provisions. Le filet de bœuf, que nous payons comme des seigneurs, coûte 22 centimes la livre; le bœuf ordinaire sans os 12 centimes; le veau 10 centimes; une paire de poulets 5o centimes; une paire de gelinottes, de canards, de coqs de bruyère, etc..... de 4o à 6o centimes; les œufs 2 centimes la pièce. Les provisions d'Europe sont à de plus hauts prix,- mais il est étonnant encore combien les prix sont modérés, excepté pour le champagne qui paie en Russie de grands droits d'entrée. . . . .

Nijni-Salda, 13 août 1844, matin.

. . . .

J'ai définitivement quitté Nijni-Taguil pour explorer l'est de la propriété qui se termine à la grande steppe de Sibérie;

Dans cette nouvelle période de mon voyage, je serai loin de trouver le confort que j'avais à Taguil, et dont mes lettres précédentes doivent te donner une idée: j'ai oublié, en te mentionnant nos excellents repas, de te parler du dessert; il ne laisse rien à désirer, bien que le pays ne produise aucun des fruits à pépin ou à noyau. Pendant 15 jours ou 3 semaines, nous avons mangé des fraises en abondance, les bois en sont couverts; plus tard sont venues les framboises qui durent encore, et deux sortes de fruits jaunes intermédiaires entre la framboise et la mûre. Enfin nous commençons à manger d'excellents petits fruits noirs. Comme renfort le directeur nous envoyait chaque jour des ananas délicieux produits dans les serres de la maison seigneuriale. J'en ai plus mangé depuis un mois que pendant toute ma vie.

Nijni-Salda, d'où je t'écris cette lettre, est la forge de la propriété la plus avancée vers l'est; c'est en ce moment notre quartier général. Nous rayonnons dans diverses directions pour étudier la contrée qui est riche en filons d'or natif et en alluvions où l'or se trouve en assez grande quantité; mais les routes cessent à ce point, et il nous faut faire à cheval ces nombreuses courses. Il est par conséquent difficile d'emporter des moyens de manger et de coucher convenablement, en sorte que nos excursions ne peuvent se prolonger. Il faut toujours revenir se refaire au quartier général pour en repartir dans une autre direction.

Dans deux ou trois jours nous ferons notre dernière exploration dans la direction du sud-est vers les forges d'Alapacosk qui appartiennent à un autre proprié-

'taire, et de là nous reviendrons de forge en forge et de mine en mine jusqu'à Ekaterinebourg.

Même jour, soir.

. . . .

Je fais en ce moment diverses observations qui me font séjourner tout le jour dans les forêts. On ne peut rien imaginer de plus beau que la nature sauvage qui m'entoure, mais aussi on ne peut concevoir rien de plus difficile pour la circulation. Le pays entier est littéralement une forêt continue qui ne s'éclaircit un peu qu'à l'approche des villages ; on a beau couper les bois pour les besoins des mines et des habitations qui en dévorent annuellement d'énormes quantités, la forêt repousse toujours et envahit tout.

Les observations que je fais exigeant que je m'avance en ligne droite dans certaines directions, j'ai devant moi une douzaine d'hommes qui m'ouvrent les chemins la hache à la main et qui font une fendue de 3ᵐ de largeur environ. On a ainsi abattu pour moi plus de 3ooo pieds d'arbres et il n'est venu à l'idée de personne que cela pût s'appeler **un dégât.**

Le bois est ici concédé de la manière la plus libérale aux habitants, non seulement pour le chauffage domestique, mais encore pour l'entretien des maisons, des clôtures qui sont entièrement en bois.

Au reste, les paysans serfs de cette partie de la Russie, et en particulier ceux de cette propriété, jouissent d'un bien-être dont les paysans et ouvriers de France n'ont aucune idée. Chaque famille possède en toute propriété une maison et un jardin aussi grand que la famille peut le désirer ; dans le même enclos il y a, outre la maison et le jardin, une cour, un bâtiment où

sont les animanx et les provisions, une glacière, etc...,
dans un rayon de 2 à 3 kilomètres autour du village,
la forêt est parsemée de pâturages réservés dans lesquels les bestiaux vont paître en commun. Les habitants veillent eux-mêmes à ce que la forêt ne gagne
pas sur le pâturage, et on a grand'peine à ne pas les
empêcher de détruire la forêt dans l'intérêt de leurs
bestiaux.

Chaque famille possède en outre à une distance de
8 à 12 kilomètres un pré dans les petites bandes de
prairies qui se trouvent entre le lit des ruisseaux et la
forêt. L'étendue de ce pré est calculée de sorte que
le paysan peut y récolter tout le foin nécessaire pour
nourrir ses bestiaux pendant l'hiver. Chaque famille
possède au moins 2 vaches, 1 ou 2 chevaux et souvent
5 ou 6, une dizaine de poules, plusieurs moutons et
brebis. Il n'y a pas dans toute la propriété une seule
famille qui ne mange tous les jours de la viande et ne
boive une boisson fermentée.

L'événement le plus important de l'année dans le
pays des forges comme celui-ci est l'ouverture de la
fenaison. Tous les établissements de mines et de forges
sont alors fermés, et les habitants de tout âge et de tout
sexe se transportent en masse dans les forêts pour y
récolter leurs foins. C'est une fête universelle; après
les rudes travaux métallurgiques qui les ont occupés
toute l'année, ces braves gens se livrent à ce travail
agricole avec une sorte de passion. Les voisins s'invi-
tent réciproquement au travail et celui chez lequel se
fait la récolte nourrit et régale les autres pour être
ensuite régalé à son tour. Tout le monde passe la nuit
dans les bois; en sorte que si on monte sur un point
élevé on voit des lignes de feux dessinant dans toutes

les directions le cours des ruisseaux à prairies. On revient au village sur les voitures chargées de foin en
riant et en chantant. Ces familles juchées sur d'énormes tas de foin portés sur de petites charrettes rappel-
lent le tableau des moissonneurs de Léopold Robert.

Alapacosk, 21 août 1844. — Je viens d'arriver ici,
après une traversée fort difficile dans des bois marécageux, par une route où l'on n'imaginerait jamais en
Europe qu'il soit possible de faire passer des voitures.
Depuis l'expédition de ma dernière lettre, nous avons
dû, au milieu d'une de nos excursions dans la partie
inférieure de la rivière Taguilsk, faire une dernière et
courte apparition à Nijni-Taguil pour y prendre définitivement congé de tous les braves gens qui nous ont
si bien reçus. Nous nous sommes séparés après un
énorme dîner auquel le directeur avait convoqué tous
les chefs de service et où l'on a bu plus de champagne
que l'on en boit chez nous en 10 ans.

La route que nous avons suivie est pratiquée dans
un district marécageux ; elle est parfaite et traverse un
parc délicieux. Je ne puis me lasser d'admirer les paysages de l'Oural qui en cette saison mériteraient plus
que jamais la comparaison avec les plus beaux parcs
anglais. Les petites clairières qui sont toujours ména-
gées au bord de la route et qui pénètrent plus ou moins
dans la forêt étaient au printemps émaillées des plus
belles fleurs. Aujourd'hui, que la fenaison est faite, ces
clairières sont d'admirables gazons aussi unis et aussi
verts que ceux des plus beaux jardins de France et
d'Angleterre. On les voit fuir au loin en suivant le
bord des ruisseaux que traverse la route ; ailleurs ils
sont parsemés de grosses cépées de trembles, de saules,

de bouleaux; ailleurs enfin la forêt compacte gagne sur le pré des paysans et vient étendre jusqu'à la route ses masses impénétrables. Ces admirables paysages, qui se reproduisent avec une constante variété d'aspect sur une longueur de plusieurs centaines de lieues, sont incontestablement au premier rang de ce que j'ai vu de beau jusqu'à ce jour.

En pénétrant sur le territoire d'Alapacosk nous sommes tout à coup tombés sur une forêt vierge que l'on ne peut exploiter parce que la propriété, beaucoup moins riche que celle de Taguil, ne contient dans cette région aucun gite métallifère.

Dans les parties sèches les arbres présentent d'énormes dimensions, il n'est pas rare de voir des pins ayant 3 à 4 m. de circonférence à la base. On trouve à la fois des arbres jeunes, indices d'une nouvelle génération, des arbres au maximum de la croissance et par-dessus le tout d'énormes troncs d'arbres sur le retour, en grand nombre debout étendant au milieu de la verdure leurs branches desséchées, en plus grand nombre abattus au milieu des arbres vivants et bouchant si bien les intervalles compris entre les troncs qu'il faudrait souvent employer vingt hommes pour y faire un kilomètre en un jour. La route traverse tout ce fouillis et elle a seulement la largeur des roues. Souvent un arbre tombé de la veille encombre le chemin; ailleurs la route défoncée est envahie par les eaux stagnantes ; partout elle est hérissée de troncs que l'on n'a pu enlever en perçant la route et qui font faire à l'équipage d'affreux soubresauts auxquels ne pourraient résister une heure les meilleurs ressorts d'acier.

Ces chocs multipliés, que reçoit la voiture lancée au galop et que le voyageur subit par contre-coup, constituent une *impression de voyage*, comme dirait Alex. Dumas, qu'on ne peut éprouver qu'en Russie. A chaque instant nous trouvions des parties de routes pavées avec de gros rondins de bois juxtaposés dans toute la largeur et à peine recouverts de terre. Ils sont placés en travers de sorte que les roues les choquent avec une force énorme quand la vitesse est grande.

C'est surtout dans les passages de ponts que ces chocs sont à redouter. Les ponts sont formés de la même manière que les routes, c'est-à-dire avec de gros rondins qui ont 30 à 40 centimètres de diamètre. Les postillons de ce pays, pour donner de l'élan à leurs chevaux à la montée qui fait suite aux ponts, ne manquent jamais de les lancer au galop dans les descentes. La voiture arrive toujours sur le pont avec une vitesse de 8 lieues à l'heure et un bruit qui se fait entendre à une lieue et qui imite parfaitement celui du tonnerre, de là des secousses que nos voitures sibériennes seules peuvent recevoir impunément.

Les chemins que je viens de décrire ont souvent des pentes de 20 centimètres par mètre ; ils ont au plus 2 ^{m} 50 de largeur dans beaucoup d'endroits et l'on ne pourrait y atteler 4 chevaux de front comme nous le faisons à notre grande voiture de Saint-Pétersbourg. Nous nous sommes donc décidés à la laisser à Nijni-Taguil. Nous l'avons remplacée par la voiture légère avec laquelle nous avons fait les courses de la haute Kama. C'est un admirable équipage dont les proportions sont calculées avec un art infini pour répondre à toutes les convenances du pays. C'est elle qui nous amènera à la frontière d'Allemagne et peut-être au delà.

Regevskoï, 22 août 1844.

. . . . . , ...

Regevskoï se trouve plus près du centre de l'Oural, c'est un magnifique établissement où l'on fabrique la tôle de fer sur une échelle colossale : il en sort chaque année 1.600.000 kilogr. de ce produit. Elle appartient comme huit autres établissements de cette contrée à un des plus riches propriétaires de la Russie.

J'ai eu ici un exemple décisif de la générosité avec laquelle l'hospitalité est exercée en Russie. J'avais négligé à Saint-Pétersbourg d'obtenir une lettre de recommandation du propriétaire et le commandant supérieur des mines de l'Oural avait oublié de me recommander ici comme il l'a fait dans toutes les autres forges.

J'étais donc absolument inconnu ; cependant, en arrivant cette nuit à 1 heure, nous avons été droit à la maison seigneuriale, nous nous sommes fait ouvrir en disant nos noms, nous avons choisi dans la maison les pièces qui étaient le mieux à notre convenance et y avons fait installer nos lits ; le matin nous avons fait monter le déjeuner qui nous convenait, thé, œufs, beurre. L'intendant est monté chez nous prendre nos ordres ; nous avons annoncé que nous voulions dîner à 2 h., puis en attendant nous sommes allés visiter l'établissement. A 2 h., nous avons trouvé le dîner servi : une soupe au riz (mauvaise comme la plupart des soupes russes), de bon poisson, des côtelettes de veau aux petits pois conservés, des œufs à l'oseille, du poulet rôti, une salade avec de l'huile de France, d'excellent vin, du Médoc, du Madère, du Sauterne, et l'éternel Champagne ; pour dessert une pastèque. Personne n'oserait nous déranger dans la chambre que nous choisissons et nous sommes servis par nos domestiques, mais vingt domestiques au besoin seraient à notre disposition, enfin nous ne sommes tenus à aucune politesse envers l'intendant dont nous ne verrons même pas la femme ni la fille.

Nous sommes comme chez nous, moins le souci et la dépense de la vie ordinaire. Cette réception a lieu chez un propriétaire qui a, dit-on, la réputation d'être fort regardant aux dépenses de ses usines.

La Russie est incontestablement le pays du monde où l'on pratique le mieux l'hospitalité. Je commence à recevoir ce qu'on nous donne, comme le font les voyageurs indigènes, c'est-à-dire comme si c'était chose due. Mais dans ma conscience de voyageur occidental j'aimerais mieux que tout cela pût se payer. On ne donne même rien aux domestiques ; ceux-ci étant toujours au nombre de 40 à 50 et n'ayant aucune fonction spéciale on ne saurait à qui s'adresser. Les présents que l'on pourrait distribuer dans une pareille masse seraient insignifiants pour chaque partie prenante.

La saison commence à se sentir de l'approche de l'hiver. On a déjà vu de la neige sur les montagnes ; nous avons encore un peu de marge, mais nous sommes tout à fait équipés pour le retour. Les voyages ont cela d'agréable qu'on en aime autant la fin que le début et même, à tout prendre, la fin du voyage avec les souvenirs et le retour dans la famille est un plaisir plus parfait que le départ où le plaisir de la nouveauté est balancé par le souci de la séparation.

. . . .

Ekaterinebourg, 30 août 1844. — Nous sommes encore très confortablement installés ici dans une fort belle maison en pierre qui appartient à la propriété du Taguil, et où se trouve le dépôt des métaux à vendre sur cette place.

A propos de bonne réception, j'ai oublié de te conter un trait qui peint bien les habitudes d'hospitalité de ce pays. En arrivant à Alapacosk, première forge que nous avons visitée en quittant le domaine de Nijni-Taguil, nous avons trouvé un intendant, Sibérien pur sang, qui a commencé, pour fêter notre bonne venue, par nous faire boire une bouteille de Champagne. A chaque repas la même liqueur nous était versée à flots et le brave homme n'a jamais manqué de nous prier vingt fois au moins de vider notre verre. Au dernier dîner les instances ont été plus multipliées que jamais ; Quand nous fûmes levés de table, il ne manqua pas de nous flanquer de deux domestiques qui faisaient autant de pas que nous dans la maison pendant que nous installions nos derniers effets, et qui nous présentaient sans cesse la liqueur d'adieu.

A l'instant de monter en voiture, il fallut bon gré mal gré prendre une nouvelle rasade. Nous partîmes enfin et nous croyions être débarrassés de cette trop cordiale hospitalité, mais nous avions compté sans notre hôte. A une lieue environ de la forge, nous avions à traverser une rivière en bac, notre diable d'intendant nous avait précédés, je ne sais comment, à cette station forcée : quatre bouteilles de Champagne étaient déjà en bataille sur une planche et il n'y eut pas moyen de l'empêcher d'en déboucher deux. Du reste, ayant constaté qu'il n'y a aucun moyen de faire comprendre à ces braves gens que je ne veux pas me soumettre à ces libations infinies, je n'éprouve plus la moindre difficulté à leur faire raison. Je boirais cent bouteilles sans sourciller, mon procédé consiste à jeter le verre que j'accepte ou à le faire boire à Akim, dès que mes gens tournent un peu le dos. Je les satisfais ainsi sans me gêner et le tout est pour le mieux.

J'ai dû renoncer dans ce pays de montagne à ma grande voiture. Nous sommes maintenant dans une petite voiture plus douce, plus élastique que la meilleure calèche. Nous avons renvoyé tout notre bazar et sommes à présent si légers que nous passons au galop la plus haute montagne avec trois chevaux seulement là où il aurait fallu atteler dix chevaux à notre ancien équipage. Nous sommes beaucoup moins bien il est vrai et tassés l'un contre l'autre, mais ce qui est capital dans la saison pluvieuse qui approche, nous pourrons passer partout, dans les plus mauvais chemins, sans crainte de jamais rester embourbés. Nous pouvons très aisément faire trois cents kilomètres en vingt-quatre heures, et sommes sûrs de gagner au moins dix jours sur la durée du trajet d'Orembourg à Varsovie.

On ouvrirait de bien grands yeux à Paris si l'on voyait un pareil équipage. La distance entre les deux essieux est de 3^m6o : quatre perches minces et flexibles relient ces deux essieux, et c'est sur ces quatre perches qu'est posée la caisse de la voiture qui ne pèse certainement pas cent kilogrammes lorsqu'elle est vide.

. . . .

Nijni-Issetsk, 1ᵉʳ septembre 1844. — J'ai commencé la grande excursion jusqu'à Orembourg.

. . . .

Cette course de Ekaterinebourg à Orembourg présente un développement plus grand que la distance de Paris à Marseille. J'ai été accompagné ici par le général Glinka, l'un des grands dignitaires de l'Empire qui gouverne toute cette partie de l'Oural ; il a voulu me faire la conduite et m'a témoigné une amitié qui m'a été à la fois agréable et utile, surtout auprès des subordonnés qui sont tous ici en mouvement et empressés à un degré qu'il est difficile de concevoir avec nos habitudes de l'ouest de l'Europe. Toute notre visite est terminée, nos adieux sont faits, il est midi, nous partons pour Cissersk.

.   .   .   .

Nijni-Kichtim, 5 septembre 1844.

.   .   .   .

La route de Cissersk à Polevsk traverse une grande ligne de faîtes. Elle a 48 kilomètres de longueur, c'est un simple sentier tracé au milieu de forêts absolument désertes dans un pays hérissé de souches et de rochers. On ne pourrait jamais se figurer que des hommes aient pu réussir à faire passer 2 voitures par un pareil chemin avec les mêmes chevaux (nous n'en ayons que 3 à chaque voiture). La lune ne s'est montrée qu'à 8 h. 1/2, en sorte que de 7 h. 1/2 à 8 h. 1/2 nous avons marché par une obscurité complète. Malgré la lune on n'y voyait guère plus clair de 8 h. 1/2 à 11 h., sous des futaies épaisses de pins où nous avancions au travers des arbres en nous accrochant souvent aux souches et aux branches sèches dont le chemin était hérissé et qui en craquant et mêlant leur bruit aux rochers que nous roulions, aux chaînes de nos crochets et de notre sabot, faisaient un tapage affreux. .   .   .   .

Nous sommes habitués aux mauvaises routes. Nous

dormons admirablement dans des chemins où, à Paris,
on trouverait à chaque pas danger de vie; mais j'avoue-
rai que je me suis trouvé fort étonné d'arriver sain et
sauf à minuit avec notre voiture entière. Soigneusement visitée le lendemain, la voiture n'avait pas une
égratignure. On ne saurait trop admirer l'art et la
solidité avec lesquels sont construits des équipages
aussi légers.

Cet éloge constant de nos équipages doit sans doute
t'ennuyer beaucoup, mais il revient constamment
au bout de ma plume. C'est chose naturelle, notre voiture est aussi importante pour nous que les vaisseaux
à un marin. Juge ce que nous deviendrions si notre
véhicule se cassait dans un pays de bois et de marécages
qui est certainement l'un des plus pittoresques que j'aie
vus de ma vie, mais où nous sommes souvent éloignés
dans toutes les directions de 10 lieues de tout pays
habité par les hommes.

Partis à 3 h. de Polevsk, nous sommes heureusement
arrivés le soir même aux forges d'Oujalei perdues au
milieu des bois. Nous réussîmes à requérir 10 chevaux
(5 pour chaque voiture) et nous partions à 11 h. du
matin pour traverser de nouveau la chaîne de l'Oural
qui là encore se compose de trois énormes crêtes paral-
lèles par-dessus lesquelles il faut passer au milieu de
rochers par une route analogue à celle de Cissersk à
Polevsk, mais longue de 55 kilomètres. Il est inconcevable que des chevaux aient pu nous mener aussi ron-
dement par ces chemins, à une pareille vitesse, sans
même se reposer autrement que quand je cassais des
pierres sur le chemin. Malgré cela nous sommes arrivés
à Kasbinsk à 4 h. 1/2 et nous partîmes le même soir
pour Kichtim, où nous arrivâmes vers 11 h.

La maison seigneuriale est un admirable palais, mon appartement était préparé de même que ceux de mes deux compagnons. Celui que j'habite se compose d'une belle chambre à coucher avec un lit et d'un salon à 5 fenêtres rempli des fleurs les plus rares, élevé de 5 m. De grandes bougies, véritables cierges d'église, brûlaient à tous les angles de l'appartement sur de beaux candélabres, des parfums pénétrants dans des cassolettes, etc..... Tout ce confort était le bien venu après la rude campagne de Polevsk et d'Oujaléi. Ce matin j'ai devant mes yeux le mouvement d'une immense forge, un beau lac moins grand mais presque aussi beau que celui de Taguil, la vue des montagnes de l'Oural.

Zlatooust, 10 septembre 1844. — Je suis arrivé ici depuis samedi soir. C'est la forge la plus importante qui me reste à visiter dans le midi de l'Oural. La saison nous pousse.

Nous sommes partis de Kichtim vendredi matin avec le directeur de ces usines pour visiter, à peu près à 40 kilomètres au sud de Kichtim, les nombreux lavages d'or qui dépendent de cette forge dans un lieu nommé Soimonoff.

Le lendemain toutes les montagnes étaient couvertes de neige et à 6 heures du matin nous étions en route pour Zlatooust, distant de 95 kilomètres. A partir de Soimonoff, l'Oural prend un caractère tout différent de ce qu'il est dans la partie centrale de Kouchva. Nous avons suivi pendant les 3/4 du chemin la vallée de la Miass. Nous avions des deux côtés de hautes chaînes de 1200 à 1500 mètres entièrement couvertes de pins et de neige, et dans les fonds, où nous cheminions, nous avions le plus beau temps du monde. Le fond de la vallée est couvert çà et là de beaux lacs au milieu desquels se trouvent de petites îles d'un effet délicieux, et sur lesquelles on voit nager des milliers d'oiseaux sauvages.

Les habitants n'étaient pas moins nouveaux pour nous que l'aspect du pays; toute la vallée est peuplée de Bachkirs sur lesquels le pays n'a été conquis qu'au siècle dernier. Quand Pahlen a voyagé ici il y a 80 ans, en 1766, les usines peu nombreuses que la Russie avait alors créées ne pouvaient être conservées qu'au moyen de remparts et de pièces de canon. Aujourd'hui tout est parfaitement tranquille.

Les Bachkirs sont des mahométans et ressemblent beaucoup aux Tartares de Crimée que tu peux étudier dans les albums de Raffet; seulement les Tartares de Crimée sont sédentaires, tandis que les Bachkirs sont encore nomades. Nous avons vu leurs villages d'hiver qui étaient à peu près déserts; ils habitent aujourd'hui dans le haut des montagnes avec leurs troupeaux de chevaux et surtout de juments.

Nous avons vu des camps composés de huttes de gazon et de tentes de feutre où les habitants commençaient à faire leurs préparatifs de retour dans le bas de la vallée. On voyait les sauvages traîner leurs juments qu'ils exploitent en guise de vaches se réunir en troupes pour aller à la chasse. C'est un spectacle qui vaut à lui seul par son originalité la course de l'Oural méridional. La vallée est bien cultivée près des ruisseaux et des bois; les moissons sont encore debout et attendent sans doute le retour des Bachkirs.

A la dernière station de poste, 25 kilomètres avant Zlatooust, nous avons quitté la belle vallée de Miask pour traverser la haute chaîne qui sépare en ce point l'Europe de l'Asie. Du sommet on a une vue délicieuse. Zlatooust avec ses nombreuses usines se remarque d'abord à la fin d'un très grand lac, au milieu d'un pays hérissé de montagnes boisées; tout le pays est dominé par une montagne élevée, le Tayanaï, qui a environ 2000 mètres de haut et qui était entièrement couvert de neige. . . . .

. . . .

Zlatooust, 11 septembre 1844.

. . . .

Nous avons terminé le même jour la campagne de Miask, c'est la dernière que nous faisions en Asie, et tu peux juger la rapidité de ce voyage par le résultat suivant. Nous n'avons quitté Zlatooust qu'à 8 heures 1/2, mais nous étions accompagnés du général Anossoff, qui gouverne le district métallurgique et qui nous menait dans un tarentas à 3 places traîné par 5 chevaux. Miask est à 45 verstes de Zlatooust et nous avions à visiter, à côté de la route, une mine qui nous a fait faire un trajet supplémentaire de 5 verstes. A Miask nous avions fait environ 10 verstes dans les divers lavages d'or que nous avons visités. Enfin nous sommes revenus le soir de Miask à Zlatooust en passant pour la 2ᵐᵉ fois la crête de l'Oural située entre les deux usines en tout 105 verstes ou 116 kilomètres, soit 29 lieues de poste, et cependant nous sommes restés au moins 6 heures 1/2 dans les lieux que nous avions à étudier; nous avons donc fait en 8 heures 1/2 le trajet d'aller et retour, puisque, partis à 8 heures 1/2, nous étions de retour à 10 heures 1/2. Ce sont des vitesses fabuleuses dans un pays hérissé de rochers, et qu'on ne croirait pas possible d'obtenir sans tout briser et sans se tuer. Cependant il ne nous est pas arrivé le moindre accident.

A partir de ce moment nous allons nous rapprocher de la France, j'ai vu dans les dernières parties de ma course ce qui m'attirait à Orembourg, et je n'aurai qu'à faire une rapide excursion au sud de la ville d'Oula qui est à 100 lieues d'ici ; puis nous partirons rapidement pour Kasan. Il serait imprudent de rester plus longtemps dans l'Oural, le beau temps est revenu, malgré cela il gèle toute la nuit, les montagnes se chargent de neige.

Avant de quitter l'Oural, je consignerai ici une petite aventure qui est arrivée il y a huit ans à notre excellent compagnon de voyage dans la Russie méridionale, le comte de Sainte-Aldegonde, dans l'usine de Kichtim où nous avons trouvé une si brillante réception. Cette usine était alors dirigée par un Russe à barbe qui s'attache comme ses pareils à faire boire force champagne à ceux qu'il veut fêter. Le comte ayant bu tout ce qu'il pouvait boire se vit forcé de refuser la dernière libation qu'on voulait lui faire faire à l'instant de monter en voiture ; sur quoi Zoloff (c'était le nom de l'intendant), trouvant que le champagne n'avait pas assez abondamment coulé, prit gravement quatre bouteilles de champagne et cassant le goulot en versa successivement le contenu sur chacune des roues de la voiture du comte en lui disant que les bouteilles devaient nécessairement être employées à lui préparer un heureux voyage. Il est certain que les braves gens attachent aux libations de champagne une idée analogue à celle que les anciens attachaient aux libations en général. Les libations de l'Oural seraient souvent fort agréables au voyageur après de longues journées de voyages et de privations si elles n'étaient trop abondantes, et s'il était possible de les arrêter au point convenable.

Zlatooust était surtout intéressant pour nous à raison de sa belle fabrique d'acier. C'est ici qu'on fabrique les armes blanches pour toute l'armée russe. L'habile directeur de ces forges est en outre parvenu à faire des armes de Damas presque aussi dures que celles qu'on fabriquait autrefois en Orient et dont le secret est aujourd'hui perdu.

Quand nous avons traversé l'Oural pour nous rendre à Miask, nous voyagions dans une série de vallées délicieuses dont le sol est pour ainsi dire une nappe de sable aurifère. Le sol a été pourtant labouré et la précieuse croûte a été enlevée sur une épaisseur d'environ 1^m. Les arbres sont souvent restés debout au milieu de ces fouilles, quand l'alluvion n'était pas assez riche pour que l'on eût à rechercher même la petite quantité de sable aurifère engagée dans leurs racines. Il y a deux ans on a trouvé un gros morceau d'or de 30 kilog. dans le sol même où avait été bâtie une des laveries ; il était à peine à 99 centimètres de la surface et tout à fait à l'angle du bâtiment en sorte qu'on a pu l'enlever sans abattre la maison. Ce seul morceau, le plus gros que l'on connaisse au monde, est conservé au musée de Saint-Pétersbourg et vaut 100.000 fr. La même laverie a déjà produit depuis une quinzaine d'années 8500 kilog., soit 26 millions de francs d'or.

Et cependant toutes ces richesses ne sont rien en comparaison de celles que fournissent maintenant à 800 lieues plus à l'est, au fond de la Sibérie, les nouvelles mines d'or de l'Altaï. Je regrette vivement d'être forcé de m'arrêter aux portes d'un pays si curieux, mais je me console d'une part par la conviction où je suis qu'il faut qu'un voyage finisse, de l'autre par la pensée que je vais me rapprocher de toi et de nos parents et amis.

Oufa, 14 septembre 1844. — Depuis que j'ai écrit les lignes précédentes j'ai déjà fait 400 verstes.

Nous sommes maintenant sortis des montagnes et nous roulons dans cet indéfini pays de plaines qui constitue toute la Russie d'Europe. Nous avons retrouvé ici un climat très chaud, un temps délicieux, et la moisson encore sur pied ou en pleine récolte.

Cependant l'hiver approche, les oiseaux de passage, les corbeaux, les alouettes, les étourneaux ont déjà quitté l'Oural et se rassemblent ici en troupes nombreuses avant d'entreprendre le voyage de l'Ouest. Ils pullulent le long des chemins ainsi que les canards sauvages, les sarcelles, les plongeons. Les corbeaux et les pies nous donnent tout le jour un curieux spectacle. Les bords de la route sont dessinés par des poteaux, hauts de 3ᵐ et espacés de 4 à 5ᵐ, qui servent à indiquer pendant l'hiver la direction de la route quand celle-ci est couverte de neige ; c'est la place favorite de ces oiseaux qui nous regardent passer avec un aspect grave et aussi tranquillement que le pourraient faire des bêtes empaillées. Leur air curieux et attentif nous a souvent fait rire aux éclats. On est heureux dans de si longues journées de marche de trouver de quoi rire.

. . . .

Forges et fonderies de Troïtsk, près Bougoulinn, 15 septembre 1844. — A l'instant de partir d'Oufa, j'ai eu une sérieuse tentation de changer le plan de mon voyage : on m'a fait un si grand récit du bon état

des routes dans les steppes d'Orembourg et dans celles
que traverse la route qui va par le Volga à la mer
d'Azow, mon ancienne connaissance, que j'ai pensé à
profiter de cette voie pour revenir par la Crimée et par
Constantinople. Il est en effet bien agréable de faire
chaque jour 3oo verstes sans avoir un seul cahot sur
un doux gazon où les chevaux vont comme le vent. Il
était aussi bien tentant de voir Constantinople, Smyrne,
la Grèce; mais aussi il fallait faire 8oo à 1ooo lieues
par eau et endurer à Malte les ennuis d'une quarantaine
de 10 jours. Toute réflexion faite, je me suis décidé
pour le plancher des vaches, au risque d'être un peu
éprouvé par la neige de la fin de septembre et par les
boues de la Pologne.

Jusqu'ici je n'ai pas à me repentir du parti que j'ai
pris. Les chemins sont délicieux, il n'y a pas un nuage
au ciel, pas un caillou sur la route, pas de poussière.
La route que nous suivons dans cette partie du pays
d'Orembourg est tracée sur d'immenses plateaux parfaitement nivelés, les cultures y sont assez belles, bien
qu'abandonnées aux soins d'un peuple mahométan, les
Bachkirs, qui habitent tout le pays qui s'étend depuis
la province d'Oufa jusqu'au delà de Miask.

Les Bachkirs de l'Oufa ont un costume fort pittoresque, c'est une espèce de chemise brodée en couleur,
et même en argent ou en or, serrée à la ceinture : ils
ont un surtout fort ample qui ressemble à une robe de
chambre. La tête rasée est surmontée d'une calotte très
petite brodée en or ou en argent qui est placée sur le
derrière de la tête comme celle de nos curés; par-dessus
ils portent un chapeau de feutre blanc qui ressemble-
rait à celui de nos pierrots de carnaval s'il n'était fendu
sur le bord ; ils sont chaussés ordinairement de bottines

que recouvrent un pantalon ample et de couleur jaune ou rouge. Tout le pays a un caractère oriental et asiatique.

Kasan, 18 septembre 1844. — Depuis Zlatooust, où nous étions le 12 septembre au matin, nous avons fait 925 verstes.

Le pays que nous avons traversé depuis Oufa jusqu'à Kasan est très curieux. Le 16 au soir, vers six heures, nous arrivâmes à un relai dans un village tartare, à l'instant où les hommes revenaient du bain et où les femmes et les filles du village se mettaient en mouvement pour y aller. Nous nous divertîmes beaucoup du soin qu'elles prenaient de nous cacher leur nez ; montrer leur nez aux hommes est pour elles le comble de l'indécence.

Nous étions fort intrigués de voir, pendant ce temps, les hommes regarder du côté du soleil couchant comme s'ils s'attendaient à y voir quelque phénomène extraordinaire ; nous apprîmes que ces indigènes, n'ayant pas de calendrier, attendaient la première apparition de la nouvelle lune pour déclarer ouvert le carême musulman qui, dans la langue de ces Bachkirs tartares, se nomme *Ouvaza*. C'est aussi le nom que donnent au carême les Tartares de Crimée. Apprenant que j'étais un professeur européen, ces braves gens entourèrent la voiture pour me demander où on en était de la lune, ils reçurent avec une grande reconnaissance la nouvelle que je leur donnai que la nouvelle lune datait déjà de trois jours.

Pour compléter ce tableau, nous vîmes arriver un Bachkir à cheval en grand costume, revenant de la chasse avec un faucon sur le poing, comme les chevaliers du moyen âge. Il venait de prendre avec son

oiseau un canard dans la prairie et l'oiseau, attaché
par les pattes sur le poing du chasseur, dévorait à
belles dents une partie de l'animal qui lui était accordée pour encouragement. Cet homme avait attrapé ce
faucon 3 semaines auparavant seulement et cet intervalle avait suffi pour le dresser complètement. Quand
il veut chasser à l'oiseau, il laisse l'animal jeûner quelques jours, puis il l'emmène attaché par les pattes ;
dès qu'on voit le gibier, qui abonde ici vers tous les
ruisseaux, on le montre au faucon, puis on le lance de
ce côté ; le faucon s'élève, tourne autour du gibier et
fond sur lui avec la rapidité de l'éclair, il le saisit avec
ses pattes et reste coi. Alors arrive le chasseur qui
reprend le faucon avec la proie. A notre prière, le
chasseur voulut bien jeter son faucon à quelque distance et il eut le talent de le faire revenir sur le poing
quoique la proie fût presque complètement dévorée et
l'oiseau repu. En général les projets d'études et de
distractions abondent dans un pays aussi original. Un
voyageur, qui aurait spécialement pour but d'étudier
les mœurs des pays, aurait ample matière d'observations neuves et curieuses.

Vouiksoun, 25 septembre 1844. — Indépendamment des belles forges qui au nombre de 7 ou 8 m'attiraient dans ce district, il y a ici un ensemble de choses
merveilleuses qui, à elles seules, mériteraient le voyage
de Paris à Vouiksoun. Cette propriété, dont la surface
dépasse 100.000 hectares, appartient à deux frères,
MM. Chepeloff, dont l'aîné n'a pas plus de 28 ans.
L'un d'eux habite toujours la propriété, coutume opposée à celle de la plupart des seigneurs qui voient à

peine leurs biens une fois dans leur vie, comme beaucoup de propriétaires du pays de l'Oural.

Par compensation les propriétaires de Vouiksoun
ont pris soin depuis longtemps de concentrer ici tous
les moyens de divertissements qu'on ne trouve ailleurs
que dans la capitale, et voici, pour donner une idée de
la vie que l'on mène chez eux, un détail entre beaucoup
d'autres.

Le grand-père des propriétaires actuels entreprit, il
y a 50 ans, de former un théâtre au moyen d'artistes étrangers. Cet établissement a été entretenu par
ses successeurs et singulièrement amélioré par les
propriétaires actuels. Ainsi le théâtre est aujourd'hui
sur le pied des bons théâtres d'Europe. On joue l'Opéra;
il y a une douzaine de pièces au répertoire, savoir : le
Fréyschutz, le Barbier, le Calife de Bagdad, la Som-
nambule, les Pirates, le Solitaire, le Pré-aux-Clercs,
Robert le Diable, etc... Il y a un directeur de troupe,
un maître de chant, un atelier de décorateurs et de cos-
tumiers, un orchestre de 40 musiciens : deux prima-
donna, deux secondes chanteuses, cinq ou six chanteurs pour premiers et seconds rôles, deux chœurs
complets d'hommes et de femmes, etc... Tout ce personnel aujourd'hui, sauf deux ou trois individus, est
entièrement composé de serfs de la propriété. Tout cela
marche avec un ensemble parfait et est, dit-on, au
niveau du théâtre de Moscou. Le théâtre que j'ai visité
est charmant, la salle tient environ 500 personnes, les
décors sont fort riches ainsi que les costumes. La salle
est magnifiquement éclairée au gaz et pourvue d'un
beau lustre. Il y a tout un attirail de machines pour
produire tous les effets de théâtre nécessaires, change-
ments à vue, etc... Il est extraordinaire qu'un particu-

lier ait pu réunir chez lui de pareils moyens d'exécution.

La maison seigneuriale est presque une ville à elle
seule et l'ameublement est aussi étrange que les habitudes des maîtres. L'appartement particulier de l'aîné
se compose de quatre pièces entièrement décorées à la
turque; il n'y a ni chaises, ni meubles analogues aux
nôtres. Tous les murs sont bordés de canapés élevés
seulement de 3o centimètres au-dessus du sol et très
larges. Au milieu des pièces se trouvent d'autres canapés de même forme. Il va sans dire qu'il n'y a pas de
lit, un canapé situé dans un angle rentrant et à l'abri
de la lumière directe en remplit ordinairement les fonctions.

A cette maison ou château est attenant un parc
qui à lui seul est une forêt. C'est dans ce parc, à trois
verstes du château, qu'est situé le théâtre et ses dépen-
dances, le magasin de décors, le foyer, etc... Le château
est, avec deux ou trois églises, le principal monument
d'une ville composée, comme toutes les villes russes
appartenant à un particulier, d'un millier de maisons
en bois où demeurent les habitants ouvriers de la principale forge qui est aussi dans le même endroit. Celle-
ci est située sur la digue d'un vaste étang, grand
comme l'embouchure de la Seine au Hâvre. Il y a une
série d'étangs qui communiquent l'un avec l'autre;
celui qui est près de Vouiksoun a plusieurs milliers
d'hectares. Comme toujours, la ville, ses étangs et
l'usine sont entourés de la forêt, qui couvre toute la
propriété et qui commence dès l'endroit où finissent les
maisons.

L'aîné des propriétaires, Ivan Chepetoff, n'était pas
à Vouiksoun quand j'y suis venu, il était allé à Nijni-

Novogorod faire une partie de plaisir, et c'est là que j'ai fait sa connaissance. Cette partie de plaisir était conçue dans des conditions aussi extraordinaires que la vie ordinaire de Vouiksoun. M. Chepetoff avait imaginé de se construire deux bâtiments : l'un à vapeur de la force de 30 chevaux, l'autre remorqué par le premier et portant la plus grande partie du personnel et du matériel nécessaire à la partie de campagne. La première nouvelle que nous apprîmes en arrivant à Nijni était que M. Chepetoff venait d'y arriver avec son escadre et ses 40 musiciens.

J'ai dû la connaissance de M. Chepetoff au gouverneur militaire du gouvernement de Nijni, le prince d'Ourvakoff, qui a eu pour moi mille attentions pendant mon séjour dans cette ville. Comme je n'avais pas eu le temps d'aller trouver M. Chepetoff à bord de son escadre mouillée sur le Volga, en vue du palais qui domine à la fois l'Oka et le Volga, le prince avait eu l'aimable attention d'inviter M. Chepetoff à venir passer chez lui la soirée avec moi. J'ai ainsi obtenu un ordre qui me donnait entrée dans toute la propriété de Vouiksoun et qui m'y a assuré le bon accueil que j'y trouve en ce moment.

Nous nous sommes rencontrés à 11 heures chez le prince gouverneur et j'ai eu grand'peine à résister aux instances de ma nouvelle connaissance qui, par suite de ses habitudes aussi généreuses qu'excentriques, voulait m'entraîner après minuit à 1 kilomètre de la ville à bord de son escadre pour y boire du vin de Champagne jusqu'au matin aux sons de l'orchestre et des chants des premiers sujets du théâtre de Vouiksoun.

J'ai eu encore plus de peine à refuser son invitation pour un grand dîner qu'il donnait le lendemain, à bord du bateau à vapeur, au prince gouverneur, à sa femme et aux principales autorités de la ville. Ce dîner, embelli par toutes les ressources que peuvent donner d'excellents approvisionnements tirés de Saint-Pétersbourg, trois cuisiniers experts de l'École française, un ameublement somptueux, les achats de tout genre réunis à cet effet, devait être quelque chose de fort curieux, et il m'a fallu la résolution bien arrêtée où je suis de ne jamais me laisser détourner du but principal de mon voyage pour manquer l'occasion de voir un tel exemple de couleur locale.

MM. Chepetoff ne sont pas mariés; nous avons été reçus ici par une dame veuve, d'un certain âge, cousine de ces messieurs, qui tient la maison seigneuriale et qui doit y maintenir plus d'ordre que ne le fait ordinairement un intendant en Russie. C'est une excellente femme qui est aussi originale que ses propriétaires et le milieu où elle vit. Elle parle bien français, mais dans la manière rapide, bredouillante et accentuée des gascons. Toutes ses habitudes tiennent le milieu entre le Méridional et l'Asiatique. Elle fume toute la journée du tabac turc dans une longue pipe de 1^m50 que lui prépare sans cesse un petit groom, et elle s'est trouvée dans un étonnement profond en voyant que nous ne l'imitions pas.

J'ai pris plaisir à me faire raconter par elle la vie que l'on mène ici dans la saison d'hiver où tout le monde est réuni. On se lève entre 10 heures du matin et midi, quelquefois après 2 heures. Tout le monde fume et prend du thé du matin au soir, sans manger ailleurs qu'au dîner, qui a lieu à 6 heures. Cette vie orientale, sans exercice, doit en effet détruire l'appétit et rendre l'estomac peu exigeant. Le propriétaire aîné ne fait jamais un pas dans sa maison sans être suivi par un domestique qui lui présente sans cesse à toute heure du thé et du tabac. Nous nous ressentons un peu de ces habitudes et, bien que la bonne dame n'ait aucune intention de lésiner sur les vivres qui nous sont servis, il est de fait que nous manquons de nourriture substantielle, bien qu'à la rigueur on puisse se rassasier avec les accessoires luxueux qu'on nous sert.

Ces usines de Vouiksoun étaient bien dignes d'être visitées ; je ne sais pas quel est l'objet qu'on n'y fabrique pas ou qu'on n'y a pas fabriqué. Outre les objets manufacturés en fer qui font la base des revenus des propriétaires : fer en barre, fontes moulées, acier, faux, limes, fil de fer, tôles de toutes sortes, clous, instruments d'agriculture, on fabrique aussi des ponts en fer, des machines à vapeur, des bateaux à vapeur, des projectiles, des appareils à gaz, des bronzes, des papiers peints, des glaces, des vitraux colorés, des émaux, des armes blanches, des fusils. C'est cette immense quantité de ressources locales qui explique comment, au milieu de déserts de sables où l'on mourrait de faim si l'on n'avait des provisions, on peut entretenir un théâtre digne d'une capitale, avec une dépense annuelle qui ne dépasse pas 45.000 fr.

Nous partons ce soir même pour Moscou, dont nous ne sommes éloignés que de 300 verstes.

Moscou, 28 septembre 1844. — Je suis arrivé ce matin ici après un voyage que le mauvais temps a beaucoup contrarié. Nous avons bien fait de ne pas nous laisser attarder par les nombreuses occasions qui se sont présentées de prolonger notre voyage en Russie et

13.

malgré cela je crains que la pluie qui ne cesse de tomber ne nous oblige à faire de grands efforts pour sortir des boues que nous allons trouver sur une longueur de 1270 versles entre Moscou et Varsovie. Tout le monde nous fait un affreux récit de cette route, et nous conseille de prendre la route de Saint-Pétersbourg et puis celle de Saint-Pétersbourg à Varsovie. . . . . . .
Nous avons eu ce soir le plaisir d'assister à une représentation du théâtre français de Moscou. Nous y avons vu jouer 3 vaudevilles : le docteur Robin, le Protégé, et le mari de la dame des Chœurs.

Il nous a semblé bon de voir ce souvenir du pays après avoir si longtemps vécu au milieu des Bachkirs, des Tartares et des autres peuples fort peu au courant de la littérature et de la civilisation françaises. Ces pièces ont été bien jouées et fort goûtées des spectateurs. La salle est fort belle, spacieuse, elle peut contenir 1200 spectateurs et nous étions à peine 150.

Ici comme en Angleterre et dans plusieurs parties de l'Allemagne, le théâtre n'est évidemment pas une affaire aussi importante qu'à Paris. . . . . . .

Varsovie, 10 octobre 1844. — Je me suis souvent félicité d'avoir renoncé à la malheureuse idée d'aller directement de Moscou à Varsovie, car nous avons eu un échantillon des chemins que nous aurions rencontrés dans cette direction.

Partis de Moscou le 1er octobre à 5 heures du soir, nous étions à Novogorod le 4 à 1 heure du matin. Là, pour éviter le grand coude que fait la chaussée de Varsovie en remontant jusqu'à Saint-Pétersbourg, nous nous sommes décidés à prendre une traverse qui rejoint la chaussée un peu avant la ville de Pskov. La chaussée est faite encore dans cette direction pendant

2 relais, mais ensuite, sur une longueur de 120 verstes environ, on ne trouve plus que la boue comme l'imagination la plus riche ne pourrait s'en figurer. En outre les gens du pays ont eu la fâcheuse idée d'améliorer le chemin en y plaçant des rondins transversaux.

Il en résulte que la voiture, qui enfonce sans cesse dans 30 centimètres de boue, choque en outre dix fois par tour de roue les malheureux rondins qui disloquent les assemblages de l'équipage et les os des voyageurs. Plusieurs rondins contigus se trouvent souvent pourris et les roues, manquant de fond solide, s'enfoncent tout à coup à près d'un mètre de profondeur. Il fallait alors quelquefois 1 heure pour que les cinq chevaux de l'attelage, aidés de tous les gens qu'on pouvait rassembler, nous remissent en mouvement. De temps en temps on remonte des ponts à moitié détruits qui menacent de s'abîmer sous le faible poids de l'équipage ; mais ce qui passe toute prévision ce sont les traversées de villages où la boue, les rondins, les trous, les flaques d'eau boueuse (où la roue et les essieux disparaissent) présentent des difficultés hors de toute prévision humaine.

Il est inconcevable que des gens habitant ces villages puissent consentir à se laisser envelopper par une boue noire, fétide, pendant le quart de l'année. Cela prouverait que l'homme s'habitue à tout. Néanmoins, nous nous sommes si peu habitués à ce régime que, quand nous avons enfin rejoint la grande chaussée de Varsovie, avant Pskov, nous avons cru nous retrouver en paradis.

Nous ne nous sommes pas arrêtés une minute pendant les 80 verstes de la traversée et malgré notre activité et nos cinq chevaux nous n'avons pu parvenir à faire une lieue à l'heure. On m'a affirmé que cette traverse est une route admirable en comparaison de celle que nous aurions rencontrée de Moscou à Varsovie par Smolensk : que serions-nous devenus, si nous avions entrepris de faire 1300 verstes dans de pareilles conditions !

Nous sommes arrivés ici hier à 5 heures du soir, après un voyage de 8 jours et 8 nuits, sans avoir jamais quitté notre voiture plus d'une heure. Néanmoins notre voiture est si bonne et si douce, on y dort si bien dans la position horizontale, que je n'étais nullement fatigué en arrivant. Il m'a été cependant fort agréable de me déshabiller et de passer dix heures entre deux draps blancs.

11 octobre. — Après avoir été aux renseignements, nous nous décidons à partir par les voitures publiques jusqu'à Cracovie pour nous rendre ensuite à Prague pour traverser la Bohême que je n'ai pas encore visitée et que j'aurais intérêt à voir même en passant.

Nous renvoyons Akim à Saint-Pétersbourg parce qu'il n'a pas l'autorisation de passer la frontière d'Allemagne, et sans domestique le voyage en poste devient insupportable.

Tarnowitz, 22 octobre 1844.

Par suite de la situation politique où se trouve le pays depuis 1831, les étrangers et les Français moins que tous les autres ne sont guère admis à y voyager sans être munis préalablement de recommandations convenables. J'avais donc eu soin de me munir d'une

lettre du Ministre des finances de Saint-Pétersbourg
pour le Ministre des finances de Pologne.

Je pensais obtenir immédiatement les recommandations dont j'avais besoin ; mais il n'en a pas été ainsi.
Le ministre n'a pas osé prendre sur lui cette affaire. Il
m'a prié de me laisser présenter par lui à S. Altesse le
prince Paskewitch, vice-roi du royaume. Cette présen-
tation a entraîné deux jours de retard, puis deux autres
jours pour l'expédition officielle des lettres qui m'étaient
nécessaires et pour un dîner de grande cérémonie que
j'ai dû accepter, et où j'ai trouvé réunis tous les grands
personnages du royaume. Du reste ce retard n'a pas
été du temps perdu : le Prince Maréchal nous a parfaitement traités, il m'a donné un officier des mines
pour m'accompagner dans les usines polonaises jusqu'à la frontière de Silésie, et m'a beaucoup engagé à
revenir une autre fois faire un voyage spécial en Pologne, me promettant d'avance sa protection toute parti-
lière.

En somme, la course de Pologne et le séjour à
Varsovie, pour lesquels j'avais disposé de 4 jours, en
a duré 7 à 8, c'est ce qui fait que je me trouve en ce
moment un peu en retard. Depuis mon entrée en
Silésie, j'ai visité les deux groupes d'usines que
j'avais intérêt à étudier. Maintenant il ne me reste plus
qu'à gagner la France par le plus court chemin et à
faire une petite station dans la Thuringe près de Fulda.

Je suppose que je serai à Francfort dans 6 jours et
que j'arriverai à Lille vers le 29 novembre. De là je me
dirigerai directement sur Paris.

VOYAGE EN SUÈDE

(1845)

Hambourg, 24 juin 1845.

Nous nous sommes décidés à prendre des chevaux
de poste jusqu'à Münster, où nous sommes arrivés le
dimanche 22. Nous avons eu le temps de visiter la
ville, l'une des plus curieuses de l'Allemagne par ses
souvenirs historiques et par son architecture du Moyen-
Age. C'est là qu'a régné pendant quelque temps le
fameux Jean de Leyde, chef de la secte des Anabaptis-
tes, qui, après avoir expulsé l'évêque souverain de la
ville, s'y était établi comme roi avec ses adhérents.

On voit encore exposés sur les murs de la ville les
instruments des supplices horribles qu'on fit subir à
ces gens à la suite d'un long siège après lequel la ville
fut prise.

Ce qui est plus récréatif et non moins curieux est la
vue de la grande salle où se tenaient les séances du
fameux Congrès de Münster, où fut signée, en 1648, la
paix qui donna à la France l'Alsace et une partie de la
Lorraine.

C'est la même salle, où figurent tous les ambassadeurs
qui étaient réunis à ce Congrès, qui est représentée dans
le tableau de Terburg que nous avons vu dernièrement

chez M. Demidoff. Tous les portraits de ces mêmes ambassadeurs réunis à ceux des rois qui gouvernaient alors l'Europe se voient dans la salle du Congrès. Cette salle est encore meublée comme elle l'était à l'époque et on y voit une foule d'objets qui se lient à l'histoire de la ville, par exemple une pantoufle de l'une des nombreuses femmes de Jean de Leyde, dont tu pourras lire la curieuse histoire, à l'article Anabaptiste, dans le 1er volume de l'Encyclopédie qui est à mon bureau.

On y voit encore dans un petit coffret de fer une horrible main humaine desséchée qui a été coupée à un secrétaire infidèle qui, pendant le Congrès, avait consenti à faire de fausses écritures ; on voit encore beaucoup d'autres choses, dont je ne chicane jamais l'authenticité quand je suis sur les lieux parce qu'en cela, comme sur beaucoup d'autres points, c'est la foi qui sauve.

Il est prudent toutefois, quand on n'est pas bien ferré sur l'histoire, de n'admettre qu'avec une prudente réserve les récits du cicerone. C'est ainsi que notre guide, en nous montrant le portrait de Louis XIV enfant, crut pouvoir prendre sur lui de nous assurer que ce portrait avait été fait à Münster pendant le séjour de ce prince qui n'a certes jamais poussé si loin en Allemagne ; un autre, en nous montrant une cage vide dans une église de la ville, nous affirmait qu'elle contenait autrefois un vaisseau d'or qui, enlevé par les armées françaises, se trouve maintenant déposé en Corse sur le tombeau de Napoléon. . . . . Nous nous décidâmes à prendre de nouveau une chaise de poste qui nous a amenés hier soir ici à 9 h. C'est la seule course un peu rapide que j'aie jamais faite en

Allemagne; c'est la seule fois qu'à prix d'argent j'ai pu déterminer des postillons tudesques à dépasser la vitesse normale de 2 lieues à l'heure.

Hambourg est une très grande ville où j'ai vu certainement dix fois plus de bâtiments de mer qu'on n'en trouve ordinairement près des quais de Rouen. Une grande analogie de position sur la rive droite d'un large fleuve à une grande distance de la mer rend la comparaison fort naturelle. Rouen est beaucoup plus pittoresque que Hambourg; mais cette dernière, toute coupée de canaux qui amènent les denrées aux nombreux magasins qui les bordent, est incomparablement mieux disposée pour la manipulation des marchandises.

Hambourg a surtout sur Rouen un très grand avantage, c'est d'avoir brûlé en grande partie il y a 3 ans. Ses quartiers incendiés, qui ont été rebâtis pour la plus grande partie, offrent maintenant de magnifiques constructions, des rues régulières, des magasins de détail qui peuvent soutenir la comparaison avec ceux de plusieurs rues de Londres et de Paris.

Le commerce du lait me paraît être le détail de mœurs où l'on voit le plus de couleur locale : vers 11 h. du matin, la ville est parcourue par des milliers de gens qui portent à dos, au moyen d'un support artistement construit, plusieurs grands seaux de lait : les seaux sont remplis non seulement par le lait, mais encore par une multitude de bouteilles et de jattes de dimensions diverses qui flottent sur le liquide ; en passant devant chaque pratique, le porteur compose, d'une manière qui m'a paru fort savante ou du moins fort compliquée, le mélange qui est sans doute commandé à l'avance. A cet effet il puise avec une jatte dans les divers seaux et verse le tout dans l'une des mesures flottantes, à la face de la cité, ce qui prouve que ce genre de manipulations est parfaitement orthodoxe. Depuis que j'ai observé le fait, je me sens peu disposé à rechercher le laitage.

Nous sommes établis dans un superbe hôtel près duquel se trouve un passage récemment construit orné de magnifiques marbres d'Italie. Nous n'avons rien à Paris en ce genre qui soit aussi élégant ni aussi riche.

Demain nous partons pour Kiel, port de la Baltique où nous nous embarquons pour Copenhague, puis pour Gothebourg sur la côte occidentale de la Suède ; C'est là que commenceront les études qui m'appellent en Suède.

Dix jours après environ, je serai à Stockholm. . . .

Gothebourg, 28 juin 1845.

. . . .

Nous sommes partis de Hambourg le 25, pour nous rendre à Kiel sur la Baltique par un chemin de fer ; le même jour, à 2 h. après midi, nous nous sommes embarqués pour Copenhague, après avoir eu la chance de trouver une chambre à 3 lits.

Le lendemain à 7 h., après une heureuse traversée, nous débarquions à Copenhague et visitions la ville ; 3 h. après, c'est-à-dire le 26 à 10 h., nous partions en poste pour Elseneur, et le soir à 6 h., après avoir traversé dans un bateau frété pour nous le détroit du Sund, nous débarquions à Helsingborg en Suède. Le lendemain 27, à 6 h. du matin, nous partions par la diligence qui vient de nous amener ici après une bonne nuit passée à Falkenberg, à peu près à mi-chemin des deux villes. . . . .
Nous sommes dans un pays d'excellentes gens qui n'ont

ni la gênante obséquiosité des méridionaux, ni l'avidité
pour le gain qui règne trop souvent dans le nord de la
France, en Allemagne et en Angleterre. Le peuple suédois, autant que nous en pouvons juger par un contact
de 2 jours, est calme, posé, honnête, même avec les
voyageurs. Les maisons sont simples et simplement
meublées ; mais toutes celles que nous avons vues sont
tenues avec une exquise propreté, ce qui nous fournit
un nouveau motif d'affirmer que le peuple français est
l'un des moins propres de l'Europe.

La cuisine suédoise m'a paru jusqu'ici peu recherchée
et les dîners peu copieux ; il paraît certain, comme on
nous l'avait affirmé avant que nous ne partions, que nous
ne sommes pas en région gastronomique. Les indigènes ont à peu près la manière russe.

Ils commencent leur repas par une sorte de goûter
dans lequel ils mangent du beurre, du fromage, de petits poissons épicés à la manière de nos anchois. Je n'ai
pas encore vu servir de soupe ; nous avons mangé du
veau rôti, de l'agneau rôti, des pommes de terre, des
hachis de poisson, une espèce de petite morue fraîche,
de bonnes fraises, du bon lait, du café à l'allemande,
composé d'une teinture imperceptible de matière noire
dans de l'eau chaude à laquelle on ajoute quelques
gouttes de crème froide.

On peut cependant se procurer de bon thé en prenant
la peine de le faire soi-même. Les indigènes mangent
à chaque repas une énorme tranche de saumon fumé
cru, mets qui nous ragoûte médiocrement. Nous n'avons
pu jusqu'ici nous procurer dans nos rapides stations de
diligence de saumon frais ; nous expliquons ce fait
par les énormes quantités de saumon fumé qui se pré-
parent dans tous les ports de cette côte, où le poisson

frais se vend, dit-on, pour cet usage, à raison de 1 fr. le
kilogramme environ, ce qui nous paraît excessif.

Du reste, les prix sont proportionnés à la frugalité
des repas ; le prix moyen d'un dîner d'auberge de diligence est d'un rixdaler ou environ 1 fr. 35 de France.
Les indigènes boivent ordinairement de l'eau appuyée
d'eau-de-vie de grain aromatisée par de l'anis dont on
fait ici un grand usage : le vin, qui est à un prix excessif, vu l'énormité des droits de douane, est à peu près
inconnu ; nous avons trouvé d'excellent porter aussi
bon que le porter anglais et que nous buvons avec
grand plaisir.

Nous allons, après avoir pris les conseils de quelques
personnes auxquelles nous sommes recommandés, acheter une voiture et nous lancer dans le centre du pays entre
Gothebourg et Stockholm ; nous n'espérons pas arriver
dans cette dernière ville avant une quinzaine de jours.

Friedrichsall (Norvège), 5 juillet 1845. — Nous
avons eu lieu de nous féliciter d'avoir pris la direction
de Gothebourg : nous avons trouvé dans cette ville une
excellente famille qui nous a fait bon accueil et qui nous
a été d'un grand secours pour deux opérations assez
délicates qui étaient pour notre voyage d'une nécessité
indispensable : l'acquisition d'une voiture et le choix
d'un interprète.

. . . .

Nous nous sommes d'abord dirigés sur Wenersborg
en suivant la grande rivière qui, débouchant du lac
Wenern, se jette dans la mer à Gothebourg. Cette rivière
est comme la Tamise une sorte de golfe dans lequel les
bateaux de mer peuvent remonter jusqu'à peu de distance du lac,

Ce lac est lui-même une vaste mer intérieure très élevée au-dessus du niveau de la mer et qui reçoit une infinité de rivières venant du centre de la Suède. Cette énorme masse d'eau, supérieure à celle que débite la Seine aux époques des grandes eaux, se déverse dans la rivière de Gothebourg ou plutôt forme cette rivière en tombant en immenses cascades d'une hauteur de 32 mètres. Cette cascade, qui se précipite au milieu d'énormes blocs de granit dans de belles forêts de pins, est un des plus imposants spectacles de ce genre et vaudrait seule le voyage de Norvège;

Le gouvernement suédois a exécuté en ce lieu un des plus beaux travaux qu'on puisse citer, des montagnes de granit ont été creusées à la poudre pour former un grand nombre d'écluses au moyen desquelles les navires de mer peuvent remonter de la rivière dans le lac. Cette communication est d'autant plus importante que l'on peut du lac Wenern se rendre à Stockholm par une suite continue de lacs et de canaux. Rien n'est plus extraordinaire que de voir des navires de 300 tonneaux circuler à pleines voiles au milieu des montagnes et des forêts au centre d'un continent.

Notre but en remontant au Wenern était de visiter, à une journée du nord-ouest de Wenersborg, les forges importantes de Backefors, qui appartiennent à un personnage considérable de ce pays, M. le conseiller d'État Wœrn. Cette course a été fructueuse pour nous, non seulement à cause des choses du métier que nous allions étudier, mais encore parce qu'elle nous a fourni l'occasion de voir une des plus belles résidences de l'Europe.

Tout le pays est formé de montagnes pittoresques recouvertes de belles forêts de sapins, parsemées de belles prairies et au milieu de lacs dont quelques-uns

sont aussi larges que la Seine à son embouchure. C'est
dans un tel pays que M. Wœrn s'est créé depuis 20 ans
un parc de 11.000 arpents. La maison est placée sur
un promontoire et a de tous côtés les plus admirables
vues sur un lac immense. Il n'y a rien eu à planter;
il a suffi d'abattre les bois les plus médiocres pour
avoir au milieu des plus belles futaies d'admirable
gazon et çà et là une vingtaine de petites fermes qui
donnent du mouvement au paysage.

M. Wœrn, âgé de 55 ans et marié 2 fois, réunit autour de lui une nombreuse famille : maîtres et servi-
teurs sont au nombre de 26 et vivent dans une abondance homérique au moyen des produits du sol. On y
consomme les produits fournis par 40 vaches, par une
immense exploitation agricole, par la pêche de délicieux
saumons, brochets, truites, fournis par les lacs et rivières, par le gibier qui abonde dans les bois et qui est
d'une extrême délicatesse.

Le séjour que nous avons fait dans la maison de
M. Wœrn nous a parfaitement remis de nos fatigues
et nous a donné des forces pour entreprendre le voyage
de Norvège.

Nous nous sommes arrachés avec peine aux délices
de Baldersnäs, aux agréables relations avec les habitants de cet adorable coin de terre, pour passer la chaîne
de Fields, qui sépare la Suède de la Norvège.

Kongsberg (Norvège), 11 juillet 1845. — La ville
d'où je t'écris est située en Norvège, dans une jolie vallée qui s'ouvre dans le golfe de Christiania, entre Lauzvig
et Holmestrand. Elle est célèbre par ses mines d'argent
très riches qui nous y retiendront cinq ou six jours.

Nous allons donc nous diriger de Kongsberg sur Christiania, et delà sur Philipstadt en Wernesland, en Suède, au nord du grand lac Wenern..........

L'organisation de la poste aux chevaux se ressent de la rareté des communications. Il n'y a jamais de chevaux aux postes, les paysans sont tenus de fournir des chevaux à tour de rôle ; mais ces chevaux sont au travail à de grandes distances et il faut souvent plusieurs heures pour les trouver. Il en résulte qu'on ne peut voyager avec quelque vitesse qu'en envoyant un jour à l'avance un courrier qui commande les chevaux pour une heure déterminée, à la charge de se trouver à la poste à l'heure indiquée, ce qui ne laisse pas d'être assez difficile à réaliser pour le voyageur étranger qui ne connaît pas la difficulté de la route et les habitudes de vitesse des postillons.

A cela près de ces petits inconvénients, qui se représentent sous une forme ou sous une autre dans tous les pays, le voyage est ici fort agréable, même pour des gens qui n'y seraient pas attirés par un objet particulier.

Le pays est vraiment enchanteur. Les rivages du golfe de Christiania, bordés de forêts et de rochers dont le pied est baigné par la mer elle-même, offrent un caractère de grandeur qu'on ne retrouve à ma connaissance dans aucune autre partie de l'Europe. Le pays est couvert de hautes montagnes boisées, de profondes vallées et d'un nombre infini de lacs, petites mers intérieures qui peuvent se comparer à tout ce que la Suisse offre de plus renommé. Nous sommes, sous ce rapport, dans une admiration continuelle. La vie matérielle est assez médiocre.....................

En ce moment toutefois, nous sommes à ce point de vue dans un lieu privilégié ; notre hôtesse est évidemment un cordon bleu d'école française. Pour la première fois depuis que je voyage en Europe, j'y ai trouvé des sauces blanches qui ne le cèdent en rien aux meilleures qui se fassent chez nous. Chaque jour à notre dîner nous avons un saumon exquis qui vient d'être tiré de la cascade qui se trouve au milieu de la ville. Il est accompagné d'une de ces délicieuses sauces et suivi d'un rôti de gibier parfaitement cuit et assaisonné. Le dîner se termine invariablement par un décalitre de fraises de bois cueillies au moment même, accompagnées d'une immense terrine de crème disposée avec un talent et avec des matières d'une qualité tout à fait supérieure.

Comme la langue du pays diffère complètement de l'allemand et de l'anglais, bien qu'il y ait certaine analogie, nous continuons à nous servir de l'excellent interprète que nous avons pris à Gothebourg, et que tout le monde décore ici du nom de magister.

. . . . Nous n'aurions jamais pu nous tirer d'affaire tout seuls, malgré l'axiome des badauds de Paris qui n'ont pas voyagé et qui croient qu'on parle français partout.

Carlstadt, 20 juillet 1845.

. . . . De Kongsberg nous sommes revenus par le nord, contournant un grand lac qui est à l'ouest de Christiania et voyant en passant de grandes usines où l'on fabrique le bleu de cobalt. Toute cette contrée est admirable, elle est composée de hautes montagnes et de lacs qui ne laissent rien à désirer. Si la Norvège était pourvue d'auberges et de routes comme la Suisse, le torrent des voyageurs s'y dirigerait aussi bien que vers le sud de l'Europe.

La Norvège présente une population placée dans des conditions uniques en Europe. Il n'y existe pas de noblesse. La bourgeoisie n'a pu se développer dans un pays privé de commerce et d'industrie ; les mêmes circonstances n'y ont point permis la formation des grandes fortunes territoriales comme dans les principaux états de l'Europe. Le pays est donc peuplé par des paysans, propriétaires du sol, qui vivent sur leurs terres produisant eux-mêmes tout ce qui est nécessaire à leur existence, vivant dans une véritable abondance, mais placés dans l'impossibilité absolue de se créer des revenus parce qu'ils ne peuvent vendre de produits à leurs voisins, qui sont exactement dans les mêmes conditions.

Ces paysans vivant dans l'abondance trouvent facilement du travail, en sorte que la main d'œuvre et le travail des animaux y sont comparativement à un prix élevé. Il résulte de là que les frais de voyage en Norvège, au milieu d'une forêt presque continue, dans un pays complètement dépourvu d'industrie, sont aussi considérables que dans les plus belles provinces de France et deux et trois fois plus considérables qu'ils ne le sont à quelque distance en Suède où le sol, le climat, l'industrie présentent des conditions absolument identiques.

La Suède, dans la direction de Christiania à Carlstadt, nous a paru encore plus pittoresque que dans la partie que nous avions parcourue jusque-là. C'est comme l'Oural un pays de forêts, de coteaux à mouvements plutôt gracieux que brusques, dont les pentes inférieures sont couvertes de ces délicieuses prairies qu'on ne connaît que dans le nord de l'Europe et en

Angleterre. Mais ce qui donne à la Suède un cachet particulier c'est cette multitude de lacs aux eaux limpides que l'on rencontre à chaque pas et qui mettent le voyageur dans des transports d'enthousiasme.

Hier soir nous avons traversé un de ces lacs à mi-chemin de la frontière suédoise à Carlstadt, nous ne savions comment exprimer notre admiration et nous défendre de mille projets d'achat qui nous amèneraient en masse dans un pays où la terre est pour rien et où l'on pourrait se procurer, même avec une fortune médiocre, toutes les jouissances de la grande propriété. Vains projets que l'éloignement dissipe bientôt, mais qui sont l'expression d'un sentiment vif dont il n'y a aucune raison de se défendre. Il est certain que, si on pouvait se détacher aisément de son pays, on vivrait ici avec une nombreuse famille dans un état de bonheur qu'on atteint difficilement en France et surtout à Paris, où on peut à peine se procurer l'espace et la quantité de soleil nécessaires à la vie d'un homme.

Je suis reçu partout avec une chaleur que je ne prévoyais pas : j'ai écrit sur le fer de Suède un mémoire qui a eu ici un grand retentissement ét mon nom y est complètement populaire depuis que le gouvernement Suédois a fait traduire les discussions qui ont eu lieu aux deux Chambres françaises sur la question que j'ai traitée et qui se rapporte aux fers de Suède. Ainsi aujourd'hui j'ai été invité avec nos deux amis à un grand dîner officiel donné par le gouverneur de la province, et je viens d'interrompre cette lettre pour recevoir une députation de maîtres de forges qui viennent me remercier de ce que j'ai écrit.

Tout cela rend notre voyage très agréable et il est absolument inutile de me munir de lettres de recom-

mandation. Je trouve toutes les portes gracieusement
ouvertes. . . . .

Münckeforss, 25 juillet 1845.

. . . .

Münckeforss est une grande forge située sur la
rivière Klav-Elven qui, venant de Norvège, se jette à
Carlstadt dans le lac Wenern qui est la Méditerranée
de la Suède. La principale industrie de cet établissement consiste à scier les bois qui, à l'état de planches,
sont exportés en France et en Angleterre. Les débris
de ce sciage sont employés à faire du charbon qui lui-
même sert à fabriquer du fer qui s'exporte en Angleterre.

. . . . Il est difficile d'imaginer
une localité plus convenable pour nos études : nous
avons un appartemént complet à notre disposition
exclusive au rez-de-chaussée d'une magnifique maison,
nous y trouvons de fort bons lits, notre table est
abondamment fournie de gibier, de lait, d'œufs, de
confitures, de vin de Bordeaux, de poisson ; l'usine est
à deux pas de la maison, en sorte que nous n'avons
pas de temps à perdre sur les lieux de travail. Le directeur étant garçon, nous pouvons rester toute la journée couverts de la poussière des forges et ne sommes
tenus sous ce rapport à aucune cérémonie. Il est pro-
bable que nous ne retrouverons pas une pareille
station, en sorte que nous sommes enclins à réduire
l'étendue de nos courses en Wernesland pour mieux
étudier l'industrie du pays qui est d'ailleurs complètement représentée à Münckeforss.

Le mot « forss » qui termine le nom de cette forge
est un mot suédois qui veut dire, chute, cascade.

L'établissement est en effet situé sur une cascade extrêmement pittoresque et abondante qu'on irait voir de 100 lieues à la ronde si elle était en Suisse ou en France, mais qui excite seulement l'admiration des voyageurs qui comme nous la découvrent par hasard. Cette cascade nous procure du saumon en abondance, car ce poisson a une affection particulière pour les chutes d'eaux, et on le prend ici en quantité dans des espèces de pièges très ingénieux qui ressemblent à une souricière de fil de fer ayant une forme telle que l'animal ne peut qu'y entrer et que la sortie lui est interdite. Les saumons que nous avons vu pêcher avaient une longueur moyenne de 55 à 60 centimètres.

Nous partirons d'ici pour nous rendre à Philipstadt et de là à Fahlim en Dalécarlie. . . . .

Ostambo, 1ᵉʳ août 1845. — Tu chercherais en vain sur la carte la plus détaillée le lieu d'où je t'écris : c'est une petite station de poste au milieu des forêts situées entre les provinces de Wernesland et de la Dalécarlie. Nous y sommes retenus par une rupture d'essieu.
. . . .

A cela près de trois ou quatre centres de population qui peuvent se nommer villes, et d'une douzaine de centres inférieurs qui ne seraient chez nous que des bourgs, la Suède n'est qu'une forêt mêlée de rochers et de lacs où l'on ne trouve que de loin en loin des habitations clairsemées. Nous voyageons des journées entières sans voir d'autres maisons que celles des stations de poste. Mais en revanche il faut convenir qu'on trouve dans le moindre hameau une propreté qui est bien rare dans beaucoup de villes de France. Ainsi la chambre d'où je t'écris ces lignes et à laquelle est annexé un très beau salon, est soigneusement tapissée d'un papier frais. Les deux fenêtres sont ornées de jolis rideaux de mousseline bordés d'une frange. Un petit store garni d'une étoffe enroulée, de couleur foncée et qu'on peut abaisser pour intercepter le jour qui même à cette époque déjà avancée dure jusqu'à plus de onze heures, est toujours joint à chaque fenêtre.

La servante installe en ce moment, sur un fond de lit et sur un canapé, deux lits passables garnis de draps d'une blancheur irréprochable et enrichis de deux oreillers ; je suis convaincu qu'on ne rencontrerait rien d'aussi propre dans tous les hôtels de la ville de Lyon.

La cuisine ne répond pas malheureusement à ce confort. . . . .

Il faut dire cependant que nous sommes rarement deux jours de suite au régime frugal des stations de poste. Ordinairement nous trouvons très bon accueil chez les exploitants des mines et des forges : ainsi, par exemple, il nous est arrivé avant-hier une aventure charmante qui s'est terminée par un repas des plus complets.

En quittant Philipstadt pour aller à une forge située sur la route de Fahlim, il avait été convenu avec l'ingénieur suédois qui nous accompagnait ce jour-là que nous laisserions notre voiture à moitié route pour nous lancer à droite sur un lac où nous devions faire une longue excursion. Le bateau devait nous ramener le soir à peu de distance du point où la voiture était dirigée par la route de poste. Saint-Léger s'étant trouvé peu disposé à faire cette excursion qui devait se terminer par une marche à pied, il fut convenu qu'il partirait avec la voiture. Notre ingénieur lui remit un billet

écrit en suédois qui devait lui assurer bon accueil chez
l'aubergiste de Saxon (c'est la station dont il s'agit).
Saint-Léger ne pouvant rien dire en suédois, le postillon avait été dûment endoctriné pour le conduire à
l'auberge.

Mais pendant que les instructions se donnaient, un
brave maître de forges de Saxon qui se trouvait là,
croyant que la voiture allait seule à Saxon, imagina
de donner au postillon un ordre contradictoire, fort
aimable du reste, celui de conduire la voiture à sa
propre maison. Une lettre remise au postillon invitait
la femme du brave homme à préparer la réception de
4 personnes. Saint-Léger, qui ignorait complètement
cette circonstance, tomba dans le plus grand étonnement en voyant le postillon passer devant l'auberge et
faire entrer la voiture dans un charmant petit château,
où la dame le reçut en suédois à bras ouverts.

Ce fut le plus comique quiproquo du monde de voir
notre excellent ami gesticuler de toutes ses forces pour
faire comprendre à la dame qu'il y avait erreur, qu'il
fallait le mener à l'auberge : il mit sous les yeux de la
bonne dame la lettre destinée à l'aubergiste pensant
que cela lui ouvrirait les yeux. Cette démonstration
n'eut d'autre résultat que de faire ouvrir à deux bat-
tants la porte d'un magnifique salon où on l'installa
presque de force. Il se résolut enfin à se laisser régaler
d'un excellent souper et coucher dans un très bon lit
où nous le trouvâmes à 4 heures et demie encore tout
ébahi.

Il est impossible de rien concevoir de plus affable et
de plus confortable que la réception qui nous a été
faite dans cette maison ; nous en sommes sortis rassa-
siés de gibier exquis, de truites saumonées, de vins

délicieux, d'écrevisses grosses comme des homards. La voiture bourrée en outre de toutes sortes de provisions sur lesquelles nous vivons depuis hier. . . . .

Osterby (près Danemoras), 9 août 1845.

. . . .

Aussi bien notre voyage de Suède tire à sa fin : nous serons à Stockholm dans quatre jours au plus tard. Saint-Léger et P. Benoist vont s'embarquer pour Saint-Pétersbourg et moi je vais revenir vers le sud de la Suède m'embarquer à Ystad pour Stettin en Prusse, de là je me rendrai à Berlin et dans le Hartz. où je compte faire un petit séjour. . . . .

Notre voyage continue à être aussi agréable que possible, nous trouvons partout un excellent accueil et le pays est toujours extrêmement pittoresque. . . . . . La cuisine suédoise laisse seulement quelque chose à désirer : mais il faut bien acheter le plaisir de voir de nouveaux pays.

Ce qui nous manque le plus est le pain. Ici le pain ne fait point partie essentielle de la nourriture et il est bien rare que l'on puisse rencontrer quelque chose qui mérite réellement ce nom. Ce qui se trouve ordinairement est une sorte de galette beaucoup plus dure que le biscuit de mer et formée de farine de seigle ; il faut des dents de fer et un temps considérable pour arriver à en broyer quelque chose. Le pain proprement dit, comme nous le concevons chez nous, est remplacé par une composition qu'on ne trouve même que rarement. C'est un mélange de farine de seigle, d'anis, de sel et de sucre qu'on ne mange que parce qu'on est habitué à ne pas se contenter de viande seule ou de poisson. Il est évident que si nous restions 6 mois en Suède, nous finirions par nous passer complètement de pain comme le font les sauvages de ce pays.

Une grande ressource pour le voyageur est le gibier qui commence à être fort abondant à cette époque de l'année; les oiseaux surtout. Il y en a principalement cinq espèces qui, pour la grosseur, varient depuis la taille d'une poule jusqu'à celle d'une caille; pour la finesse de la chair, ils ne laissent rien à désirer. Ce sont les mêmes espèces que j'ai trouvées l'année dernière dans l'Oural en si grande abondance.

Sous beaucoup de rapports ce pays ressemble à la Sibérie; les montagnes, moins élevées que dans l'Oural, y présentent les mêmes formes douces et arrondies, gracieuses plutôt que sévères. Les champs cultivés sont également fort rares et l'on ne voit, pour ainsi dire, qu'une forêt continue de pins sylvestres et d'épicéas, entrecoupée çà et là d'une jolie prairie. Ce qui caractérise la Suède est l'abondance prodigieuse des lacs qui offrent toutes les dimensions possibles, depuis la grandeur du bassin compris entre le pont de la Concorde et le pont Royal jusqu'à la grandeur du golfe de la Seine entre le Hâvre et Quillebœuf. Il y a même quelques lacs, le Wenern entre autres, qui sont beaucoup plus grands encore et atteignent les dimensions des mers intérieures. L'Oural cependant présente aussi dans quelques parties une abondance extraordinaire de lacs; dans les lieux où manquent les lacs naturels, on y trouve des lacs artificiels formés par le barrage des rivières qui donnent au paysage le même attrait.

En résumé l'analogie entre les deux pays est si frappante que je me prends à chaque instant à me croire reporté à un an en arrière. Je dois cependant convenir qué l'hospitalité des auberges de Suède ne vaut pas celle des maisons seigneuriales de l'Oural.

Nous nous trouvons en ce moment, pour nôtre dernière station dans le nord de la Suède, aussi bien que possible. Les forges d'Osterby sont celles qui travaillent le célèbre minerai de fer de Danemora que les Anglais depuis longtemps et les Français depuis peu recherchent beaucoup pour la fabrication de l'acier. Ces fers se vendent un prix très élevé et les exploitants tirent par conséquent de grands revenus de leurs mines et de leurs usines.

Le possesseur de celle-ci est un baron de Tanim qui possède ici un petit château où nous l'avons trouvé entouré d'une nombreuse réunion d'enfants et de petits-enfants. Toutes les dames parlent français ou l'entendent, de sorte que nous nous trouvons en communication directe avec ces braves gens qui ont d'ailleurs toutes les habitudes de civilisation et de toilettes de l'ouest de l'Europe.

Dans la tournée que nous venons de faire en Dalécarlie dans le pays de Fahlim, nous n'avons pas trouvé une seule personne parlant français et nous aurions eu beaucoup de mal à apprendre ce qui nous attirait en ce pays, si nous n'avions eu une connaissance étendue de la langue allemande, la seule que l'on parle. Il est rare que nous ayons eu l'occasion de nous servir de la langue anglaise. Ma course en Suède et en Norvège m'aura presque autant servi qu'un égal séjour en Allemagne pour me perfectionner dans la langue allemande . . . .

Stockholm, 14 août 1845.

. . . .

J'ai terminé fort heureusement le voyage dans le nord . . . .

Maintenant nous employons notre temps à causer avec tous les gens instruits de Stockholm qui peuvent nous être utiles et aussi à jeter un coup d'œil sur la ville, qui est une des plus pittoresques qui soient en Europe.

Stockholm est située au fond d'un golfe de la mer Baltique, où se trouvent des milliers d'îles qui donnent un charme extraordinaire aux environs de la ville. Ce golfe à son extrémité communique avec une série de grands lacs dont le principal porte le nom de lac Mélar. Stockholm est située précisément au point où le golfe communique avec le lac sur les pentes des collines et aussi sur de grandes îles qui sont reliées entre elles au moyen de ponts.

Stockholm ressemble beaucoup à Venise; elle est entourée d'eau de tous côtés, on peut même dire que chaque quartier est entouré d'eau. Au sortir de chaque rue on tombe sur un quai, aussi se sert-on ici de bateaux pour toutes les communications ordinaires.

Les femmes qui apportent au marché les provisions de la ville conduisent des bateaux comme chez nous elles conduisent des charrettes. Il y a à peine une centaine de voitures de place dans la ville, mais en revanche il y a des milliers de bateaux qui font à la fois le service de bacs pour passer régulièrement d'un point à un autre et aussi celui de voitures à volonté et d'omnibus.

Ces bateaux sont menés par des femmes qui ont ordinairement un costume particulier et qui viennent

en foule du fond de la province de Dalécarlie pour
chercher du travail à Stockholm et s'y faire un petit
pécule. Elles jouent ici le rôle des Auvergnats à Paris
et des Galiciens à Madrid. Ces femmes ont ordinairement un costume particulier qui ressemble assez pour
le corsage, la jupe et les manches à celui des filles du
canton de Berne, en Suisse. La coiffure est une sorte
de coiffe blanche qui ne manque pas de grâce. Cette
industrie des batelières de Stockholm donne à la ville
un aspect tout particulier. En somme, Stockholm est
une des villes les plus remarquables d'Europe. . . . .

Stockholm, 20 août 1845. — Notre séjour en Suède
vient de se terminer fort agréablement par une entrevue intéressante avec S. M. le roi de Suède; voici à
quelle occasion. J'ai écrit il y a deux ans un petit
ouvrage dans lequel je prouvais que la France avait
intérêt à supprimer les droits de douane considérables
qui sont perçus à l'entrée des fers suédois; mais si
cette mesure nous intéresse, elle touche les Suédois
beaucoup plus encore, et cette circonstance m'a valu
partout un accueil plein de cordialité.

Le ministre de l'intérieur, que j'ai été voir ici pour
le remercier de l'appui qu'il m'a prêté pendant mon
voyage, en me rappelant ce que j'avais écrit sur cette
question, m'a dit que le roi, qui revenait aujourd'hui
du midi de la Suède pour repartir demain, serait content de me voir pour m'entretenir des moyens d'arriver
à une conclusion, et qu'il le ferait certainement si, au
milieu des affaires qui l'accablent dans un court séjour,
il pouvait disposer de quelques minutes.

Je me suis donc rendu au château avec l'invitation
du ministre et j'ai présenté au chambellan baron de

Wrède, M. de Saint-Léger qui était bien aise d'assister à cette entrevue. Le roi nous a en effet reçus de suite dans son cabinet de travail et il était si bien au courant de la question que l'entrevue a duré 3/4 d'heure.

Le roi est un homme de 35 ans environ, de taille assez élevée, d'une figure agréable et spirituelle, qui respire la franchise et la bonté. Il vaut sous le rapport physique infiniment mieux que les portraits qu'on trouve par toute la Suède.

Le roi cause très bien, parle un français irréprochable ; on voit aisément qu'il est fort instruit et qu'il a un fond solide de connaissances. Tout ce qu'il nous a dit prouve qu'il entend parfaitement bien les questions générales d'économie sociale et qu'il saisissait très bien aussi toutes les nuances de la question spéciale qui a fait plus particulièrement l'objet de notre entretien. En nous quittant, le roi nous a exprimé dans les termes les plus obligeants le regret qu'il éprouvait de ce que son départ immédiat ne lui permettait pas de nous recevoir au château. En somme, il est difficile de traiter les gens avec plus d'affabilité et de délicatesse.

Le roi actuel Oscar Ier est fils du roi Charles-Jean XIV défunt depuis peu de temps. Celui-ci n'était autre que le général français Bernadotte, choisi par les Suédois au commencement de ce siècle pour succéder à l'ancienne dynastie qui était alors représentée seulement par un roi sans héritiers. Le gouvernement sage du feu roi a rendu à la Suède d'éminents services et il est certain que son successeur continue à suivre sous ce rapport les excellentes traditions de son père.

Nous nous sommes décidés à quitter Stockholm par le bateau à vapeur qui part jeudi prochain. Nous allons donc, contre nos habitudes, faire une longue navigation.

Mais nous y trouvons une si grande économie de temps que nous ne devons pas hésiter. Nous irons d'abord en 42 heures à Ystad ; puis, par un autre bateau, de cette ville à Stettin en Poméranie, d'où un chemin de fer nous amènera à Berlin. C'est là que je fermerai cette lettre et te dirai comment cette longue navigation se sera terminée.

Ystad, 24 août 1845. — Avec les voyages de mer on ne peut compter sur rien ; à peine avions-nous quitté Stockholm, le jeudi dernier 21 août, qu'il s'est élevé un fort vent de sud-ouest qui le soir même s'est converti en une affreuse tempête... La Suède, depuis Stockholm jusqu'à l'île d'Oland, est bordée de milliers d'îles qui forment une ceinture continue autour de la côte ; ces îles sont très rapprochées, on y navigue au moyen de pilotes qu'on prend de distance en distance qui connaissent toutes les passes et on se trouve ainsi à l'abri de tous les vents. C'est ainsi que nous fîmes route toute la journée de vendredi. Le vent n'ayant pas diminué, il nous fallut chercher, à l'approche de la nuit, un endroit propre à jeter l'ancre ; car il est de toute impossibilité de naviguer pendant la nuit au milieu de rochers tellement rapprochés qu'on passe souvent entre des îles qui ne sont pas éloignées de 30 mètres. En faisant cette recherche, le pilote eut la maladresse de nous faire échouer sur un banc de sable. Heureusement la force de nos roues suffit pour nous faire sortir à reculons de ce mauvais pas.

La nuit se passa fort bien et le samedi matin, le vent ayant beaucoup diminué, nous pûmes nous hasarder à gagner le large. Vers 10 heures du matin, nous entrâmes dans le canal bien allongé qui se trouve compris entre la Suède et l'île d'Oland.Là, nous trouvâmes une meilleure mer et quand nous en débouchâmes le soir à 6 heures vers le sud, nous trouvâmes la mer très calme; de là à Ystad le trajet fut excellent et nous y arrivâmes à 9 heures du matin. Le bateau qui devait nous conduire à Stettin nous avait attendus, et j'espère que nous serons demain à Stettin à 8 heures du matin.

Halberstadt, Oscherleben, Wolfenbuttel, 29 août 1845. — Nous commençons à nous rapprocher de la France et, depuis l'expédition de ma dernière lettre, nous voilà arrivés au pied du Hartz où nous allons faire une petite apparition. Le Hartz est une grande chaîne de montagnes où j'ai fait mon premier voyage comme élève de l'école des mines et que j'aurai du plaisir à revoir.

. . . . . . , ...

Clamthall, 29 août 1845. — Nous arrivons à bon port après une journée très bien remplie. J'ai retrouvé le Hartz plus beau que jamais. Saint-Léger est comme moi dans l'admiration. Si Dieu nous prête vie, nous ferons en famille un petit voyage dans ce pays; dans trois ans on pourra y venir sans fatigue en deux jours de Paris.

Aix-la-Chapelle, 9 septembre 1845. — Je suis heureusement arrivé ici depuis plusieurs jours. J'y ai rejoint M. Demidoff qui y était déjà arrivé depuis un mois avec toutes les personnes qui concourent avec lui à la direction de la tutelle de son neveu ; on m'attendait avec grande impatience depuis longtemps. . . . .
Nous sommes logés ici dans un des meilleurs hôtels

de la ville, où nous formons une sorte de colonie. M. Demidoff y occupe douze chambres pour lui et les siens, parmi ceux-ci se trouve le prince Napoléon, frère de sa femme. Nous déjeunons et dînons tous les jours ensemble et passons notre temps assez agréablement autant que le permet du moins la presse des affaires. Nos dîners sont très gais, le prince Napoléon est bien jeune d'âge (23 ans), mais encore plus jeune de pensée. Il est très ardent républicain et cela donne lieu avec M. Anatole à des discussions très plaisantes. Le prince est ici traité comme une Altesse; impériale, on lui dit Monseigneur, on le sert le premier à table, même avant les dames non Altesses; il est du reste fort bon garçon et point du tout guindé dans sa dignité. . .

Aix-la-Chapelle, 16 septembre 1845.

. . . .

J'ai mené ici avec Drut une vie bien sédentaire. Je me lève à 6 heures, je travaille jusqu'à 11 heures après avoir pris une tasse de café; à 11 heures, je partage, quand M. Demidoff est ici, le déjeuner de famille avec le prince Napoléon et un ou deux amis qui se trouvent toujours là de passage. Je reprends ensuite le travail jusqu'à 6 heures; nous allons généralement nous promener dans les environs, qui sont charmants, jusqu'à 7 heures où nous prenons un très succulent dîner. Le soir je cause jusqu'à 10 heures, puis je vais me coucher.

Il y a trois jours, nous avons fait un extra en allant visiter des mines de houille dans les environs. Le prince Napoléon et M. Demidoff m'avaient beaucoup pressé de faire cette course avec eux et n'avaient pas voulu me croire quand je leur affirmais que la course serait fort pénible. J'ai cédé et les ai promenés pendant

4 heures dans une mine profonde de 65o pieds. Il leur a fallu descendre par des échelles, recevoir de nombreuses douches dans les endroits où suintaient les sources, marcher pendant 3/4 d'heure dans des galeries boueuses, et enfin, pour compléter les 'impressions de voyage, circuler pendant quelque temps dans une taille où la couche de charbon n'a que 18 pouces d'épaisseur. On ne peut avancer dans une pareille couche, quand le charbon est enlevé, qu'en rampant sur le ventre ou sur le dos, se poussant avec ses pieds, et en circulant avec précaution entre les petits étais de bois qui empêchent le terrain supérieur de tomber sur le promeneur et de l'écraser.

M. Demidoff a très bien supporté toutes ces fatigues, mais le prince Napoléon, qui est déjà très replet, quoique très jeune, était tellement fatigué, mouillé et noirci en arrivant au jour, qu'il ne sera vraisemblablement disposé de longtemps à recommencer une pareille campagne.

. . . .

ITALIE — AUTRICHE-HONGRIE

(1846)

Pont-Saint-Martin. — Dimanche dernier, 7 de ce mois, après avoir terminé la visite des établissements qui nous avaient attirés en Savoie, nous avons quitté de bonne heure Bourg-Saint-Maurice. Nous avions 4 mules et 2 guides pour faire l'ascension du Petit-Saint-Bernard.

Nous ne pûmes partir qu'à 9 heures et nous n'atteignîmes qu'à 6 heures 1/2 l'hospice qui est situé au sommet du col et où l'on fait toujours une station aussi bien obligée pour les hommes que pour les bêtes. Rien n'est plus piquant qu'une pareille entreprise pour ceux qui n'ont point passé par cette épreuve. Toutefois, elle ne laisse point que d'être assez pénible pour les Parisiens qui n'ont jamais franchi d'autres hauteurs que celle de la butte Montmartre ou du Mont Valérien.

Nous mîmes environ 2 heures 1/2 pour arriver à la dernière bourgade habitée qui se nomme Saint-Germain. Peu de temps après, les forêts de sapins et de mélèzes furent remplacées par des pâturages à herbe rare qui pendant l'été sont habités par des troupeaux de vaches. Vers midi, nous commençâmes à rencontrer çà et là des lambeaux de neige qui devinrent de plus en plus grands et envahirent peu à peu la route que nous suivions; bientôt on ne vit plus que de rares pelouses et des pointes de rochers isolés au milieu d'une nappe de neige presque continue.

C'est en ce point que l'aspect des montagnes alpines est tout à fait extraordinaire. De tous les plis de terrain s'échappent en bouillonnant des milliers de ruisseaux qui atteignent bientôt la région herbue et s'y détachent comme le feraient des rubans d'argent. Mais ces rubans, qui de loin semblent n'être que des fils juxtaposés, sont, lorsqu'on en approche, de terribles torrents qui roulent des blocs gros comme des maisons. D'un seul coup d'œil nous pouvions embrasser plusieurs centaines de ces torrents dont un grand nombre présentent plusieurs cascades successives.

L'hospice est à l'entrée du col qui s'étend en dos d'âne entre deux séries de montagnes fort élevées couvertes de neiges éternelles. A cette époque de l'année les neiges formaient encore dans le col même une nappe épaisse de 5 à 10 mètres; l'hospice n'était déblayé qu'en partie et la neige s'élevait encore au niveau du toit de la chapelle.

Après dîner nous congédiâmes trois mules sur lesquelles nous avions gravi les montagnes, sur l'assurance qui nous fut donnée par les religieux de l'hospice que la descente était beaucoup plus facile à pied qu'à dos de mulet. Nous ne gardâmes qu'un guide et la mule qui portait notre bagage et partîmes vers 2 heures 1/2, nous engageant dans l'immense plaine de neige qui se trouve dans le fond du col.

A 1/2 lieue de l'hospice nous trouvâmes un chemin horriblement difficile parce que nos pieds enfonçaient dans la neige fondue par la chaleur ardente du soleil. Notre pauvre mule enfonçait à un moment, jusqu'au ventre. Il fallut la décharger et porter nous-mêmes nos malles et nos paquets. Notre guide ne put nous servir à rien ; il ne savait que jurer, se désoler et rouer de coups la pauvre bête. Nous aurions couché sur place si nous ne nous étions mis à diriger l'expédition.

Comme nous sommes tous bons marcheurs, cette mésaventure ne fut qu'une partie très gaie, bien qu'en auteur véridique je doive convenir que nous éprouvions parfois une certaine émotion à entendre les torrents mugir sous la croûte de neige en partie fondue sur laquelle nous passions. Lorsque nous eûmes descendu pendant une demi-heure, les petites prairies d'herbe fine commencèrent de nouveau à se montrer comme de petites îles au milieu de la mer de neige. Nous fûmes alors bien dédommagés de nos peines par la vue de la plus admirable végétation qui se puisse concevoir. Le fond de gazon vert émeraude était émaillé de petites fleurs aux formes les plus gracieuses : la gentiane au bleu beaucoup plus vif que celui des bluets, une primevère d'un rose admirable, de petites renoncules jaunes, des saxifrages blancs, des violettes admirables. Bien que pressés par le temps, nous ne pûmes nous défendre de l'envie de faire une petite moisson de toutes ces jolies fleurs dont je rapporte une collection.

De cette région de plantes alpines jusqu'au premier bourg habité il nous fallut consacrer 1 heure 1/2 à la descente. Là nous changeâmes nos mules et arrivâmes enfin à la nuit tombante au bourg de Prest-Didier. Le lendemain de bonne heure nous nous réunîmes, à Aoste, au chef de l'Administration des mines du Piémont qui a voulu venir au devant de moi et m'accompagner dans toutes mes courses jusqu'à Turin. Depuis ce temps nous parcourons cette vallée riche en forges et où, grâce à notre nouveau compagnon M. Despine, ancien élève de l'École polytechnique, nous trouvons partout un excellent accueil. Nous sommes en ce moment établis chez un riche maître de forges de la vallée, Français d'origine, établi depuis 50 ans dans le pays, et où nous nous reposons de nos fatigues. Samedi soir nous devons arriver à Turin. . . . .

Milan, 17 juin 1846.

. . . .
Mon séjour à Turin a été fort agréable. Nous y avons été très bien accueillis par diverses personnes et nous avons reçu toutes sortes de politesses des hommes les plus considérables du pays. Si je voyageais pour voir les gens au lieu de m'attacher aux choses, comme je dois le faire, j'aurais à chaque station mille occasions d'entretenir des relations instructives. C'est ainsi que nous avons eu d'excellents rapports avec le ministre de la justice, ancien élève de l'École potytechnique, qui, ayant dîné les premiers jours avec nous dans une maison, est venu nous voir à notre hôtel.

Nous avons été conduits par notre excellent compagnon de voyage, M. Despine, dans la grande salle du palais royal de Turin où le roi passe le dimanche avec sa cour et sa famille pour aller entendre la messe. Nous avons même assisté à la messe qui n'a duré, montre en main, que dix minutes.

Nous avons ensuite été nous promener dans le jardin public où le beau monde de Turin était réuni. Les femmes y étaient fort bien mises. Les chapeaux étaient à la dernière mode de Paris et les robes étaient dans le même cas.

Nous avons eu le soir la procession de la Fête-Dieu

qui, à raison de l'extrême chaleur du jour, a lieu à 7 h.
du soir. C'est un magnifique spectacle comme nous
n'en pouvons voir en France. Il y avait en tête de la
procession environ 1000 dames ou demoiselles en blanc
sur 2 rangées tenant chacune un cierge qui reste pour
la paroisse et escortant les bannières de diverses con-
fréries religieuses. Les dames tiennent par la main des
centaines de petites filles de 3 à 5 ans, toutes vêtues de
bleu, de rose et de blanc et couronnées de fleurs. Ce
qu'il y a de plus curieux, c'est de voir au centre de la
procession des *Madeleines*. Ce sont des dames vêtues
de bure, les cheveux longs épars sur le dos et les épaules,
marchant pieds nus, et tenant dans la main un crucifix ;
toutes les Madeleines, au nombre de plusieurs douzaines, étaient fort avenantes. La vue de cette longue file
de lumières, de femmes, d'habits dorés, de prêtres,
offrait un spectacle magnifique.

Nous sommes arrivés ce matin à Milan, après avoir
parcouru un des plus beaux pays de la terre. La plaine
qui s'étend entre les deux capitales, sur la rive gauche
du Pô, est baignée par un nombre infini de rivières
qui tombent des Alpes et par une grande quantité de
canaux d'irrigation que l'on dérive des cours d'eaux
principaux pour aller arroser toutes les cultures. Cette
réunion d'un soleil ardent, d'eaux abondantes, d'un sol
profond et fertile donne des résultats extraordinaires.
Le sol disparaît absolument sous une épaisse couche
de verdure, de champs de maïs, de froment, de
seigle, séparés par d'innombrables haies sur lesquelles
s'élancent des pampres de vigne. Ces sortes de haies
alternent avec de nombreuses rangées de mûriers. A
chaque pas on trouve une maison dans laquelle on
élève des vers à soie, qui terminent en ce moment leur

travail. Tous les animaux, et particulièrement les bœufs, se ressentent de cette prodigieuse fertilité du sol et nous en profitons pour quitter la viande de veau et nous rejeter sur le beefteack dont nous étions privés depuis longtemps.

J'ai déjà jeté un premier coup d'œil sur Milan en allant visiter les personnes que j'avais à voir ici. La ville présente réellement l'aspect d'une capitale. Le dôme de la cathédrale vaut encore mieux, s'il est possible, que sa réputation. La cathédrale de Cologne, si jamais on la termine, pourra seule l'emporter sur celle-ci. En attendant, le Dôme de Milan, qui a l'avantage d'être complètement terminé, me paraît être sans rival. Il faudrait traverser les Alpes rien que pour l'admirer.

Vogogne, 18 juin 1846.— Nous avons fait bien du chemin depuis hier.

La route de Milan à Domo d'Ossola est tracée dans un des plus splendides pays de la terre.

Elle longe le lac Majeur et les célèbres îles Borromées. Nous nous sommes crus souvent transportés un an en arrière dans les montagnes de la Suède et de la Norvège. Le ciel est plus beau dans ce pays-ci, mais les forêts sont plus belles en Suède, le pays moins poussiéreux et le soleil moins brûlant ; en somme il y a compensation et, pour avoir joui des plus belles vues pittoresques de l'Europe, il faut avoir vu les deux pays.

Bateau à vapeur, lac de Côme, entre Côme et Dango, 22 juin 1846.— Depuis Domo d'Ossola nous avons rétrogradé pour entrer dans la région des lacs de la haute Italie.

Notre société s'est renforcée à Turin de mon ancien

élève Ubbaldino Perruzzi (1), de Florence, qui a bien voulu s'associer à moi pour me servir d'interprète en Italie. Cette adjonction nous a été fort agréable à tous ; notre nouveau compagnon est d'un excellent caractère, très gai, et nous est particulièrement utile dans un pays où la langue française commence à être peu comprise.

A partir de Serto Calente on commence à longer les bords du lac Majeur digne de sa grande réputation. Au bout du lac on entre dans la magnifique vallée de la Toce, dans laquelle Napoléon a fait construire la superbe route du Simplon.

Les mines d'or que nous allions voir dans la vallée de la Toce, au-dessous de Domo d'Ossola, nous ont occupés deux jours et valaient bien la peine que nous nous sommes donnée pour aller les chercher. Le travail a conservé dans la montagne le caractère qu'il avait vraisemblablement dès l'époque de la domination romaine. Les méthodes y ont une simplicité si primitive que les ouvriers travaillent en plein air.

Les forêts du haut Tessin sont encore magnifiques. Les bois arrivent par flottage sur le lac qui est couvert d'une quantité innombrable de bateaux qui transportent dans toutes les directions les denrées, le bois et les matériaux de constructions. Le marbre et le granit servent ici de pierres à bâtir. Milan tire en grande partie du lac Majeur tous les éléments de sa subsistance par le canal appelé « Naviglio-Grande ». C'est par lui que les beaux marbres employés pour la construction de la cathédrale de Milan ont été apportés de la vallée de la Toce : il en est de même pour le bois de chauffage, qui arrive en totalité du Tessin.

(1) U. Perruzzi fut le premier syndic de Florence en 1860.

D'Intra en Piémont nous nous sommes rendus à Laveno, situé de l'autre côté du lac dans la Lombardie autrichienne. La traversée se fait dans de petits bateaux menés par deux hommes qui se tiennent debout se servant chacun de deux très grandes rames et agissant à l'arrière. Les deux rameurs s'entendent si bien, ils sont si adroits que le bateau, poussé de cette façon et sans l'aide d'aucun gouvernail, avance dans une direction parfaitement rectiligue.

. . . .

Lecco (lac de Côme), 29 juin 1846.

. . . .

Après avoir traversé la presqu'île comprise entre les deux lacs, nous nous sommes embarqués sur le lac de Côme sur un petit bateau à vapeur qui nous a conduits à Dongo, où nous allions voir des usines de fer. C'est dans ce trajet que je t'ai écrit. Dongo est placé dans la situation la plus admirable. Il fallut l'intervention d'un personnage considérable de l'endroit auquel nous étions recommandés pour que l'aubergiste se décidât à s'occuper de notre gîte et de notre repas. Le mets fondamental dans cette partie de l'Italie est ce qu'on appelle la *polenta*, c'est une bouillie jaune safran composée de farine de maïs cuite avec de l'eau et du sel.

Tous les gens du pays sont passionnés pour cette nourriture, qu'ils préfèrent de beaucoup au pain. La bouillie amenée à l'état de pâte demi-ferme est mangée avec du fromage qui sert d'assaisonnement comme la charcuterie de Paris sert d'assaisonnement au pain pour la classe ouvrière.

Les classes bourgeoises vivent principalement d'une

soupe au riz qui se compose de riz cuit très ferme avec un peu de beurre ou de viande et quelquefois seulement avec du sel et beaucoup d'eau. On ne peut donner au résultat le nom de bouillon, car c'est simplement de l'eau chaude dans laquelle la saveur du corps gras ne se fait même pas sentir. C'est un mets sain et assez nourrissant, mais qui a quelque chose de désagréable pour un palais parisien accoutumé aux soupes succulentes. M. Peruzzi est tellement friant de ce plat, qu'on appelle ici *minestra*, qu'il ne mange pas autre chose, même lorsque nous rencontrons un bon dîner ; il laisse le meilleur bœuf de côté pour manger 5 assiettes combles de ce riz. Comme j'ai pour principe de me plier autant que possible aux habitudes des pays que je parcours, je mange chaque jour deux assiettes de minestra (qui revient régulièrement matin et soir), mais je le fais seulement pour l'acquit de ma conscience et je crains bien de ne pas être tout à fait converti au riz à l'eau grasse quand j'arriverai dans une région nouvelle caractérisée par d'autres habitudes culinaires.

Nous avons étudié avec grand zèle les choses qui nous attiraient à Dongo pour en partir plus vite. Après un séjour de 36 heures, nous avons frété une barque conduite par deux hommes, qui devait nous faire arriver à Varenna le soir même, sur la rive orientale du lac, entre Bellano et Lecco. Mais il en est des lacs comme de la mer, il est difficile de compter sur l'avenir le plus prochain. A mi-chemin du trajet, le patron de la barque nous fit observer que des vapeurs qui couvraient les montagnes situées au midi du lac étaient d'un mauvais augure, et en conséquence il s'empressa de gagner la rive opposée pour la longer au lieu de se diriger en ligne droite sur Varenna.

C'est en arrivant ainsi sur la rive orientale que je vis, pour la première fois, des pêcheurs à la ligne obtenir un résultat appréciable pour l'observateur qui n'est pas décidé à prendre racine sur le lieu de la pêche. Le poisson, attiré par les eaux fraîches d'un petit torrent, affluait sur ce point en telle quantité que dix pêcheurs, échelonnés dans un espace de 5o m., tiraient chacun un poisson de l'eau une demi-minute après que la ligne y était rejetée. La mémoire d'une pareille pêche se conserverait certainement dix siècles, si elle avait jamais lieu pour les patients amateurs qui exploitent la Seine entre les ponts d'Austerlitz et d'Iéna.

Pendant que nous longions timidement la rive orientale du lac, la rafale qui avait fatigué notre bateau pendant quelque temps avait cessé et le temps était assez beau lorsque nous passâmes devant Bellano. Cependant le patron, se ravisant tout à coup, nous déclara qu'il ne lui semblait pas prudent d'aller plus loin et, virant de bord, il se dirigea dans la jetée de Bellano. Paul Benoist, qui a encore un peu l'inexpérience de la jeunesse, se récria d'abord beaucoup, la vue du lac était admirable, une excellente auberge nous était promise à Varenna ; c'étaient deux motifs puissants pour obliger le patron à continuer. Mais comme j'ai pour principe de ne jamais faire violence à un marin en pareil cas, fût-il un marin d'eau douce, j'interposai mon autorité pour faire adopter l'avis du patron.

Bien nous prit de suivre son conseil, car un 1/4 d'heure après il s'élevait une affreuse tempête qui nous aurait mouillés jusqu'aux os si elle n'avait fait pis. Le lendemain, à 5 heures, nous louâmes une voiture qui nous amena à 4 heures à Lecco au·sud du lac, dans la branche orientale opposée à celle où est située la ville de Côme. La route que nous suivions est la plus luxueusement construite que je connaisse en Europe. Elle est presque constamment taillée à la base de magnifiques rochers calcaires qui viennent plonger dans le lac, et dont les sommets montent à des hauteurs de 1500 à 2000 mètres. Un dixième de la route environ est creusé souterrainement dans le rocher, et ces petits souterrains sont éclairés au moyen de plusieurs autres souterrains situés à angle droit sur la route et qui vont déboucher sur le lac au travers du rocher dans lequel ils forment autant de gigantesques fenêtres.

Lovere (sur le lac d'Iseo), 4 juillet 1846. — MM. Benoist et Saglio, qui désiraient beaucoup voir Venise en détail, nous ont quittés pour nous devancer dans cette ville, en sorte qu'ils seront privés de tout le plaisir que nous avons trouvé dans ce beau coin de l'Italie. Je suis resté seul avec M. Perruzzi, qui remplit consciencieusement les fonctions d'interprète et qui d'ailleurs est un métallurgiste zélé. Nous venons de remonter le Val Serio jusqu'à sa source pour y visiter des forges et des aciéries fort intéressantes. . . . .
Nous sommes descendus ensuite dans une petite ville nommée Lovere qui n'est habitée que par des forgerons dont l'industrie consiste à faire toutes les bandes de roue de l'Italie; ces roues sont façonnées à froid et le tapage produit par le martelage est si grand que tous les ouvriers sans exception deviennent sourds avant 50 ans. Le travail devant la fournaise où l'on prépare le fer est si fatigant pour les yeux dans ce climat que les ouvriers deviennent infailliblement aveugles dans leur vieillesse. Aussi, pour éviter cette nouvelle infir-

mité, se retirent-ils du métier dès qu'ils ont acquis l'état de surdité.

Povera n'est qu'à deux pas de Lovere, nous nous y sommes rendus à pied, en suivant les bords de la petite rivière qui donne le mouvement à toutes les forges. Nous avons joui dans le trajet d'un des plus beaux spectacles que l'on puisse voir. Le torrent, avant d'atteindre le lac, passe dans des gorges de montagnes d'une hauteur immense. La route circule sur leurs pentes à environ cent cinquante mètres au-dessus du torrent. Celui-ci s'est frayé un passage au travers des roches, qu'il a usées peu à peu sans élargir l'ouverture, en sorte qu'on a pendant une demi-lieue le spectacle unique d'une fente verticale de cent mètres sur le bord du précipice. On ne peut voir ses eaux, parce que les buissons qui croissent des deux côtés se rejoignent et forment une sorte d'écran, mais on les entend mugir avec un fracas épouvantable. En jetant une grosse pierre dans le précipice, on entend celle-ci frapper cent fois en rejaillissant d'un côté à l'autre comme une bille de billard, pendant un instant on n'entend plus rien parce que les parois du rocher s'écartent davantage à quelque distance de l'eau ; on l'entend enfin tomber dans l'eau avec un bruit sourd qui se distingue très bien du bruit clair que la pierre avait fait dans la première partie de sa chute. La route carrossable qui suit le bord de ce précipice a été construite sous Napoléon. Elle est entaillée sur les parois de l'une et de l'autre montagne, et passe fréquemment le précipice sur des ponts qui ont à peine deux mètres de largeur.

En sortant de ces gorges, qui ont l'aspect le plus sauvage et le plus sévère, on tombe tout à coup à l'improviste, au détour d'un rocher, sur une plate-forme d'où on peut embrasser d'un coup d'œil tout le lac d'Iseo avec ses belles eaux et ses riantes villas. Nous avons joui de ce coup d'œil au moment où le jour baissait un peu et où la lune éclairait déjà le paysage. Les sentiers et les routes aboutissant au lac étaient couverts d'une population pittoresque comme le pays, et surtout de jeunes filles, sortant des filatures de soie, qui chantaient en chœur, avec des voix et un sentiment musical inconnus chez nous, des airs nationaux. J'ai déjà vu beaucoup de belles choses, j'en ai vu d'aussi belles en d'autres genres, mais je n'ai jamais rien vu d'aussi beau que cette arrivée sur le lac.

C'était là la belle Italie dans toute la force du mot sans les mécomptes, la pluie, le vent, la poussière, la chaleur, etc..., qui presque partout tempèrent le sentiment d'admiration avec lequel on jouit en voyage des choses qui ont une réputation classique.

Nous avons même l'avantage de n'avoir pas été prévenus de tout ce que nous voyions et, pour comble de bonheur, nous avons trouvé ici une auberge excellente où étaient réunies des conditions assez rares en Italie : propreté, bons lits, bonne nourriture, service agréable.

Il faut ajouter à l'éloge que j'ai fait que la population est ici d'une admirable beauté. Les femmes présentent presque toutes le type dont on voit de si beaux exemples dans les tableaux du Titien et des autres peintres de l'école vénitienne. Sous ce rapport, nous avons trouvé une transition brusque entre le Milanais et les anciens états vénitiens que nous parcourons en ce moment. Les femmes ont généralement le nez aquilin, de grands yeux avec un sourire très doux, de belles dents, des cheveux noirs parfaitement nattés en tresse, noués très bas derrière la tête et qui tombent même sur le cou. Ils sont tenus au moyen de grandes et nombreuses aiguilles à grosses têtes de nacre disposées en éventail.

Étant allé voir hier soir un fabricant de soie qui a chez lui, pendant la saison de la filature, soixante-dix jeunes filles casernées à la maison, nous avons vu une admirable collection de beautés qu'on trouverait difficilement ailleurs. Le troupeau était rassemblé dans la cour de la filature au clair de lune chantant à pleine voix avec un véritable sentiment de l'harmonie.

. . . .

Venise, 10 juillet 1846.

. . . .

La fin de mon voyage dans les montagnes de Brescia et de Bergame a été aussi heureuse et aussi fructueuse que le commencement; j'ai eu grand plaisir en revenant ensuite dans la plaine, où j'ai débouché par Salo et Devenrano, à traverser les plus beaux champs de bataille de la célèbre campagne d'Italie de 1796 et 1797.

. . . .

Je vis surtout avec un vif intérêt, à quelque distance à l'est de Vérone et près du petit ruisseau nommé l'Aspose, la tour du sommet de laquelle Bonaparte a commandé les mouvements de la longue bataille de cinq jours commencée à Caldièro, continuée à Arcole et finie sur la grande route de Vérone à Vicense. Une lecture récente m'ayant rappelé à l'esprit tous ces événements, j'ai doublement joui de la vue de ces localités à jamais célèbres.

La vue de Venise n'a point été au-dessous de l'idée que je m'en faisais, et c'est chose rare en voyage pour les lieux célèbres. Je ne me figurais même pas complètement l'originalité vraiment extraordinaire de ce prodigieux effort de l'homme. La ville est séparée de la terre ferme par une nappe d'eau large au moins de 2 à 3 kilomètres. Toute la ville est bâtie sur pilotis. Les rues proprement dites sont absolument inconnues; il n'existe que de petites ruelles entre les rangées de maisons qui bordent les canaux qui se coupent à angle droit, à peu près comme nos rues, de sorte que chaque massif ou quartier est une île de forme carrée. Les gondoles constituent l'unique moyen de transport et elles sont employées beaucoup plus que les voitures de place à Paris. Elles sont d'ailleurs beaucoup moins chères, puisqu'une gondole à la journée coûte 3 fr. 40; on paie environ 0 fr. 80 pour une course et la ville est fort grande.

Devant chaque maison se trouve un petit vestibule qui communique avec le canal par plusieurs marches parce que le niveau de l'eau varie un peu en raison de la marée qui se fait sentir assez pour que le courant soit appréciable dans les canaux. Ce courant est favorable au nettoyage de la ville. Les canaux sont suffisamment propres et n'émettent pas d'odeur désagréable.

Les gondoles sont d'une jolie forme très allongée, ayant environ 7 mètres de longueur, 1 mètre 20 de largeur et chaque extrémité est recourbée en crochet d'une manière gracieuse. Au milieu se trouve sur toute la largeur une petite chambre où l'on se tient étendu sur des coussins de cuir ou d'étoffe plus précieuse, suivant la qualité des personnes.

Au centre de la ville existe un immense canal large

de 60 mètres environ qui est à Venise ce que le boulevard est à Paris. Il a la forme d'un S et aboutit à l'endroit où le port de Venise communique avec la mer Adriatique. Les belles façades des maisons et des palais sont situées sur les canaux; celles qui bordent le *Canal Grande* sont généralement magnifiques.

C'est là que se trouve cet admirable groupe d'édifices qui comprend le palais ducal, l'église Saint-Marc et la Grande place. C'est vers cette partie de la ville qu'affluent le soir les gondoles qui amènent le beau monde. Ce beau monde séjourne dans les cafés qui avoisinent la place et se promène jusqu'au milieu de la nuit. L'on vit si complètement dans les cafés que l'un de ces établissements n'a jamais fermé une minute depuis trois siècles. La vue de cette foule élégante, à 9 heures du soir, est un coup d'œil ravissant au milieu de ce ensemble d'édifices qui n'a pas son pareil au monde.

Le palais ducal est bien connu par les innombrables gravures qui en ont été faites; mais ce qu'on ne peut soupçonner c'est l'immense quantité et l'incroyable perfection des peintures dont il est orné. On ne peut se faire une idée de la valeur des peintres vénitiens, le Titien, le Tintoret, les Palma, Bonifacio, Paul Véronèse, que lorsqu'on a vu le palais ducal. Le Tintoret est aussi admirable qu'André del Sarte l'est à Florence; l'un et l'autre sont également inconnus des personnes qui n'ont pas vu ces deux villes.

L'église Saint-Marc diffère encore plus de tout ce que l'on a vu ailleurs. Tout y est en mosaïque et en marbre, depuis les pavés jusqu'aux voûtes et aux peintures. On pourrait aisément passer 8 jours à en admirer les détails.

En somme : je crois que Venise est la plus agréable

ville d'Italie. Je conseillerai à toute personne qui désire se reposer d'un travail assidu de venir passer un mois ici. La vie en gondole dispose parfaitement à ne rien faire et ce n'est pas sans raison que les Vénitiens sont réputés les gens les plus paresseux de toute l'Italie.

On a d'ailleurs ici toutes lés ressources désirables. La ville est un port franc où les marchandises d'Angleterre et de France arrivent sans payer de droits. On peut donc les avoir à aussi bon marché que dans le pays producteur.

La vie matérielle est à bon marché. Dans le meilleur hôtel de la ville, je paie 3 francs une chambre qui a 2 fenêtres sur le Canal Grande et qui a l'aspect le plus agréable. Le déjeuner et le dîner coûtent 4 fr. 5o. L'hôtel est un ancien palais décoré de magnifiques peintures et de sculptures de maîtres distingués. La salle à manger est une splendide pièce de 15 mètres sur 18 m., haute de 11 mètres. A 6 mètres 5o environ règne une galerie décorée d'une fort belle balustrade sculptée; la coupole est formée d'une fresque encadrée dans de belles sculptures dorées. C'est la plus somptueuse salle à manger que j'ai vue de ma vie dans un hôtel. Nous partons ce soir par le bateau à vapeur pour Trieste.

Neumarkt (Carniole), juillet 1846. — Notre voyage a continué de la manière la plus heureuse, et pour les études que j'avais en vue de la manière la plus fructueuse. La traversée de Venise à Trieste a été très agréable et nous avons eu la chance d'arriver par un calme parfait ou par un vent médiocre deux heures avant de voir éclater un orage épouvantable qui dura 24 h.

Après avoir été débarrassés enfin des insupportables formalités de Trieste, nous sommes partis pour Vienne.

Nous avons quitté la diligence avant Laybach pour voir une riche mine de mercure qui se trouve à Ydria. C'est la plus riche mine de ce métal avec celle d'Almaden, en Espagne.

J'ai trouvé à Ydria une lettre de l'ambassadeur de France à Vienne qui, sur la demande de M. Guizot, m'y adressait une lettre émanant de la chambre Aulique de Vienne et qui a pour objet de m'ouvrir l'entrée de tous les établissements de mines appartenant au gouvernement autrichien.

J'ai encore comme compagnons MM. Benoist et Saglio. Ils ont pris goût à la métallurgie et, au lieu de me quitter à Venise, comme ils devaient le faire, ils se sont décidés à m'accompagner jusqu'à Vienne. Malheureusement nous avons perdu M. Perruzzi qui, ayant accompli à Venise ses fonctions d'interprète jusqu'aux limites de l'Italie, est retourné en Toscane en faisant encore une pointe dans les montagnes du Tyrol.

Maintenant nous allons remonter la vallée de la Drave. Nous passerons à Klagenfurth, capitale de la Carinthie, et de là nous nous dirigerons vers le nord pour gagner la Styrie.

. . . .

Les gens du pays dansent à mort les valses de Strauss qui sont tout à fait populaires dans les États Autrichiens. Les filles sont très jolies, ont un costume très pittoresque et, là comme ailleurs, le lundi est fêté par les ouvriers au moins à l'égal du dimanche. . . . .

Bleyberg (en Carinthie), 26 juillet 1846.

. . . .

De Tarvis nous avons fait dans la grande chaîne une excursion pour voir l'usine impériale de Raibl et le même jour nous nous sommes rendus à Bleyberg. La vallée est fort célèbre par ses mines de plomb. Bleyberg est tout à fait digne de son nom, qui signifie montagnes de plomb. Il y a plus de 700 concessions de mines qui sont tellement rapprochées que la montagne, percée au moins d'un puits ou d'une galerie dans chaque concession, ressemble à une taupinière. Comme le Hartz, le Bleyberg est uniquement appliqué à l'industrie des mines. Tous les habitants y sont mineurs ou fondeurs.

Le costume des hommes est à peu près le même que celui des mineurs de la Saxe : pantalon de toile noire serré à la ceinture par un cuir qui, par devant, se boucle et a la forme d'une ceinture ordinaire ; par derrière au contraire le cuir est très long et arrondi et préserve toute la partie correspondante du pantalon et du corps quand les ouvriers sont obligés de s'asseoir ou de se traîner dans les mines qui sont ordinairement très humides et tapissées de cailloux à angles saillants. La veste en toile noire, avec quelques broderies au collet et aux épaules, se serre comme le pantalon au moyen de la ceinture. Le costume est complété par un bonnet qui a à peu près la forme d'un schako et qui est fortement rembourré pour préserver la tête contre le choc des cailloux qui tombent souvent du sommet des galeries, ou contre le choc extrêmement désagréable qu'on est exposé à recevoir en marchant rapidement dans des galeries de mines très basses.

La contrée étant éloignée des routes parcourues par les voyageurs, la police autrichienne n'a point jugé convenable d'établir les vérifications de passeports qui sont si insupportables dant la haute Italie.

Les auberges sont tolérables, souvent bonnes, la propreté y est suffisamment observée. On boit partout un vin blanc jaunâtre très semblable aux vins du Rhin et de Moselle et qui est fort rafraîchissant dans cette chaude saison.

Là comme partout on ne trouve guère à manger d'autre viande que du veau très jeune ; on y joint des mets de diverses sortes faits avec de la farine de maïs, du lait, des œufs, des salades de concombres et de diverses herbes. Le mouton est absolument inconnu, et c'est grand dommage, car il nous serait d'une grande ressource ; partout nous trouvons du sucre en pain et du café tolérable. Aussi notre déjeuner se compose-t-il en général de café au lait. Ici comme partout (excepté en France), les poulets sont détestables et nous repoussons régulièrement les offres qui nous sont faites à ce sujet. Les truites qui se trouvent parfois nombreuses dans les ruisseaux de montagnes font souvent la base de notre dîner. Nous nous trouvons quelquefois dans l'abondance, mais souvent aussi tout manque à la fois ; c'est ce qui nous arrive particulièrement pour le lait. Dans cette saison de l'année on envoie toutes les vaches sur les hauteurs pour ménager le foin des vallées. Il arrive fréquemment que nous ne pouvons trouver un verre de lait dans des villages qui possèdent plusieurs centaines de vaches.

. . . .

Landsberg, 7 août 1846.

. . . .

De Klagenfurth nous nous sommes rendus directement dans l'une des vallées situées au nord-est de la Carinthie, où se trouvent réunies les usines les plus importantes de cette partie des États Autrichiens. . .

Toute cette partie de notre voyage a été délicieuse. Toutes les vallées renferment des auberges passables et nous avons même eu le bonheur d'entrer près de Haltenberg dans une région où abondent les cerfs et les chevreuils. Le remplacement de la viande de veau par ces viandes succulentes nous a donné une très grande force motrice et nous avons fait sous cette influence de très longues courses à pied sans ressentir la moindre fatigue.

C'est ainsi que de Wolfberg nous sommes venus hier coucher ici en traversant la chaîne de Covalpen qui est élevée d'environ 1800^m. Nous avons constaté que l'on va beaucoup moins vite en voiture qu'à pied par des chemins qui ne sont souvent que des lits de torrent remplis de grosses pierres et où l'on a parfois à franchir des pentes de 35 centimètres par mètre. Nous avions à l'avance arrangé cette partie avec le wald-meister, c'est-à-dire, le directeur des forêts situées dans la montagne que nous voulions traverser : on nous avait commandé un dîner dans la forêt et deux forts gaillards avaient été mis à notre disposition pour porter le léger bagage que nous gardons avec nous.

En nous élevant au-dessus des cultures de la vallée, nous avons bientôt rencontré de magnifiques massifs de forêts régulièrement aménagés, composés principalement d'épicéa, de pin sylvestre, et de mélèze. A 1500^m environ de hauteur, la région du bois a cessé et nous sommes entrés dans la région de ces prairies en herbes courtes qui recouvrent dans cette contrée toutes les hauteurs où les arbres ne peuvent plus croître et qui sont délicieuses à parcourir dans cette saison de l'année.

On y trouve la végétation du printemps, une

verdure admirable, un gazon fin, doux aux pieds que les cailloux ont fatigués dans les pentes inférieures, enfin des eaux vives qui s'échappent de tous côtés. Ces prairies de hautes montagnes sont couvertes de bestiaux, car elles sont trop éloignées des habitations pour qu'on en puisse enlever le foin ; les bestiaux consomment donc les produits sur place ; nouvel agrément pour les voyageurs qui trouvent des tonneaux entiers de lait à la glace dans une région où manque toute autre nourriture.

On nomme en allemand ces prairies Alpen, et c'est de là qu'est venu le nom générique qui est donné à toutes les montagnes que nous suivons depuis la frontière de France et qui vont jusqu'à Vienne. En redescendant sur l'autre versant nous avons trouvé une série de montagnes et de vallées enclavées dans la chaîne et couvertes de forêts vierges comme celles de la Sibérie. Nous y avons vu des arbres qui ont de 3 à 5^m de circonférence et une hauteur de 35 à 48^m. Tout cela était si beau et si intéressant à observer que nous y avons passé trois heures de plus que nous ne l'avions projeté.

Les bois sont exploités dans cette région par des procédés extrêmement ingénieux. On pratique sur le sommet et sur la pente des montagnes d'énormes montagnes russes en bois qui franchissent les vallées intermédiaires à de grandes hauteurs, et qui transportent économiquement les bois à de grandes distances dans des points où on les carbonise et qui sont accessibles aux voitures. Ces montagnes russes se terminent souvent par un immense échafaudage situé à 45^m au delà d'une vallée et l'on voit accumulés à leurs pieds d'énormes tas d'arbres de 2 à 5 pieds de diamètre où

se trouvent réunis plus de 40.000 stères de bois (le ving-
tième de la consommation de Paris).

Nous avons fait au milieu de la montagne un passable dîner qui a cependant été attristé par la vue du
curé du lieu qui est venu nous voir à l'auberge et qui
était complètement ivre. C'était un spectacle repoussant
que de voir cet homme augmenter son ivresse en vi-
dant sans façon quatre grands verres de vin que nous
nous étions fait servir. Mais c'est le lot de l'humanité
que toujours quelque spectacle odieux dépare le plus
beau tableau. . . . .

Vordemberg, 9 août 1846. — Hier, nous avons
passé la journée dans la charmante vallée de la Mur,
dans une excellente auberge, jouissant d'un très beau
temps. Ayant terminé de bonne heure notre besogne,
nous nous décidâmes d'aller coucher à Vordemberg,
célèbre par ses mines de fer, où nous n'arrivâmes qu'à
9 h. du soir.

Nous eûmes la mauvaise chance de tomber un jour
de marché et de trouver l'unique auberge remplie de
gens buvant, mangeant et dormant. Nous pûmes à
grand'peine trouver une chambre où nous nous empi-
lâmes tous ensemble pour la nuit, mais cette chambre
était sans cesse traversée par des gens qui allaient se
coucher jusqu'à 1 h. du matin et qui, dès 4 h., ont commencé à se lever. Pour comble de malheur le temps,
qui jusque-là avait été au beau, a commencé à tourner
à la pluie et nous sommes claquemurés dans notre taudis au milieu d'une boue qu'il ne nous est guère possible de traverser. On se console de ces petites contrariétés en pensant que le principe des contrastes doit
amener pour le lendemain bon gîte et beau temps.

Eisenertz, 10 août 1846.—Vordemberg et Eisenertz sont situés sur les deux côtés opposés d'une très haute montagne qui est entièrement formée d'un magnifique minerai de fer que l'on exploite depuis des siècles et qui durera encore des milliers d'années. On l'exploite en carrières à ciel ouvert : il faut quatre heures au moins pour les parcourir de bas en haut sur la pente de la montagne qui a environ 2500 pieds de hauteur. Quelques-unes de ces carrières présentent une énorme falaise à pic composée entièrement de minerai sans aucun mélange de pierre stérile. C'est non seulement la mine la plus riche de l'Europe, c'est aussi celle qui donne le meilleur acier, avec lequel on fabrique des millions de faux qui se vendent dans toutes les parties du monde. Probablement les faux limousines en viennent en grande partie. . . . .

M. Saglio paraît toujours décidé à entreprendre avec moi la campagne de Hongrie, bien que celle-ci soit un peu rude. Les auberges et les moyens de communication y sont médiocres, et l'on se retrouve dans les conditions de voyage de la Pologue et de la Russie. Heureusement c'est un pays de forêts et le gibier devient une ressource importante pour la nourriture. Les cerfs, les chevreuils, les chamois, les daims commencent à être ici très abondants. Les coqs de bois, de bruyère, et les gélinottes sont aussi en grand nombre. Enfin la Hongrie étant un pays vignoble, il y a sous ce rapport des avantages qu'on ne connaît pas dans les pays septentrionaux où l'on n'a souvent que de bien mauvaise bière.

Le séjour que j'ai fait à Venise n'empêchera nullement celui que tu devais y faire. C'est la ville d'Italie

où le séjour est le plus agréable. On peut avoir, pour
8 fr. par jour, un magnifique logement de deux pièces
sur le canal Grande d'où l'on voit passer en gondoles
toute la société de Venise et qui est à certaines heures de
la journée aussi animé que le boulevard des Italiens.
Pour 3 fr. par tête, dans une magnifique salle à manger, on trouve un fort bon dîner. La salle est aussi
grande et aussi majestueuse que la salle des maréchaux
aux Tuileries. Pour 100 fr. par mois ou 4 fr. par jour,
on peut avoir à sa disposition une gondole depuis six
heures du matin jusqu'à minuit.

En sorte qu'une famille pourrait très bien aller à
Venise pour faire des économies. Chaque soir, nous
prenions sur la place Saint-Marc des sorbets et des
glaces qui coûtent 25 c. la pièce. On y trouve réunie
toute la belle société de Venise ; je suis certain qu'on
passerait un mois fort agréable à Venise en s'occu-
pant de l'étude des chefs-d'œuvre de l'École vénitienne
au palais Ducal, à la confrérie de Saint-Roch et dans
les principaux palais particuliers, sans se fatiguer
et sans dépenser beaucoup plus qu'on ne l'eût fait
chez soi. On ferait un voyage agréable en allant par
Turin et Milan, en revenant par la route du Tyrol,
Inspruck, la Bavière (Munich), le Wurtemberg (Stutt-
gart) et le pays de Bade.

. . . .

Vienne, 17 août 1846.

. . . .

Mon voyage est déjà fort avancé; dans quelques
jours, je cesserai de m'écarter de la France, et com-
mencerai au contraire à me rapprocher graduellement.
Je donne à maman dans la lettre ci-jointe quel-

16.

ques détails sur Vienne : j'ajoute ici que la seule
chose intéressante , ou pour parler plus exactement la seule chose qu'on ne puisse rencontrer ailleurs,
est le fameux Prater, promenade publique de Vienne,
vraiment digne de sa réputation.

Le Prater présente à la fois le caractère des Champs-
Élysées et du bois de Boulogne. Il est situé tout à côté
de la dernière maison de la ville comme les Champs-
Élysées commencent à la place Louis XV. Le Prater
se compose d'une grande allée avec deux contre-allées
bordées de magnifiques marronniers d'Inde. De part et
d'autre s'étendent à une distance assez grande, pour
que la vue ne soit arrêtée par aucune clôture, des
gazons magnifiques sur lesquels se trouvent disséminée
une innombrable quantité d'arbres de toute sorte. C'est
un splendide parc anglais dont la verdure est entrete-
nue par la proximité de l'eau, le sol étant peu élevé au-
dessus du Danube et étant riverain de ce fleuve. Les
gazons sont employés comme foins et aussi à nourrir
du gibier en prodigieuse abondance. On voit en se
promenant des cerfs, des faisans, des perdrix, des liè-
vres qui s'ébattent sur l'herbe et qui ne songent guère
à quitter un lieu où ils ne sont jamais inquiétés. Ils
regardent passer à dix pas les personnes, avec une
sécurité qui fait plaisir à voir.

En somme, j'ai lieu de me féliciter d'avoir fait un
voyage spécial en Autriche, les choses y ont un grand
intérêt. Les gens y sont excellents, le peuple autrichien
a tout à fait conservé, dans ses habitudes extérieures,
les mœurs qui ont disparu du reste de l'Europe. Ainsi
par exemple les gens viennent toujours saluer leur
chef immédiat en lui prenant le bras et en lui baisant
la manche. La même politesse est accordée par toutes

les classes de la population à ceux qui sont au-dessus d'elles par leur rang et leur position. Ainsi un blanchisseur à qui un voyageur paie le prix de son travail ne manque jamais de lui baiser les manches. Il en est de même des ouvriers et des chefs d'ateliers à qui nous donnons un pourboire dans les usines. Les gens du peuple sont généralement peu avides et sont satisfaits des pourboires qu'on leur accorde ; les porte-faix ne nous ont jamais fait une observation sur les sommes que nous leur donnons.

Bien différents en cela des porte-faix du Rhône, qui vous imposent des conditions qu'il faut subir comme des lois d'État. Les aubergistes nous font évidemment payer beaucoup plus cher que ne paient les indigènes, mais les prix sont tellement modérés qu'il n'y a pas vraiment lieu de s'en plaindre.

L'Autriche est encore un des pays où il est agréable de voyager en famille ; on est sûr d'y trouver tout le confort désirable et, pour peu qu'on ait chez soi un certain train de maison interrompu complètement par le voyage, on est sûr de faire des économies pendant un séjour de quelque durée. Malheureusement Vienne est un peu loin de Paris et c'est le seul inconvénient que l'on puisse opposer à un projet de voyage dans cette capitale.

Nous connaissons le résultat des élections.

Dans ce pays éminemment conservateur, on paraît disposé à féliciter la France d'un résultat qui consolide le gouvernement, ou tout au moins le ministère de M. Guizot qui jouit ici d'une haute considération.

. . . .

Schemnitz, 24 août 1846.

. . . .

Vienne, ainsi que je te l'ai dit dans une précédente lettre, est un vrai pays de cocagne où la vie matérielle offre tous les charmes qu'il est facile d'imaginer quand on connaît Paris. On y mange admirablement, on y a des promenades charmantes, une société gaie, amie du plaisir, de bons théâtres, et surtout une musique de valses et de contredanses qui rassemble chaque soir la bourgeoisie de Vienne dans de petits jardins situés dans l'intervalle compris entre la ville et les faubourgs.

Ces jardins publics, où on paie généralement o fr. 40 d'entrée, abritent un ou deux orchestres qui jouent alternativement une marche militaire, une contredanse parisienne, une valse, une mazurka ou une polka. Autour de ces orchestres se trouvent disposés plusieurs cercles de tables en plein air et, à l'extrémité du cercle, une sorte de portique couvert où peuvent se tenir ceux qui craignent la fraîcheur du soir.

Dans les jardins les plus distingués, ces tables sont occupées par des preneurs de glaces qui, avec la grosseur des glaces parisiennes, ne coûtent à qualité égale que o fr. 45. Dans les concerts de moindre rang le public mange et boit à faire plaisir, de la viande, du vin et des fruits qui sont ici fort abondants et exquis.

L'ambassadeur de France était aux eaux de Bohême, mais le secrétaire d'ambassade, le comte de Mareschalchi, m'a parfaitement reçu ; il a eu la complaisance de mettre la loge de l'ambassade à ma disposition, et j'en ai profité pour voir un opéra de Mozart que je ne connaissais pas encore et qui m'a fait le plus grand plaisir ; cet opéra allemand se nomme « Die zauber flöte », ce qui veut dire : la flûte enchantée.

La musique a tout le charme de la simplicité comme les bons opéras de Grétry. Les mélodies y sont encore plus gracieuses que dans Sylvain, Richard Cœur de Lion, etc... les chœurs sont plus soignés et sont exécutés ici avec une perfection qui ne laisse rien à désirer. Les deux chanteuses que nous avons entendues sont excellentes et l'une d'elles se ferait entendre avec plaisir à côté de Mme Persiani. . . . .

M. Saglio s'est tout à fait décidé à se séparer de P. Benoît avec lequel il devait revenir, et à m'accompagner dans la rude course de la Hongrie. Nous sommes donc partis ensemble par le bateau à vapeur de Presbourg, où nous avons couché. Presbourg est la capitale où se tiennent les États de Hongrie ; nous n'y sommes restés que le temps nécessaire pour y dormir et y louer une sorte de voiture qui devait nous mener à Schemnitz, au centre des Carpathes.

Le 21 au matin nous sommes partis avec notre cocher qui devait nous mener en deux jours et qui a tenu sa promesse, mais les deux journées ont été chacune de 16 à 18 h.

Presbourg est située au bord d'une plaine immense cultivée en prairies et qui s'étend à perte de vue jusqu'au pied des Carpathes. Cette plaine un peu marécageuse est à peine au-dessus des eaux du Danube.

Elle est couverte d'une prodigieuse quantité de bœufs blancs à cornes longues de 1 m. environ ; les moutons abondent également. Dans quelques points où le sol se relève un peu, on trouve de beaux bouquets de chêne et poiriers sauvages. Le pays a conservé cet aspect pendant 2 jours 1/2 de marche ; je me croyais de nouveau transporté dans les steppes de la Russie méridionale ; rien ici ne ressemble plus à l'Allemagne.

Les gens du pays parlent généralement une langue slave et les femmes sont vêtues comme les Russes. Au milieu du deuxième jour, nous avons commencé à remonter des coteaux couverts de vignes, puis peu à peu des montagnes admirables non rocheusés et escarpées comme les Alpes, mais à pentes douces couvertes de gazons et parsemées de futaies de chêne, de hêtre et d'érable. Le plus beau parc anglais n'est rien en comparaison de cette chaîne des Carpathes.

C'est au milieu de cette belle nature que se trouve Schemnitz, au centre d'une vaste région où s'exploitent plusieurs centaines de mines d'or, d'argent, de cuivre, d'antimoine, dans la situation la plus pittoresque qui se puisse imaginer. Nous y avons trouvé le moyen de nous y installer confortablement et jusqu'ici nous n'avons encore rien ressenti des privations qui nous attendent certainement dans un pays privé de routes et souvent d'auberges. C'est toujours autant de pris en bon temps en attendant que les mauvais jours viennent. Jusqu'ici nous avons trouvé partout de bon vin de Hongrie et d'excellent filet de bœuf. Tant que nous serons à ce régime, l'existence sera fort supportable. De là nous allons longer le pied des Carpathes jusqu'à mi-chemin de la Transylvanie, puis nous reviendrons, je ne sais encore comment vers la Moravie :

. . . .

Neusohl, 3o août 1846. — J'ai quitté aujourd'hui Schemnitz pour continuer ma course vers le nord-est.

Ce pays de moyennes montagnes ressemble beaucoup au Morvan et au Limousin : il est composé de délicieuses prairies, d'eaux courantes et de bois de chênes. La température, dans cette saison de l'année, y est très agréable, et on nous promet le même temps pendant tout le mois de septembre.

Tout ce pays est très riche en mines d'or et d'argent, je calculais à l'instant que depuis l'origine de l'exploitation on a rejeté dans les déblais et dans les ruisseaux plus de 500 millions d'or et d'argent. A Schemnitz seulement, où je viens de passer huit jous, il y a une vingtaine de mines en exploitation et la population engagée dans les travaux dépasse 10.000 individus.

Les habitants de ce pays n'ont plus rien de commun avec l'Allemagne, les habitudes et la langue sont entièrement différentes. Il y a deux races bien distinctes : les Slaves, qui parlent une langue tout à fait semblable à celle qu'on parle en Russie, et les Hongrois proprement dits qui se nomment Madgyares et qui parlent une langue qui n'a aucune analogie ni avec le slave ni avec l'allemand.

Le costume de ce pays est très original : les hommes portent une petite chemise qui ne tombe pas au-dessous de la moitié de la poitrine, puis un caleçon-culotte serré aux reins et qui tombe à la cheville. Ce caleçon est plissé et si large que chacune des jambes pourrait faire un jupon de femme. Par-dessus la chemise ils portent une petite veste qui descend à la ceinture. Mais dans l'été, cette veste est seulement passée par-dessus les épaules et les manches pendent par derrière. Cette disposition est exactement celle du dolman de nos hussards, et de là vient l'origine de ce costume qui est d'ailleurs habituel pour la cavalerie hongroise. Le dimanche, les hommes portent une culotte collante de drap avec des galons comme la culotte des hussards, des bottes à la hussarde dans lesquelles on serre d'abord le caleçon, puis la culotte. La coiffure est un chapeau rond à larges bords retroussés fortement et d'un effet fort original. Pour, tenir le caleçon et préserver le ventre et la poitrine, qui ne se trouvent couverts qu'à moitié, le paysan hongrois porte une très large ceinture garnie de plaques de cuivre et qui joue à moitié le rôle d'une cuirasse; il loge dans cette ceinture sa pipe et son argent.

Ici comme en Russie le paysan va peu à pied; il se sert de petits chariots à deux chevaux, et pour les gros transports de charriots à 4 et même 6 chevaux. Ordinairement le charretier se tient dans la voiture et un enfant de 10 à 12 ans conduit en postillon, un grand fouet à la main. Tous ces équipages ont un cachet de couleur locale très prononcé qui ne se trouve guère dans d'autres parties de l'Europe où les costumes et les habitudes vont chaque jour se nivelant.

Le costume des femmes est également original et se compose d'un jupon et d'une jupe de dessus serrée à la ceinture, d'une chemise longue descendant au genou, d'une sorte de spencer serrant fortement la taille, mais sans manches dans le costume d'été. Ordinairement le spencer est d'une indienne foncée avec fleurs peintes bien voyantes. La jupe est souvent de percale blanche ainsi que la chemise dont les manches bouffantes se ferment à mi-distance entre l'épaule et le coude; les bras sont donc nus. Les cheveux sont séparés et aplatis sur le côté, à peu près comme dans la coiffure à bandeaux en usage maintenant en France; ils sont liés très fortement à la nuque et de là tombent en plusieurs nattes qui sont accompagnées et même mêlées d'un paquet de 6 à 8 rubans de soie de couleur voyante. Un grand châle blanc, tantôt de calicot, tantôt de laine, imprimé de dessins légers, recouvre toute la tête et le haut du corps quand on sort dans la rue. Ce châle est drapé avec assez d'art et forme la partie la plus originale du costume.

On nous avait fait grand'peur de notre voyage en Hongrie. On nous avait dit que nous ne pourrions ni manger ni dormir et que nous éprouverions une grande difficulté pour nous transporter d'un endroit à un autre. Habitué aux voyages et cuirassé contre mille inconvénients qui désoleraient un Parisien profane, j'étais sûr à l'avance de me tirer d'affaire.

Le fait est qu'on ne voyage pas ici aussi facilement que de Paris au Havre; mais en prenant mes précautions, en me faisant convenablement renseigner d'avance, je me trouve à peu près aussi bien qu'il est possible de le désirer. Ainsi, par exemple, voici comment nous avons fait emploi de notre journée. Voulant nous rendre de Schemnitz, où sont les mines d'or et d'argent de la basse Hongrie, à Neusohl, l'une des principales usines où les minerais sont fondus, nous avons loué une petite calèche à 2 chevaux qui pour 18 fr. environ nous a fait parcourir en 5 h. les 10 lieues de bois et de prairies qui séparent les deux villes. Nous nous sommes adressés à Neusohl à une brave femme qui, sans être aubergiste, loge des voyageurs de qualité.

Nous avons eu une belle chambre à 2 lits, longue de 24 pieds et large de 18 garnie de vases de fleurs, où règne une grande propreté et que nous payons environ 2 fr. 10 par jour. Nous avons fait une visite à tous les gens qui pouvaient nous être utiles. Ceux-ci nous ont parfaitement reçus. Nous sommes prêts à entrer en besogne demain matin à 5 h. et j'ai pu faire tout cela après avoir travaillé 4 h. ce matin à Schemnitz; je trouve encore une minute pour t'écrire cette lettre et mettre en ordre quelques notes.

. . . .

Mazurka, 5 septembre 1846. — Tu ne trouveras vraisemblablement pas sur la carte le village d'où je t'écris ces lignes..............................

C'est un petit endroit habité par des mineurs à 400 pieds au-dessus de la vallée de la Grave d'où je t'ai envoyé ma dernière lettre. On exploite ici une mine d'antimoine et d'or qui est cértainement la plus grande de l'Europe, et c'est pour cela que je me suis décidé à quitter la grande route qui se dirige vers la haute Hongrie en longeant la vallée de la Grave pour faire une pointe dans les hautes chaînes des Carpathes.

. . . .

Le pays formé de très hautes montages admirablement boisées et arrosées est magnifique. Nous voyageons dans de petites voitures à 4 chevaux qui appartiennent à une fort petite race. Nous avons employé hier des chevaux qui s'approchent plus de la taille d'un chien que de celle de nos percherons. Ils n'ont pas sans doute grande force, mais ils ne manquent pas de courage et, avec l'aide du fouet, on finit toujours par arriver malgré des pentes de 20 centimètres par mètre et des chemins dont un Parisien ne saurait concevoir l'idée.

Le gîte est la partie difficile de notre voyage ; les gens qui ont des lits ont pris les habitudes allemandes, c'est-à-dire que les lits ne se composent que d'une paillasse et d'un lit de plumes. Les naturels s'insinuent entre deux ou trois lits de plumes et dorment comme des bienheureux avec un massif de 3 pieds de plumes sur la poitrine.

Pleisnitz, samedi, 13 septembre 1846.

. . . .

En changeant de chevaux et dînant dans la petite ville de Gros-Rauschenbach nous avons rencontré un Suisse, ingénieur des mines, qui construit des forges pour les particuliers qui veulent bien lui confier leurs affaires.

Ce brave homme a été enchanté de trouver des étrangers parlant allemand et nous a donné beaucoup de renseignements sur les mines du pays. Il nous a appris qu'à peu de distance dans la montagne il construisait une forge où l'on fabrique le fer par les moyens employés il y a quatre siècles et qu'on ne peut plus observer aujourd'hui en aucun autre point de l'Europe.

Nous nous sommes aussitôt acheminés vers le lieu en question; nous avions heureusement un cocher complaisant. Malgré toute notre diligence nous n'avons pas pu arriver à la forge en question avant la nuit tombante. Il nous a donc fallu rester sous peine de ne rien voir et de perdre tout le fruit d'une excursion pénible.

Malheureusement l'usine se composait seulement de deux baraques comme on les construisait au moyen-âge et il n'y avait pas la moindre apparence d'auberge.

Mais il y a souvent compensation dans les choses humaines; le cocher consentit à camper sur place et à nous emmener le lendemain matin. Nous déterrâmes dans la forge une sorte de gardien directeur, ancien soldat au service de l'Autriche, qui savait encore un bon nombre de mots allemands. En stimulant notre brave homme, nous le déterminâmes à battre les poulaillers de l'usine où il trouva quatre œufs; en y joignant du pain de seigle passable, un petit vin aigre,

et du lait de brebis caillé qui forme le principal ali=
ment de ce pays, il parvint à nous composer un souper
qui nous donna assez de force pour suivre pendant toute
la nuit le travail de la mine. Il trouva encore moyen de
nous dresser deux lits dans un coin de sa chambre où
nous avons fort bien dormi de deux heures à quatre
heures et demie du matin. Jusqu'à six heures et demie
nous avons de nouveau étudié ce que nous ne pouvions
voir la nuit, et à sept heures nous nous sommes dirigés sur Pleisnitz pour y trouver une voiture qui pût
nous conduire à Rosenau.

Voilà, comme tu le vois, une excursion assez rude.
C'est, au sommeil près qui nous a manqué, notre vie
de chaque jour et il faut quelque zèle pour continuer
ce régime quand on pourrait trouver chez soi tout le
confort désirable. . . . .

Les voitures sont des *télègues* comme en Russie : ce
sont des chariots à quatre roues non suspendus, où on
se préserve à peine des cahots à force de foin ; elles
sont ordinairement traînées par quatre chevaux attelés
deux par deux, et conduites par le paysan propriétaire,
monté à cheval.

Cet attelage est peu somptueux, bien qu'il ne manque
pas d'un certain caractère quand il est lancé au galop.
Le train est du reste beaucoup plus lent qu'en Russie.

Ce qui complique encore le voyage, c'est le manque
d'auberges. Dans les usines royales la chose est encore
passable, il existe ordinairement une chambre dite
« de l'administration » où les voyageurs sont reçus.
Oú y a quelquefois des lits, très rarement des meubles,
jamais de draps à la manière française. On trouve tout
au plus les deux énormes lits de plumes garnis de leur
sac de toile à carreaux qui se change une fois par an

ou une fois par mois, quand l'aubergiste est très soigneux en fait de propreté. . . . .

Rosenau, 13 septembre 1846.

. . . .

Ce qu'il y a de plus curieux dans ce pays c'est la multiplicité des langues qu'on y parle. Beaucoup de contre-maîtres dans les usines parlent quatre langues : slave, hongrois, latin et allemand. La langue latine était jusqu'à ces derniers temps enseignée aux enfants dans toutes les écoles élémentaires de Hongrie. C'était la langue universelle du pays et un moyen de communication entre toutes les races.

Aujourd'hui on y renonce peu à peu pour adopter le hongrois qui devient la langue nationale. Ainsi on ne parle que hongrois dans les séances du Parlement de Hongrie qui se tiennent à Presbourg, et tous les employés du gouvernement, Slaves, Allemands ou autres, doivent apprendre le hongrois.

Une particularité également singulière est le mode de nourriture du peuple. Ici on ne mange pas la farine à l'état de pain, mais sous forme de mets nommé *mehlspeiss* ce qui veut dire : mets de farine. Pour préparer le repas le plus ordinaire on fait une pâte d'eau et de farine de seigle ou de froment. Quand la pâte est ferme on la prend dans la main pour en faire des boulettes et on les fait cuire dans de l'eau; on reprend alors les boulettes et l'on jette l'eau. On ajoute du sel, un peu de gras de lard quand on en a, et aussi des choux quand on peut s'en procurer.

Quand on n'a ni graisse ni légumes, on a recours à un autre assaisonnement; on ramasse dans la forêt des pommes et des poires sauvages, on les presse, on y ajoute de l'eau en laissant le marc, on fait fermenter le tout jusqu'à ce que cela devienne acide, puis on renferme cela dans des barils. Quand on veut faire le ragoût, on verse une bouteille de mélange fermenté dans un chaudron, on y met les boulettes avec du sel, et on fait cuire le tout. C'est la plus abominable cuisine que j'aie jamais goûtée et cependant il y a des milliers de gens qui travaillent toute leur vie dans la forêt, avec la neige jusqu'au ventre douze heures par jour, qui parviennent à manger de ce ragoût à peu près à leur appétit sans jamais y joindre autre chose.

J'oublie cependant une grande distraction, le *tabac* pris d'une manière inconnue aux autres pays. Quand un hongrois de ces contrées veut fumer, il fait une pâte de tabac très fort hachée et humectée de salive; il bourre de ce mélange une pipe de terre, ensuite il la pose pendant cinq minutes environ au milieu d'un petit feu de charbon qui rôtit le tabac à peu près au tiers; puis il allume et fume comme à l'ordinaire. Les gens qui fument ainsi pour la première fois y perdent toute la peau intérieure de la bouche et de la gorge. . . .

Altwasser, 22 septembre 1846. — J'ai terminé hier soir les études qui m'avaient attiré au cœur de la Hongrie à la plus grande distance où je doive m'écarter de Paris. . . . .

J'ai terminé on ne peut mieux et par les relations les plus agréables mon séjour ici. Pour la première fois depuis mon départ de Paris, nous avons trouvé un excellent homme qui nous a offert sa table avec une cordialité complète. Et c'est une offre très précieuse dans un pays où les cuisiniers et même les vivres un peu succulents sont fort rares.

L'usine d'Altwasser, située à trois lieues de Schmoll-
nitz, est l'une des plus curieuses du monde, et vaudrait
à elle seule le voyage de Hongrie : on y fond un
minerai qui contient à la fois de l'or, de l'argent, du
mercure, du cuivre, de l'antimoine, et dont on extrait
successivement avec profit tous ces métaux. L'usine et
le village attenant ne présentent qu'une auberge composée de deux pièces. Quand il arrive des voyageurs,
l'hôte cède sa chambre et va s'installer au grenier. La
cuisine est en harmonie avec cette organisation.

Le bon M. Hartenon, directeur impérial de l'usine,
nous offrit tout d'abord de loger chez lui, mais d'une
part nous sommes habitués à nous arranger des chambres de ce pays, et de l'autre nous savions que le brave
homme avait sa maison occupée par une de ses filles,
qui était venue chez lui passer le mois de septembre
avec 4 enfants. Nous nous sommes donc bornés à
accepter la table et nous n'avons pas eu lieu de nous
en repentir.

J'ai retrouvé là ces excellentes gelinottes, ces exquis
coqs de bruyère, qui ont apporté de si grandes com-
pensations aux privations de la Sibérie, de la Suède et
de la Norvège. Le mets le plus agréable que j'aie
mangé ici et qui est véritablement au niveau des bonnes choses que nous avons en ce genre est un entremets
qu'on nomme *struddle*. C'est une espèce de pudding
composé d'une pâte légère mêlée de pommes, de raisins
de Corinthe, de divers fruits confits et saisi en dessous
de manière à former une sorte de croûte. C'est plus
léger que le pudding et l'on peut en faire une partie
essentielle du dîner.

Nous quittons ce matin cet excellent gîte pour revenir au plus vite en Moravie, puis en Bohême. . . . . .

Un voyage rapide est chose très difficile en Hongrie où il n'y a point de poste organisée. Il faut s'arranger dans chaque station avec un paysan qui vous mène dans sa charrette bourrée de foin et attelée de 4 chevaux. On marche effectivement 9 à 10 heures, si on part de grand matin, et l'on parvient à faire ainsi en un jour, suivant l'état des chemins de montagne, de 12 à 16 lieues en chemin difficile. Ordinairement il faut envoyer la veille un relai au milieu du chemin.

Ce système de voyage est fort cher. Pour nous faire transporter ainsi en un jour et demi à 25 lieues nous payons aux voituriers environ 60 francs. C'est là la grande dépense d'un voyage en Hongrie, car les frais de séjour sont généralement peu considérables.

Ainsi dans la petite auberge où nous avons passé huit jours dans les environs de Schemnitz, nous payions pour le coucher chacun 0 fr. 80 c., pour un déjeuner de café au lait 0 fr. 55 c., pour un dîner composé de soupe grasse, bon bouilli (le bœuf est partout excellent en Hongrie), un rôti, un struddle, avec une bouteille de vin blanc du pays, environ 1 fr. 45, et pour un souper analogue, environ 1 fr. 20. Du reste, nous ne parvenons à nous assurer un pareil ordinaire que dans les lieux où nous restons plusieurs jours et formons alors les sauvages habitants à nos goûts et à nos habitudes; dans les lieux où nous ne faisons que passer, nous ne pouvons souvent avoir que du pain, du vin et du fromage de brebis, mais alors la vie est beaucoup moins chère.

. . . .

Rosenberg, 24 septembre 1846. — Notre voyage s'est exécuté jusqu'ici comme nous pouvions le désirer bien qu'avec de grandes difficultés, et pourtant le plus difficile nous reste à faire, car nous avons à traverser un pays peuplé de Juifs, où nous n'avons plus de connaissances, et où il nous faut traiter nous-mêmes des moyens de transport avec des gens qui entendent rarement l'allemand.

Nous comptons entrer en Moravie par Uraditsh où nous atteindrons le chemin de fer du nord de l'Autriche. Nous sommes ici dans une affreuse auberge de Juifs peuplée de gens ivres. La maîtresse de la maison, horrible mégère, passe son temps à forcer à payer les ivrognes qui l'entourent et, à cet effet, elle a imaginé de leur prendre un grand chapeau rond crasseux, que peu d'aubergistes français consentiraient à saisir en nantissement pour une dépense quelconque. Nous ne pouvons parvenir au milieu de ce brouhaha à nous faire servir quoi que ce soit. Une fois qu'un aubergiste juif s'est emparé d'un hôte en l'introduisant dans le chenil qu'est son auberge, il est assuré de le faire payer ce qu'il voudra, il n'est donc nullement pressé de fournir à sa consommation. Il est plus simple de faire payer sans rien donner. Tu dois penser que, dans de telles conditions, je quitterai Rosenberg sans aucun regret. C'est ce que nous ferons, je l'espère, demain matin de bonne heure.

Uraditsh (Moravie), 27 septembre 1846. — Nous avons enfin quitté la Hongrie, mais non sans peine ni sans fatigues. De Rosenberg nous avons gagné Sillein en une journée, en suivant à peu près le cours de la Waag, mais en passant en charrette dans de rudes chemins, cahotés sans cesse, de 5 h. du matin à 6 h. du soir.

L'allure d'une charrette dans de tels chemins est tellement fatigante que nous saisîmes hier avec empressement l'occasion de partir de Sillein sur des radeaux qui descendent la Waag pour aller alimenter de bois les villes du Danube. Nous partîmes donc à 6 h. du matin, sur un train de bois de construction et de planches, et nous y restâmes toute la journée Ce fut là, sans contredit, la partie la plus intéressante de notre retour.

Le voyage en radeaux sur une rivière torrentielle est extrêmement piquant ; à chaque instant la rivière se resserre et présente une chute rapide et bouillonnante dans laquelle le radeau se précipite avec la rapidité d'une flèche et, avec la vitesse acquise, on parcourt rapidement une grande partie de l'espace comparativement calme qui existe entre deux chutes. En sorte que nous voyagions avec la rapidité d'une voiture lancée au grand trot. Cette allure après les cahots du jour précédent nous a semblé délicieuse. Les radeaux du reste s'accrochent souvent aux rochers qui tapissent le fond de la rivière ou aux bas-fonds qui existent çà et là et qui changent d'un jour à l'autre. Il faut donc que les flotteurs qui conduisent aient une grande dextérité et surtout un grand coup d'œil pour juger avant de s'engager dans une passe s'ils n'y resteront pas embourbés. Deux hommes conduisent un radeau qui peut avoir 40^m de long; chacun est à l'extrémité et est armé d'une grande rame gouvernail. Les radeaux naviguent par compagnie de 10, ils restent toujours à une distance de 10^m environ l'un de l'autre, et s'attendent réciproquement pour naviguer de concert. Dès qu'un radeau de la compagnie est accroché, les 9 autres s'arrêtent, et au besoin les 18 hommes vont au secours du naufragé pour le tirer d'affaire, puis tout le train reprend sa course ; nous sommes partis de Sillein avec 3o radeaux et c'était vraiment un coup d'œil animé et charmant que cette navigation.

Après une bonne journée de marche signalée par quelques petits accidents d'accrochages, qui sans nous retarder notablement ont égayé notre voyage, nous nous sommes trouvés surpris par la nuit à environ 4 heures de Trentshein, ville notable de Hongrie, où nous voulions le lendemain prendre la poste pour passer en Moravie.

Là a commencé une série de contre-temps que j'ai rarement éprouvés dans mes longs voyages. Des bords de la rivière où les radeaux s'étaient amarrés pour la nuit, il nous a fallu d'abord faire une lieue à pied, de nuit, par des chemins affreux, pour gagner la route qui longe la rive droite de la Waag.

Nous n'avions pu toute la journée nous faire comprendre de nos flotteurs qui ne parlaient que le slave et nous avions saisi l'occasion de parler avec le fils d'un marchand de bois du pays qui parlait allemand et nous servait d'interprète.

Celui-ci nous assura que l'on pouvait sans inconvénient arriver de nuit à Trentschein, où les auberges étaient toujours ouvertes aux voyageurs. Au premier village que nous trouvâmes sur la route, nous louâmes donc une charrette qui ne fut attelée qu'à 9 heures du soir et qui ne nous fit arriver à Trentschein qu'à minuit. Ce voyage en charrette à pareille heure, par une route horriblement mauvaise, presque sans foin pour nous asseoir, était un bien grand contraste avec le système de voyage de la journée, et pour comble de bénédiction, il nous fallut attendre une 1/2 heure à la porte de la ville avant d'y être admis. Entrés dans la ville, il nous fut impossible de trouver l'auberge qu'on nous avait signalée comme la meilleure : nous comprîmes plus tard que notre marchand de bois que nous avions amené gratis à Trentschein et qui continuait à nous servir d'interprète ne voulait pas, par économie, aller à cette auberge où nous lui aurions volontiers payé sa dépense. Après une 1/2 heure de recherches inutiles, nous trouvâmes enfin un gardien de nuit, qui nous conduisit dans une auberge que notre marchand nous recommandait comme excellente.

Nous fûmes enfin admis après des supplications dans un taudis composé de 2 chambres. Nous ne jugeâmes de l'état des choses qu'après être entrés, et nous vîmes alors que nous étions dans un affreux repaire. Dans la chambre où nous entrâmes, haute de 6 pieds et à 2 pieds en contrebas du sol fangeux de la rue, se trouvaient couchés dans 4 lits 2 femmes et 3 petits enfants ; dans une 2me pièce faisant suite à la première étaient 3 lits, l'un au père de famille qui s'était levé fort complaisamment sur les instances de notre marchand, les 2 autres occupés par des garçons de 10 à 15 ans.

Dès que je vis l'état des lieux et que je sentis l'odeur renfermée et épaisse qui s'exhalait de ce repaire, qui était d'ailleurs bourré de milliers d'objets comme une boutique de bric à brac, et où il restait à peine vingt mètres cubes d'air pour la respiration, je ne pensai qu'à battre en retraite et à rester dans la rue, mais cela me fut impossible. Le maître de la maison, juif de bonnes manières du reste, qui regardait sans doute comme un devoir de conscience d'exercer l'hospitalité, surtout un jour de sabbat, me dit qu'il ne souffrirait pas que je le

quittasse surtout pendant la nuit, et aussitôt il me conduisit près de son lit qu'il venait de quitter en m'invitant
à m'y coucher; il me déclara qu'il avait à travailler et
qu'il veillerait. Il fit la même invitation à Saglio, en
faisant déguerpir un de ses garçons qui alla coucher
dans le lit d'un de ses autres frères; je ne manquai
pas de protester et de dire que je ne me coucherais pas
et de ma vie je n'ai refusé de meilleur cœur, mais il
n'y eut pas moyen. Mes gens ne tardèrent pas à se
piquer de ma résistance; une jeune femme de 18 ans
qui était couchée dans la première pièce et que je sus
le lendemain être la fille de l'hôte, entendant cette conversation, éleva la voix en disant : « Tu vois, mon père,
que ces messieurs, après nous avoir dérangés, refusent
à accepter ce qu'ils ont demandé d'abord avec instance. » Il n'y avait donc pas moyen de refuser plus
longtemps, mais il nous fut absolument impossible de
nous fourrer entre les deux lourds matelas de plumes
tout chauds où le juif avait dormi jusque-là, et nous
nous étendîmes sur le lit, sans nous déshabiller, gardant
nos bottes et les plaçant sur une chaise que l'hôte eut
encore l'attention de présenter quand il sut que nous
ne voulions pas nous déshabiller.

Cette nuit, où je restai tout habillé sur un lit criblé
de puces, dans une atmosphère irrespirable pour un
homme qui n'y est pas habitué, est une des plus dures
que j'ai passées, et j'ai de plus eu le regret d'avoir,
malgré toutes mes protestations et explications, blessé
des gens qui, en définitive, avaient été pour nous polis
et hospitaliers. La fille, magnifique juive, vint elle-
même le matin nous apporter de l'eau quand elle nous
entendit remuer, et le père vint lui-même nous recon-
duire à la maison de poste, quand il eut vu que, malgré

ses instances, nous ne voulions pas rester plus long-temps. Cette nuit est en somme une des pires aventures qui me soient arrivées et je désire vivement ne jamais en passer une pareille.

La journée d'aujourd'hui a été délicieúse. Nous nous sommes rendus à pied de Trentschein à Uraditsch, où nous avons trouvé une excellente auberge. Nous en avions grand besoin ; demain matin nous prenons le chemin de fer qui nous amènera à Prague le même jour.

Freyberg (Saxe) 7 octobre 1846. — Depuis ma dernière lettre datée de Prague, j'ai fait beaucoup de chemin et j'ai terminé les études des usines que je me proposais de visiter en Bohême.

. . . .

J'ai successivement parcouru le centre, l'est et le sud de la Bohême en traversant ou séjournant dans quelques villes que tu trouveras sur la carte, telles que Pzibram, Mauth, Pilsen, Mier, Marienbad, Schlaggenwald, Ellbogen, Carlsbad, Schackenwerth, Joachimstal et Weipert.

Pzibram est une des plus riches mines d'argent de l'Europe ; on tire d'un seul point 7000 k. d'argent chaque année et plus de 20.000 quintaux de plomb.

Pilsen est une ville curieuse en raison du costume original des femmes. Elles sont chaussées de souliers et de fort longs bas rouges avec des coins dorés.

Les jupons, qui ne viennent qu'au genou, sont si nombreux, ou du moins les inférieurs sont si étoffés, que les jupons supérieurs ont une circonférence au moins triple de celle des tournures parisiennes ordinaires. Par-dessus leur corsage et leur tête elles portent une sorte

de mantelet très ample qui se termine en pointe au-
dessous de la tête et se serre autour du corps. Il résulte
de là que les femmes vues de loin présentent complètement la silhouette d'un énorme pain de sucre posé sur
des pincettes.

Marienbad, célèbre lieu de bains, est placé dans
une charmante position.

La ville ne se compose que d'auberges et comprend
environ une centaine de maisons neuves bâties de part
et d'autre du ruisseau, et formant une sorte de cercle.
Entre la chaîne et le ruisseau, on réserve de charmants
gazons qui ont au moins 100^m de largeur et qui sont
clairsemés de belles corbeilles de dahlias. Les deux
côtes communiquent entre elles par de jolis ponts jetés
sur le ruisseau à vingt endroits différents : de petits
kiosques sont bâtis çà et là pour le repos des baigneurs.
Derrière les maisons commence immédiatement la forêt
de sapins qui primitivement couvrait tout le pays; on
y a tracé des allées sinueuses, en sorte que Marienbad vu du haut de l'une des montagnes voisines ressemble à un grand parc anglais. A l'époque où je l'ai
visité, Marienbad était à peu près désert.

En voyant ces lieux, on conçoit l'affluence des étrangers aux eaux de Bohême.

. . . .

En somme, je ne saurais trop me féliciter d'avoir complété mes voyages précédents par une étude de la monar-
chie autrichienne. J'ai trouvé partout d'excellentes gens,
un parfait accueil, et j'ai complètement réussi dans tout
ce que je m'étais promis d'entreprendre. Je dois convenir cependant que les habitudes autrichiennes ont leurs
inconvénients, et qu'il nous a été fort agréable hier de
trouver en Saxe, pour la première fois depuis notre

départ de Vienne, des draps blancs propres à notre lit. On regarde comme une chose naturelle de céder son lit à une personne étrangère sans en changer les draps non plus que la couverture de l'énorme plumeau qui le recouvre.

J'en ai eu un exemple à Malusina : l'auberge où nous arrivâmes pour y passer la nuit n'avait qu'une chambre de voyageurs renfermant 3 lits dont l'un était déjà occupé par un ingénieur des ponts et chaussées du pays, chauffée à 30° et remplie de fumée de tabac. Bien que je ne sois pas difficile, je redoutais de passer la nuit dans cette espèce de bouge. Je m'adressai en conséquence à la fille de la maison, jeune personne bien élevée, qui heureusement parlait allemand, et lui exprimai que je serais infiniment flatté de ne point être enfermé dans la chambre commune des voyageurs. La bonne personne touchée de compassion me dit qu'elle me céderait sa propre chambre et irait coucher au grenier avec la servante, et sans plus tarder elle me mit de suite en possession du lit qui était déjà préparé pour la recevoir et où évidemment elle couchait depuis plus d'un mois.

J'ai trouvé le moyen de parer à l'inconvénient de coucher dans de tels lits en gardant caleçon et bas; en couvrant l'oreiller d'une serviette gardée dans le sac à cet effet, en plaçant le lit de plumes sur les jambes, en couvrant le haut du corps avec un petit paletot de voyage et mettant enfin une paire de gants consacrés spécialement à cet usage. Après sept semaines d'un pareil exercice, il m'a été parfaitement agréable de mettre ma peau, à Anneberg, en contact avec des draps propres. . . . .

Freyberg, 12 octobre 1845. — Freyberg, où je suis depuis 4 jours, est un des pays les plus célèbres pour ses mines et ses usines.

. . . .

Il a été toujours assez difficile de voir ces usines avec quelque détail ; les ingénieurs saxons n'ont jamais été bien disposés à communiquer le résultat des travaux et je ne comptais en conséquence que passer deux jours dans le pays. Mais par une chance heureuse, j'ai trouvé à la tête de l'administration supérieure, M. le baron de Beust, que j'ai connu autrefois à Paris et à qui j'ai eu l'occasion de rendre quelques services. Il m'a reçu avec de véritables dispositions à m'obliger, et m'a si bien ouvert toutes les portes et mis à même d'étudier ce que je voulais apprendre, que je n'ai pas dû manquer cette occasion. Je suis donc resté jusqu'à ce jour, et ne partirai qu'après demain.

D'ici je me rends à Dresde, et, renonçant à voir diverses choses qui m'environnent dans la Thuringerwald, je me rendrai directement à Liège par la voie la plus rapide ou du moins la moins lente que comportent les habitudes allemandes. . . . .

Bruxelles, 18 octobre 1846. . . . .
J'ai quitté Freyberg mercredi soir et suis venu, par un heureux concours de circonstances, avec une grande rapidité. J'ai couché à Dresde le mercredi soir, suis parti pour Leipzig le jeudi ; j'ai pris ensuite une sorte de malle-poste allemande qui fait le trajet de Leipzig à Francfort-sur-Mein. Nous étions à Gotha le vendredi à midi, à 10 h. du soir nous arrivions à Fulda pour souper. A partir de ce moment la vitesse de la voiture a augmenté au point que nous avons pu

arriver à Francfort le samedi à 6 h. 3/4 du matin. Un quart d'heure après nous partions par le chemin de fer de Francfort à Rebench sur le Rhin où nous arrivions 2 heures après, précisément au moment où passait le bateau à vapeur descendant de Mayence à Cologne, à 5 h. et demie, exactement une heure avant le départ du convoi de chemin de fer d'Aix-la-Chapelle; nous sommes donc arrivés dans cette dernière ville à 10 h. du soir et y avons couché. Ainsi dans l'espace de 24 h., en changeant trois fois de moyens de transport, nous avons franchi la distance de Fulda à Aix-la-Chapelle, c'est-à-dire environ 140 lieues de poste. . . . .

VOYAGE A LONDRES

(1855)

Londres, 12 mai 1851. — Je suis arrivé à Londres
sans autre mécompte qu'un retard à Calais et à Douvres. . . . .
Après une nuit aussi bonne que possible, j'ai pu me
rendre à huit heures chez le commissaire général de
l'exposition, lieu des réunions du jury, et dès 10 h. j'é-
tais à commencer mon service, juste 24 h. après mon
départ de Paris.

Il n'y a rien d'exagéré dans les descriptions qui ont
déjà été faites du Palais de Cristal. C'est véritablement
un spectacle grandiose et qu'il serait regrettable de ne
pas avoir vu, si pareille chose ne devait plus se renou-
veler. La première impression a complètement répon-
du à mon attente et souvent elle l'a dépassée.

On peut considérer l'exposition comme formée de deux
grandes rues qui se coupent à angle droit. Sur ces rues
s'embranchent des rues plus petites qui conduisent à des
galeries et à de grandes pièces admirablement décorées
par des produits de toute espèce rangés par spécialité.
Sur tout le développement des grandes rues principales
se trouve à la hauteur du premier étage une galerie
où sont disposés une seconde série de produits. C'est

dans cette galerie supérieure que seront exposées par exemple les soieries de Lyon.

Ce qui distingue essentiellement cette exposition de toutes celles que nous avons eues en France, c'est l'admirable clarté qui règne dans toutes les parties du bâtiment et qui fait valoir également tous les objets.

Une autre chose extrêmement piquante est le rapprochement de toutes les nations. L'Angleterre brille par tous les objets utiles. La France, qui est à demi étalée, se fait déjà remarquer par les articles de goût et il est à espérer qu'elle sera placée haut dans l'estime des visiteurs.

Mais après ces deux pays, qui occupent incontestablement le premier rang, il y a beaucoup de choses à admirer : les étoffes de laine, les châles et les tissus d'or et d'argent de l'Inde m'ont étonné, c'est une des parties les plus brillantes de l'exposition. Munich brille par ses objets d'art, la Bohême par ses cristaux, l'Italie par ses marbres, Florence en particulier par des ouvrages en pierre dure que nous connaissons depuis longtemps.

Tous les pays sans exception se recommandent par les meubles, mais vu la difficulté de transport qui a arrêté les nations étrangères, l'Angleterre se présente par le nombre et l'importance des objets avec une supériorité immense. On pourrait parfaitement employer huit jours à voir seulement les buffets, les lits, les tables des fabriques anglaises.

Quoique j'aie consciencieusement employé six heures à marcher sans cesse, je n'ai vu réellement que les objets exposés en grande évidence sur la face des deux grandes rues ou galeries dont je t'ai parlé ci-dessus. Le reste, pour être seulement entrevu, exigera certainement trois autres séances pareilles. Après cette première reconnaissance je commence à étudier sérieusement les objets qui me concernent spécialement.

J'ai eu la chance, dès le premier moment de mon arrivée, de voir la Reine se promener avec le prince Albert. Le monde qui était présent vers midi était magnifique. Le coup d'œil que présentait en ce moment le centre du bâtiment était ravissant. Au point de croisement des deux rues on voit une gigantesque fontaine de cristal qui laisse tomber une cascade abondante; tout autour se trouvent des banquettes entremêlées à une multitude d'arbrisseaux et de plantes et sur lesquelles étaient assises un millier de dames très parées.

Ce lieu central est décoré de statues et d'objets d'art et est dominé par plusieurs gros chênes, qui ont au moins 3o mètres de haut, et qui contribuent à augmenter l'idée qu'on se fait à première vue des gigantesques proportions des galeries.

Enfin ce qui a couronné le tableau et que l'on a autant admiré que tout le reste est un beau rayon de soleil qui a bien voulu luire pendant un quart d'heure.

Londres, 20 mai 1851.

. . . .

Je vois tous mes compatriotes se plaindre beaucoup du haut prix de tous les objets.........

M. le Prince Anatole Demidoff n'est pas encore arrivé, ce qui contrarie beaucoup la maîtresse de l'hôtel où nous demeurons. Elle a en effet beaucoup plus à gagner sur la nourriture des habitants de sa maison que sur la location même des appartements.

Notre dîner en ce moment pour quatre personnes

(M. Jonnez, moi, Raffet et une autre personne) se compose d'une soupe, un poisson, une entrée, un rôti, des légumes, et deux plats doux avec de l'ale et une bouteille de vin, plus du fromage et un dessert composé de plats de gâteaux et d'un plat d'oranges. Cela nous coûte la bagatelle de 100 fr. soit 25 fr. par tête.

Quand M. D... sera ici, le dîner de chacune des personnes présentes à sa table reviendra certainement à 40 fr. Une voiture de remise coûte 30 fr. pour la journée, une place dans une loge du théâtre italien, qu'on appelle ici théâtre de Sa Majesté, coûte au moins 25 fr., une place de parterre coûte 20 fr. J'ai été dernièrement par curiosité au parterre : il était complètement rempli de dames en toilette, et bon nombre d'entre elles ont dû se tenir debout dans les couloirs en se hissant sur la pointe des pieds pour apercevoir le haut de la figure de Mme Sontag. M. D... a loué pour la saison une loge d'avant-scène à 4 places qui touche au théâtre et dans laquelle il ne peut venir que deux fois par semaine, sur trois représentations : il paie cela la bagatelle de 7000 fr. Il ira à peine 10 fois, en sorte que chaque représentation lui coûtera en réalité 700 fr. Le théâtre est du reste fort beau et suivi par un monde très élégant, comme on n'en peut plus guère voir à Paris.

M. D... a traversé hier le détroit, mais le temps était si affreux qu'il n'a pu quitter Douvres parce que le bateau retardé par le vent est arrivé après le départ du train. M. D... nous a fait savoir son arrivée par le télégraphe électrique. Il a remis sa dépêche à Douvres à 6 h. 18 minutes et nous la recevions à notre hôtel par un exprès à 6 h. 50. C'est merveilleux.

. . . .

J'ai été dîner vendredi dernier chez M. Porter où j'ai

trouvé Michel Chevalier et Blanqui installés dans l'appartement que Porter nous avait d'abord offert jusqu'au 19 mai ; ils en sont partis exactement le 19. On
s'y rend en 20 minutes en chemin de fer.

Londres, 22 mai 1851. — L'exposition prend chaque
jour une meilleure apparence pour la France ; le quartier français attire une foule croissante et, si cela continue, il y aura devant plusieurs boutiques de véritables émeutes. La boutique de Lemonnier, bijoutier que
je ne connaissais pas, a un succès fou, il a exposé des
diamants destinés à la reine d'Espagne. Les gens qui se
pressent devant ces beaux objets sont en nombre in-
calculable.

Les soieries de Lyon commencent à s'étaler dans
leurs montres. Le coup d'œil en est magnifique déjà,
ce sera bien autre chose quand tout sera fini. Les im-
primés de Mulhouse sont terminés, et ont un grand
succès. Mais il faut du temps pour que la foule anglaise
se presse devant les belles choses ; elle ne découvre
pas aisément ce qui est beau : cependant elle admire
consciencieusement lorsque l'opinion s'est prononcée.

Les châles de Paris, les broderies de Nancy, d'Alen-
çon, les papiers peints, les modes de Paris font aussi un
grand effet et commencent à attirer du monde ; la salle
des bronzes est presque finie, et ne laisse rien à désirer,
quoique nos meilleurs bronziers, Denière, par exemple,
ne soient pas venus. Les meubles sont assez bien repré-
sentés. L'un deux, la plus belle pièce de l'exposition, a
été immédiatement vendu 50.000 francs. C'est un dres-
soir en bois de noyer d'un style admirable et qui rappelle les meilleurs ouvrages de la Renaissance.

Ce sont toujours les Américains qui sont en arrière et

ils ne paraissent nullement disposés à augmenter leur matériel. Leur pauvreté ou plutôt leur nullité se fait d'autant plus remarquer qu'ils avaient demandé une place immense qui reste inoccupée.

Les Anglais, qui ont en général beaucoup de jalousie contre les Américains, triomphent de l'échec de leurs rivaux. Les petits journaux font ici force plaisanteries contre les yankees. Ils appellent cette partie de l'exposition « les *prairies américaines* » en faisant allusion aux vastes espaces inoccupés. On entend partout les visiteurs se féliciter en disant : « C'est une bonne leçon pour eux, ils croyaient écraser tout le monde, et ils ne brillent que par leur infériorité, la Turquie est beaucoup plus riche » et autres propos du même genre. A vrai dire, il n'y a de lutte sérieuse dans l'exposition qu'entre la France et l'Angleterre.

26 mai.

. . . .

L'exposition est aujourd'hui pour la première fois à un shilling. On craignait un encombrement extraordinaire, des renforts de police même avaient été appelés; on a été complètement déçu. Le palais, qui était encombré les jours précédents, était aujourd'hui à peu près vide. Peut-être tout le monde a-t-il été éloigné par la même crainte. Nous avons gagné à ce mécompte car nous avons été beaucoup moins gênés dans notre travail de jurés. M. D... est arrivé mardi dernier avec la marquise de B... et depuis ce temps je dîne chaque jour avec lui.

Nous avons toujours à dîner bonne société. Nous avons eu hier le gros J... qui nous a fait rire à nous désopiler la rate. Nous allons à l'Opéra deux fois par semaine ; de plus nous avons été vendredi dernier au cirque d'Astley, qui correspond à peu près à notre cirque des Champs-Élysées, augmenté de dialogues et de petites comédies.

Je vais à mon travail de juré toute la journée, c'est pourquoi je n'ai pu assister à des courses de chevaux qui ont eu lieu près d'ici samedi dernier. La marquise en est revenue peu satisfaite, car on lui a volé un châle magnifique qui jusqu'à présent n'a point été retrouvé, et qui selon toute apparence ne se retrouvera plus. J'ai été dîner hier chez l'ami Porter qui, ainsi que sa famille, me charge toujours de te faire ses plus affectueux compliments. Je lui ai promis de te conduire dîner un jour chez eux pendant la semaine que tu passeras ici. Je pense qu'il te sera agréable de voir une maison de campagne anglaise pour une famille bourgeoise, et d'en voir surtout l'installation intérieure.

Porter m'a prié de te conduire chez lui pour y loger, mais j'ai refusé poliment, pensant qu'il te sera plus agréable de vivre au milieu de Londres où nous pourrons voir le soir le mouvement des rues.

J'ai vu ici mon ami Barker, du Derbyshire, qui est venu me voir l'an dernier à Paris ; il m'a prié d'aller avec toi à Bakewell son pays pour te donner une idée d'une province anglaise.

Quoique la distance soit grande (75 lieues environ), on peut y aller en 6 heures sans fatigue. Voici ce qui a été arrêté : tu peux suivre ces détails sur une carte d'Angleterre que tu trouveras dans l'armoire où sont les cartes de ce pays.

1er jour : départ de Londres à 9 heures 1/4, arrivée à Birmingham à midi. Voyage en voiture particulière à une petite ville nommée Dudley à 1 heure de distance, au milieu d'une plaine grande comme Paris, et dans laquelle il y a plus de vingt mille fourneaux flambants pour fabriquer le fer ; de la ville, située sur une hauteur, on voit, la nuit, un spectacle tout à fait extraordinaire. Un ami nous mènera dans ces forges où tu verras faire le fer. Coucher à Dudley dans une petite auberge de petite ville.

2me jour : Voyage de Dudley à Derby, puis à Mallock et à Bakewell. Visite à Chatsvorth du plus beau château de l'Angleterre appartenant au duc de Devonshire. Nous y serons conduits par mon ami Barker, très lié avec le duc et avec le jardinier en chef. C'est là que sont les plus belles serres de l'Angleterre. Barker nous ramènera dans sa voiture à Bakewell, où nous coucherons dans une bonne auberge.

3me jour : Visiter le matin une belle vallée du Derbyshire, puis une usine à plomb ainsi que l'intérieur de la mine qui fournit le minerai, le tout dans un charmant pays. Visiter les bains de Mallock, situés au milieu de rochers très pittoresques. Retour à Londres à 10 heures du soir.

. . . .

Londres, 31 mai 1851. — Le travail que j'ai à faire comme juré est fort long, et vraisemblablement il exigera probablement encore une semaine entière. Je tâcherai ensuite de terminer les excursions les plus importantes que j'ai à faire de manière à être libre vers le commencement de juillet, et à pouvoir te consacrer exclusivement une dizaine de jours. . . . .

Ce qui frappe d'abord à Londres, c'est l'effroyable fumée qui noircit tout, l'énorme vitesse des voitures de place qui courent comme le vent, la petitesse des mai-

sons qui ne sont en général disposées que pour une
seule famille, même dans les rues les plus marchandes.

. . . .

J'ai eu une semaine extrêmement occupée : j'ai eu la
chance d'avoir une conversation avec la Reine qui
passait avant l'heure de l'ouverture du Palais de Cristal dans un endroit où j'avais fait ouvrir une vitrine
pour l'examiner. Les jeunes princesses témoignaient le
désir de voir un objet curieux que je leur présentai :
cela me donna l'occasion de rester assez longtemps en
présence de toute la famille.

La reine a déjà un teint tout couperosé; son nez est
rouge, et elle commence à tourner à la vieille femme,
bien qu'elle n'ait que 28 ans. C'est ici un cas assez
commun. Cette même semaine tout le jury français a
été présenté au mari de la Reine, le prince Albert. Il
est généralement aimé en Angleterre; il ne nous a pas
paru bien spirituel; mais cela tient peut-être à ce qu'il
ne manie pas facilement la langue française dans laquelle il a eu l'aimable attention de nous parler.

Samedi dernier, nous avons été avec M. D... et la
marquise assister aux revues qui ont eu lieu à l'occasion de la naissance de la reine Victoria.

Le ministre de la guerre avait mis son propre cabinet à notre disposition. Nous avons vu de près le vieux
duc de Wellington qui est complètement décrépit, le
duc de Saxe-Weimar, frère du prince Albert, et une
foule de généraux de l'armée anglaise. A la suite de
cette cérémonie, nous nous sommes rendus par chemin
de fer à Wolwich sur la Tamise, au-dessous de
Londres, à peu près comme Poissy relativement à Paris. Là nous avons vu une revue d'artillerie. Des voitures de poste envoyées de Londres nous attendaient au

débarcadère, et nous ont conduits dans la plaine où la revue avait lieu.

On a dételé les chevaux afin qu'ils ne s'effraient pas du canon et, du haut des sièges, nous avons vu toutes les opérations, la canonnade et les feux de file. La marquise aurait autant aimé rester à l'hôtel, mais il a fallu qu'elle subisse toutes les décharges un peu à contre-cœur. Nous avons fait cette course avec Raffet et le peintre français Lami qui donne des leçons aux jeunes princes d'Orléans. Les choses étaient arrangées de manière que nos voitures étaient placées à côté de celle où se tenaient les deux fils de la duchesse d'Orléans, le comte de Paris et le duc de Chartres.

Nous avons été ensuite avec eux, quand les chevaux ont été attelés de nouveau, voir les divers objets du musée d'artillerie de Wolwich. Puis enfin nous avons pris notre part d'un déjeuner offert par les officiers du régiment d'artillerie aux personnes de marque qui assistaient à la revue. Le comte de Paris a une figure médiocrement intelligente, il lui manque plusieurs dents qui ne sont pas encore revenues, il a le cou un peu penché, et bien qu'il puisse le redresser quand il y pense, il y a vraiment chez lui sur ce point vice de conformation.

L'organisation des repas d'un régiment anglais est une des choses les plus curieuses qu'on puisse voir. Chaque régiment a sa maison parfaitement montée; il y a un grand luxe de valets, de livrée et d'argenterie. Tout le monde dîne en commun (les officiers bien entendu) sans excepter les simples cornettes ou les élèves officiers. Le dîner est successivement présidé par tous les officiers depuis le plus jeune jusqu'au plus âgé : il y a un *décorum* aussi rigoureux que dans les maisons les plus aristocratiques. Dans le cas particulier, tous les officiers ont fait admirablement les honneurs du déjeuner qu'ils offraient à une nombreuse compagnie. Les deux tables tenaient au moins cent convives.

Ma besogne continue à avancer et je commence à en voir la fin. Je crois aussi entrevoir que M. D... songe un peu au départ et qu'il ne restera pas au-delà de la fin de ce mois. Hier, nous avons été au théâtre de Saint-James, ou théâtre français de Londres, voir Mlle Rachel dans le rôle de Phèdre. Je ne suis point fatigué du spectacle, tant s'en faut, j'ai eu grand plaisir à y aller; je ne crois donc pas céder à une prévention injuste en disant que Mlle Rachel se gâte beaucoup : elle a beaucoup crié, parlé avec une volubilité qui empêche souvent de l'entendre, et en somme produit peu d'effet, malgré la disposition évidemment favorable de l'assemblée. Je m'étais beaucoup plus amusé quelques jours auparavant à voir un mauvais vaudeville, à entendre la Mère Michel de Levassor, que je ne l'ai fait dans ma soirée d'hier.

. . . .

Londres, 9 juin 1851

. . . .

Jeudi dernier toute la maison a été en grande pompe assister aux célèbres courses de chevaux d'Ascott, à 11 lieues de Londres, près du parc et du château de Windsor. Nous étions dans deux voitures, chacune à 4 chevaux. Au lieu même des courses nous sommes entrés dans un immense bâtiment dont le dessus est disposé en terrasse et d'où l'on a une vue magnifique sur le terrain.

La reine est venue en grande pompe avec toute sa

maison ; le pourtour du champ de courses est garni
de plusieurs milliers de voitures que l'on dételle, et
sur lesquelles se tiennent les personnes qui n'entrent
pas dans le bâtiment dont je te parle ci-dessus. Les
femmes très nombreuses sont parées avec luxe ; les
hommes parient avec frénésie au point de gagner ou de
perdre des centaines de mille francs.

Les parieurs se trouvent dans toutes les parties de
l'Angleterre, et après chacune des 5 ou 6 courses qui
ont lieu chaque jour, on lance des douzaines de pigeons
qui vont dans toutes les directions porter le nom du
cheval gagnant.

Après la course nous sommes revenus à Windsor où
notre dîner était préparé ; de là enfin nous sommes
rentrés à Londres, toujours avec les relais de chevaux
qui avaient été disposés pour la circonstance. Je te donne
par curiosité le prix de cette journée afin de te faire
comprendre ce que coûtent les plaisirs en Angleterre :

Location des chevaux pour la journée (prix excep-
    tionnel vu la quantité excessive de gens qui se
    transportent au même lieu)........................ 950 fr.
Pourboires, indemnité aux cochers................ 160
Entrée de 10 personnes dans le bâtiment des courses. 125
Dîners à Windsor................................. 470
Menus frais. Provisions pour déjeuner pris en voi-
    ture... 180

                 Total................... 1885 fr.

Je t'ai déjà dit que nous avons été cette semaine voir
Mlle Rachel dans le rôle de Phèdre, que je lui ai vu
jouer avec toi. Je ne sais si je me trompe, mais il me
semble qu'elle a perdu de son talent. On m'assure cependant qu'elle a joué parfaitement samedi Adrienne

Lecouvreur. Ce même soir nous avons été entendre Sontag et Lablache dans Don Pasquale.

Hier dimanche nous avons été passer l'après-midi à Greenwich, petite ville située à 2 lieues au-dessous de Londres sur la Tamise à peu près comme Saint-Cloud est au-dessous de Paris. C'est le lieu où se trouve l'Établissement qui correspond à notre hôtel des Invalides et où l'on admet les matelots de la marine royale qui ont été blessés au service.

C'est aussi la ville où les touristes des trains de plaisir vont faire ce fameux repas des vingt plats de poisson. Nous n'avons pas manqué de nous donner ce plaisir classique, mais médiocre. Nous avons mangé 2 soupes à la tortue de divers styles, un relevé composé de 4 énormes plats de poisson bouilli, puis une série de plats de poisson au nombre d'une trentaine présentant beaucoup de variétés plutôt que des choses réellement bonnes. J'ai cependant distingué des boulettes composées de crevettes et d'œufs de homard qui étaient vraiment remarquables. Après tout ce déluge de poisson, nous avons eu un dîner ordinaire de viande et de légumes, en sorte qu'il eût fallu des estomacs d'autruche pour en manger la dixième partie. L'une des particularités de ces dîners est de servir diverses sortes de punch et de vins aromatisés entre les différents mets. Nous étions une dizaine à table et je suis sûr que le dîner aura coûté au moins 600 fr.

En revanche, les moyens de transport sont aussi économiques qu'agréables. On s'embarque au pont de Westminster sur un bateau à vapeur omnibus comme il y en a plusieurs centaines sur la Tamise et pour faire 3 lieues on paie 12 sous de France. On paie 2 sous, si on ne va qu'au pont de Londres (London Bridge). Nous sommes revenus en voiture dans 3 calèches envoyées à cet effet. Une course sur la Tamise en bateau omnibus est un des plus curieux spectacles de Londres, c'est un plaisir qu'il ne faut pas manquer de se donner.

Enfin nous sommes venus hier soir faire, dans le quartier oriental de Londres, situé près des docks de Sainte-Catherine, et dans ceux qu'on appelle White Chapel, Saint-Giles, Shoreditch, une excursion des plus originales.

Ces quartiers sont habités par la plus dangereuse population d'escrocs, de voleurs, d'assassins, et par des femmes d'une condition analogue ; nous étions accompagnés de quatre agents de police qui nous ont fait pénétrer dans tous les cabarets et dans les logements garnis où cette population peut trouver un lit pour 6 sous ; nous avons eu à nous féliciter d'être si bien accompagnés, car la société était souvent peu rassurante. Les figures des gens réveillés dans leur sommeil, dans des chambres garnies d'une douzaine de lits et habitées par une vingtaine de personnes de tout âge et de tout sexe, étaient vraiment curieuses à voir, et ici il est heureux que l'autorité des agents de la police soit respectée. Nous avons commencé cette excursion à 9 h. et l'avons terminée à 2 h. du matin......

Londres, 16 juin 1851

. . . .

Nous avons continué à faire quelques excursions le soir. J'ai entendu jouer à l'Opéra l'Enfant prodigue traduit en italien : les deux principales actrices étaient Mme Ugalde et Mme Sontag. L'un des principaux rôles était rempli par Massol qui a été très applaudi. Nous avons été à la grande représentation donnée au même théâtre, au bénéfice de Carlotta Grisi qui quitte l'Angleterre. Nous avons vu jouer des scènes de 3 ballets, le Diable à quatre, les Métamorphoses, etc... Carlotta a un immense talent et son départ laisse un grand vide à l'Opéra.

Nous avons été voir Rachel dans les Horaces où elle a joué admirablement bien ; moins bien cependant, il me semble, que lorsque nous l'avons vue ensemble. Nous avons été aussi à un théâtre anglais qui correspond à peu près à la Porte-St-Martin où nous avons vu jouer une féerie que l'on appelle le Roi charmant et qui m'a paru correspondre à l'Oiseau bleu des Contes de fées. Nous avons perdu Raffet qui a dû partir précipitamment pour Paris pour la mort de sa mère...

Hier dimanche, M. Demidoff a engagé Levassor pour la soirée ; il a fait rire tout le monde aux larmes en chantant 5 ou 6 chansonnettes, entre autres Jenny et Titi à Robert le Diable. J'ai eu dernièrement la visite de M. Elorza qui m'a remis la magnifique décoration d'Isabelle la catholique : je te l'expédierai à la première occasion...

Londres, 24 juin 1851.

. . . .

Depuis mon dernier billet j'ai fait deux excursions très intéressantes : la première à un sermon du P. Ravignan, la seconde à un bal qui se donnait hier soir.

Le P. Ravignan, arrivé à Londres depuis l'ouverture de l'exposition, prêchait précisément pour la dernière fois dans l'intérêt d'une œuvre ayant pour but de secourir la partie nécessiteuse d'une population d'environ 35 mille Français qui habitent constamment la ville de Londres, et au milieu de laquelle existent de grandes misères. La réunion était dans une salle de concert arrangée pour la cérémonie. L'assemblée était fort belle et nombreuse : le sermon a été admirable et la quête a produit environ 3000 fr. Mme Sallandrouze, femme du commissaire français près l'exposition, était l'une des quêteuses et a fait naturellement la plus forte recette.

Le bal d'hier soir était également une bonne œuvre, il était donné au profit d'une école de garçons et de filles et d'un hôpital institué en faveur de la colonie écossaise qui habite la ville de Londres. Le patron de ce bal était un grand propriétaire d'Écosse, et M. Demidoff avait pris pour toute la maison une vingtaine de billets pour être agréable à un jeune Écossais qui nous est ici d'une grande utilité et qui vit tout à fait dans notre intimité. Il est lui-même appelé à être un jour un des grands seigneurs d'Écosse, bien qu'il n'ait absolument rien aujourd'hui, si ce n'est une place de 25.000 francs au ministère de la guerre.

Le bal en question était costumé, on n'y pouvait être admis en habit bourgeois; heureusement pour ceux qui ne veulent pas faire la dépense d'un travestissement, il y a la ressource de ce que l'on appelle le costume de Windsor. C'est le costume porté par toutes les personnes qui n'en ont pas d'autres et que la Reine invite à résider près d'elle à Windsor. Il consiste en un habit noir ordinaire garni d'un collet écarlate : pour le rendre un peu plus vif on a ajouté à tous nos gilets blancs des boutons de métal.

En somme ce costume avec une cravate blanche n'est pas sans distinction, et notre réunion était assez bien.

Le bal était déjà en pleine activité quand nous nous y sommes rendus à 11 h. Le coup d'œil était magnifique et l'examen des toilettes était plus curieux encore. Un

quart environ des couples avait le costume écossais que
tu connais et qui est extrêmement élégant : les hommes
sont, comme tu sais, avec les jambes nues, les femmes
sont en blanc avec un couronne de roses blanches et
une écharpe de soie écossaise à couleurs vives. Les trois
autres quarts avaient les plus magnifiques costumes.
Ce qui dominait était le costume de Charles II qui
avait servi peu de jours avant pour le bal de la Reine :
ensuite venaient pour les deux sexes des costumes in-
diens, persans, turcs, arabes, dont quelques-uns d'une
richesse infinie : il y avait aussi quelques costumes
excentriques, de bonne compagnie cependant, de sauvages, d'Espagnols......

On dansait alternativement une contredanse française et une gigue écossaise au son de la cornemuse ;
cette dernière est dansée avec des mouvements impé-
tueux et vifs, des cris combinés cependant avec le ton de
la bonne société. Vers 11 h. 1/2 les enfants des écoles
habillés en écossais, avec des tambours et des corne-
muses, puis un grand nombre de drapeaux sont venus
dans la salle où ils ont fait une procession ; cet incident a jeté beaucoup d'intérêt sur la soirée et a fait
un agréable intermède. En somme le bal nous a fait
grand plaisir.

. . . .

VOYAGE EN RUSSIE

(1853)

Vienne, 23 mai 1853. — J'avais le cœur bien serré en te laissant à l'embarcadère de Berlin ; après tous mes efforts pour réaliser le projet que nous avions fait depuis si longtemps de faire ensemble le voyage de Russie, il m'était bien pénible d'être forcé d'y renoncer.

. . . .

Venise, 28 mai 1853. — Je n'ai cessé depuis notre séparation à Berlin d'être soumis à des incertitudes de tout genre, et après avoir attendu inutilement M. Anatole (1) à Vienne, j'ai dû venir ici avec M. Karamsine, que j'avais rejoint dans cette dernière ville.

. . . .

Néanmoins je me trouve on ne peut plus fatigué et ennuyé de toutes les péripéties qui surviennent sans cesse et qui ont pour résultat de me séparer de toi, d'Albert et de la famille, et pour la première fois de ma vie, j'éprouve une fatigue physique et morale qui engendre une sorte de découragement.

Saint-Léger est resté à Vienne où il prend du repos :

(1) Le prince Anatole Demidoff.

je vais partir demain pour aller l'y rejoindre, et entreprendre la grande course.

.   .   .   .

Venise, 3o mai 1853. — Le mois de mai tire à sa
fin et je n'ai point encore quitté Venise où je suis retenu par M. Anatole, qui ne me lâche pas facilement
quand je suis près de lui ; il est cependant décidé que
je pars à l'instant pour Trieste, puis pour Vienne où je
vais retrouver l'ami Saint-Léger.

Avec tout autre homme et dans toute autre situation
d'esprit, je jouirais beaucoup du séjour de Venise qui
est la ville la plus séduisante qui se puisse concevoir.
Nous sommes installés dans le même hôtel où nous
étions en 1846, sur le principal canal, grande rue d'eau
bordée de plusieurs milliers de palais, dont la majesté
dépasse tout ce qui se voit dans le reste du monde.
Chaque soir, à la fin du souper, arrivent dans une
gondole des chanteurs qui jusqu'à minuit nous donnent
une délicieuse sérénade. Nous sortons vers dix heures en
gondole suivis par notre chœur qui charme nos loisirs
en appelant tous les habitants à leurs fenêtres et des
masses de peuple sur les parapets et ponts qui longent
le grand canal.

Il n'existe pas de pont sur le canal principal, si ce
n'est en un seul point, les deux rives y sont réunies
par une arche immense qu'on appelle le « Rialto » et
qui joue un rôle considérable dans l'histoire de Venise.
Nos musiciens s'arrêtent souvent sous cette voûte, où
la sérénade prend un charme tout particulier. Tout le
pont et ses abords sont couverts d'une multitude qui
applaudit les artistes avec transport. Ces sortes de scènes ne peuvent se voir qu'à Venise. La grande prome-

nade à pied, celle qu'on fait ordinairement chaque soir après s'être promené en gondole dans toutes les parties de la ville, est la fameuse place Saint-Marc, où se trouvent l'ancien palais des doges, l'Église Saint-Marc, le clocher, les colonnes de granit amenées de Syrie en 1120; c'est en somme l'un des lieux les plus admirables du globe en raison de la pompe architecturale qui y a été développée pendant une longue série de siècles. .

Vienne, jeudi 2 juin. — Je suis parti lundi soir à minuit de Venise par le bateau à vapeur qui m'a conduit à Trieste...... J'ai été en poste de Trieste à Laybach où j'ai couché le mardi soir. Enfin parti de cette dernière ville le mercredi matin à 8 heures, je suis arrivé ce matin ici à 5 heures après plusieurs courses en voiture dans le genre de celles que tu connais entre Dirschen et Breinberg et qui ont l'avantage spécial de se faire la nuit. Je vais me reposer ici aujourd'hui, après quoi je partirai pour Varsovie demain soir 3 juin pour y arriver le 5 après midi. Nous repartirons le 6 dans une voiture qui nous attend avec Akim, qui est déjà arrivé, et j'espère que nous serons à Saint-Pétersbourg le 10 ou le 11. . . . . Nous ferons très confortablement le voyage ; d'ici à Varsovie nous avons le chemin de fer ; de Varsovie à Saint-Pétersbourg nous prendrons la voiture de M. Karamsine, c'est une excellente dormeuse avec laquelle nous voyageons sans fatigue. . . . .
. . . .

Saint-Pétersbourg, 10 juin 1853. — On finit toujours par arriver quand une fois on est parti : j'arrive à l'instant même à Saint-Pétersbourg avec Saint-Léger, l'un et l'autre en parfaite santé. Il n'a pas fallu perdre de temps pour venir de Varsovie à Saint-Pétersbourg en 94 heures, mais nous ne nous sommes arrêtés que deux heures pour faire deux repas chauds. Le reste du temps nous avons roulé à raison de 3 à 5 lieues à l'heure . . . .

Nous partons demain à 11 heures du matin pour Moscou, où nous arriverons le 19 au matin, après 3 jours de séjour employés à préparer nos équipages. Nous commencerons dans nós voitures indigènes de longues courses qui nous feront passer par les villes suivantes, que je t'indique afin que tu puisses me suivre à l'avance sur la carte : Colomna, Riazan, Mourow, Nijni-Novogorod, Kasan, Perm, Ekaterinebourg......

Kasan, 2 juillet 1853. — Nous avançons rapidement vers le but de notre voyage. Nous ne sommes restés à Moscou que le temps nécessaire pour faire l'installation de notre voiture. Elle s'est trouvée plus lourde et plus solide qu'il n'était nécessaire, et cependant elle peut à peine contenir notre très léger et simple bagage renforcé de lits et du matériel indispensable de provisions et d'ustensiles de cuisine et de table. . . . .

La difficulté des routes est telle que nous enfonçons souvent jusqu'au moyeu dans des sables qui occupent des relais entiers. De plus il se trouve de distance en distance des côtes affreuses : dans certains relais, nous ne pouvons avancer qu'avec 6 chevaux, et il est impossible d'en atteler davantage sans rendre la conduite de la voiture presque impossible, et sans s'exposer dans les relais à des lenteurs sans fin. . . . .

Nous avons été de Moscou à Nijni-Novogorod en

passant par la capitale du gouvernement de Riazan, dans un district agricole et minéral que je désirais voir depuis longtemps. Nous y avons séjourné pendant 3 jours, avec toute la satisfaction possible, toujours accompagnés d'Akim, qui a repris près de moi ses anciennes fonctions. A Nijni-Novogorod nous sommes restés seulement un jour pour voir l'emplacement de la foire célèbre qui y réunit chaque année 300.000 personnes de toutes les contrées de l'univers. Enfin nous en sommes partis par un bateau à vapeur installé depuis notre dernier voyage et qui nous a semblé préférable à la voie de terre pour arriver à Kasan. Malheureusement il s'est trouvé que ce bateau n'était qu'un remorqueur de marchandises qui nous a menés moins vite que ne l'aurait fait la poste.

.... Aujourd'hui nous entreprenons notre dernière étape, ou plutôt l'avant-dernière; nous nous rendons à une grande usine à fer appartenant à la Couronne, située sur la Kama, un peu au-dessous de la ville de Perm, à peu près à 120 lieues d'ici. C'est une des usines que je me proposais surtout de voir en venant dans ce pays. J'y trouverai un officier des mines qui me sera attaché pendant tout le reste de mon séjour dans la contrée de Perm, comme M. Peretz m'avait été attaché à mon voyage précédent.....................

Nijni-Novogorod, 12 juillet 1853. — Nous sommes enfin arrivés bien portants au terme de notre voyage et je m'empresse de t'en donner avis par un mot avant de voir les hommes et les choses de ce pays.

Nous avons fait une bien longue route depuis notre départ de Moscou : nous avons successivement passé par Riazan, Nijni-Novogorod, Kasan et une foule de

localités que tu ne trouverais pas sur la carte. Nous avons
passé par Perm, avons fait une belle et rude excursion
dans les montagnes de Pachir, magnifique propriété de
Pierre Galitzin que j'ai eu le plaisir de voir cet hiver à
Paris ; puis en remontant la rivière Tchounovaïa, nous
sommes enfin arrivés ici en passant par les grandes
forges de Kouchoinsk qui sont, je pense, marquées sur
toutes les cartes.

La partie la plus curieuse de ce voyage a été la remonte de la Tchounovaïa dans de petits canots creusés
à la manière des sauvages dans des troncs d'arbres, au
travers d'une contrée admirablement pittoresque et
presque aussi sauvage qu'un des déserts de l'Amérique
du Nord. Je ne parle pas ici en détail de ces choses.
Saint-Léger les raconte minutieusement à sa famille,
et je compte que ces dames auront l'obligeance de te
faire part de tout ce qu'il leur apprend......... ....

Nijni-Taguil, 2 août 1853. — Voici maintenant
l'équilibre établi dans notre correspondance.......Notre
vie se partage ainsi : on se lève à 6 h. pour travailler :
on prend du thé et du café sans manger ; à 11 h. on
déjeune, à 11 h. 1/2 on sort visiter des établissements,
on fait des études, et on complète encore la journée par
un travail de cabinet, à 6 h. on dîne, à 6 h. 1/2 on
sort en calèche ou en droschki pour faire une promenade dans les bois ou sur les montagnes délicieuses des
environs. De temps en temps on va passer la soirée
chez quelque employé qui reçoit ; ainsi hier, jour de fête
de Becker que nous avons mené au Creusot en 1851,
on a été le soir danser et prendre le thé chez lui. Le
déjeuner se compose d'œufs et d'un plat de viande aux
légumes. Le dîner comprend : la soupe, le bouilli, une

entrée, un rôti avec salade, un entremets sucré et des
fraises qui se trouvent ici en abondance, et une multitude de fruits de même genre ; souvent le soir en rentrant, on prend une tasse de thé, le samovar bout toujours en permanence.

La maison que nous habitons comprend un plain-
pied de 16 fenêtres d'un côté et de 4 fenêtres de l'autre,
en tout 40 fenêtres. Le salon en a 6.

Nous avons à notre disposition constamment 3 équipages, et 3 cochers : et dans les promenades du soir
les jeunes gens qui nous accompagnent ont aussi chacun leur équipage, de sorte que, dans les cas ordinaires,
nous nous trouvons de compagnie au nombre de 6 à 8
voitures courant le pays au galop .   .   .   .

Akim, qui est venu fidèlement nous chercher à Varsovie, nous a depuis ce temps accompagnés dans toutes
nos excursions : en ce moment, notre maison étant
composée d'au moins 10 domestiques, il se trouve élevé
au grade de majordome; il en remplit les fonctions
avec une gravité convenable, et se montre comme toujours un excellent serviteur.

Je te prie, quand tu seras de retour, de donner la
petite plante ci-jointe à Eugène De Fourcy. On peut se
faire ici un herbier magnifique : la végétation pendant
deux mois y est beaucoup plus belle que dans notre
pays. La nature fait ici en 2 mois ce qu'elle fait en
France dans l'espace de six : on trouve donc à la fois
une énorme quantité de plantes. Les fruits succèdent
aux fleurs avec une rapidité étonnante.   .   .   .   .   .

Nijni-Taguil, 2 août 1853. — Les journaux français qui arrivent ici paraissent être retenus par la cen-
sure pendant une assez longue période. En ce moment

les jours sont un peu moins longs, et l'on peut déjà mieux dormir ; on peut se réveiller à 3 h. sans avoir comme le mois dernier le soleil dans les yeux depuis 1 h. ou 2.

Saint-Léger est dans une admiration perpétuelle de la beauté du pays. La ville s'étend à peu près dans les proportions de Paris, car elle a environ 6 kilomètres dans tous les sens. Elle est située sur le bord de deux beaux lacs, et en outre elle est adjacente à 3 montagnes d'une moyenne hauteur. On marche sans fatigue sur ces sommets du haut desquels on a la vue la plus belle qui se puisse concevoir sur la ville, sur les deux lacs, sur les exploitations de minerais, et sur les deux grandes usines qui flambent et fument toujours.

Ces montagnes sont couvertes çà et là de bouquets de bois de divers âges, et cette verdure se mêle avantageusement aux masses de maisons qui les entourent, comme Paris entoure Montmartre et Belleville.

Du sommet de ces montagnes on aperçoit à perte de vue les forêts et les collines qui s'étendent vers les steppes de Sibérie à l'est ; du côté de l'ouest on aperçoit les sommets de l'Oural couverts de magnifiques forêts.

Au milieu de la ville et entre les lacs, serpente le Taguil, rivière large et abondante sur laquelle se trouvent de jolies prairies, des rochers et de beaux bois.

La ville est de toutes parts cernée par la forêt qui s'éclaircit seulement aux approches des habitations. Là, les bosquets d'arbres sont parsemés de prairies où se tiennent pendant le jour de nombreux troupeaux de vaches qui rentrent le soir dans la ville, où pendant l'été elles se tiennent devant les maisons.

Les restes de la forêt se voient partout, même dans

l'intérieur de la ville, aussi les 3 ou 4 cimetières situés aux limites sont encore couverts d'arbres.

Dans les rues on voit partout les anciens troncs sur lesquels beaucoup de maisons sont fondées.

Les distances sont tellement grandes, même dans les quartiers que l'on habite, que jamais l'on ne sort sans une voiture qui accompagne, même pour traverser une rue ; aussi je vais en voiture pour me transporter du bas des fourneaux où coulent les matières fondues à l'orifice supérieur où se charge le minerai.

Les ouvriers eux-mêmes se transportent rarement à pied, et on en voit beaucoup qui se font chercher avec leur voiture quand ils quittent l'usine où ils ont travaillé pendant 12 heures.

En ce moment toute la population est en fête : on donne, dans cette saison, trois semaines de vacances absolues à tous les ouvriers pour faire leur récolte de foin, afin de nourrir les 2 vaches, les 4 moutons et le cheval que possède au moins chaque famille. La ville ne contient pas moins de 6.000 vaches et de 5.000 chevaux. .   .   .   .

Nijni-Taguil, 16 août 1853.

.   .   .   .

Nous jouissons ici de la plus admirable saison qui se puisse concevoir ; seulement les jours diminuent avec une effrayante rapidité. Les fruits et les légumes abondent maintenant, en sorte que notre régime culinaire se trouve considérablement amélioré. Nous déjeunons et dînons avec tout le confort désirable, aux même heures et avec les mêmes ressources que nous pourrions avoir à Paris. Le poisson, la viande, le gibier et la volaille ne nous font pas plus défaut que le beurre, le lait, les œufs et tous les éléments fondamentaux de la cuisine.

Nous avons le vin de Bordeaux comme boisson principale : cependant je m'abreuve presque exclusivement avec la boisson du pays fabriquée dans chaque ménage avec du grain grillé, et que l'on nomme qwass. Elle a l'avantage de la bière avec moins d'amer et plus de légèreté. Du reste l'abondance de la glace rend toutes les boissons délicieuses dans la saison chaude. Sous ce rapport, le dernier paysan de cette contrée a plus de confort sur sa table que la majeure partie des bourgeois de Paris. Akim continue à me rendre de bons services : il est à la tête de notre maison et commande à 6 domestiques, savoir : deux valets de pied commissionnaires, 1 valet de cheval et 2 cochers : je ne parle pas de 5 ou 6 autres gens qui travaillent accidentellement pour nous, comme laveurs de planchers, gardien de cour, blanchisseuses, etc..... Akim, au milieu d'eux, tient son rang avec beaucoup de dignité. . . . . .

. . . .

Nijni-Taguil, 28 août 1853.

. . . .

Depuis ma dernière lettre, j'ai fait avec M. Karamsine l'une des deux tournées que je devais faire avant mon départ...

Notre première course a eu pour objet la partie orientale ou sibérienne. Elle a été très pittoresque et fertile en incidents. Elle avait en partie pour but de reconnaître une localité dans laquelle nous pensions à créer un nouvel établissement. C'est au confluent de deux grandes rivières dans une forêt vierge. Nous avons d'abord approché du pays en nous servant de

tarentas, sur des routes à peine praticables , où
les pentes dépassent parfois 45 centimètres par mètre,
et encore la pente n'a pas lieu seulement dans le sens
de la route, mais bien de côté, de sorte que pour ne
pas culbuter il fallait être escorté par des hommes qui
retenaient la voiture par le côté le plus élevé. Il nous a
fallu ensuite prendre des chevaux de selle avec lesquels
nous avons fait environ 3o kilomètres, au milieu des
forêts, pour gagner le lieu à exploiter et pour en revenir.

Nous avons parcouru dans cette course intéressante
des massifs boisés où la hache n'a jamais pénétré, et
dont le sol est littéralement recouvert de 1 mètre de
troncs aux trois quarts pourris dont les débris s'ac-
cumulent ainsi depuis nombre de siècles.

Ces courses n'ont du reste rien de pénible, sauf la
privation de sommeil, car on rencontre partout, grâce
aux mesures prises d'avance, des repas délicieux où
tout abonde. Ainsi nous avons trouvé, au milieu de
notre course à cheval, la table mise sur le confluent
même des deux rivières, des conserves de toute sorte,
deux mets de viande chaude et des vins de toutes les parties du monde, Champagne compris. A côté de la table,
à la distance convenable pour ne point gêner, se trouvait un magnifique bûcher de bois flambant pour
chasser l'humidité du lieu et les mouches. Cette chaleur et cette immense flamme égayaient admirablement
la scène. Tu peux te figurer la gaîté et l'animation de
cette caravane quand je te dirai qu'elle a été faite avec
le concours de 6o chevaux, tant pour les voitures que
pour les courses à cheval.

Cette station a coïncidé avec le déjeuner de midi.
Mais à 6 h. nous sommes arrivés dans une petite usine
située au milieu des forêts sur le Taguil, où nous avons

eu comme partout réception complète. Les gens du
village viennent en foule, le maire à leur tête, apporter des présents au propriétaire. La partie fondamen-
tale se compose de *pain et de sel*, puis viennent des
noisettes, des fruits, des animaux, des hérissons. De
son côté, le propriétaire fait sur le soir des distributions
de bonbons aux enfants du village. Il donne d'abord
par égale part à chacun, puis continue à jeter par poignées la provision restante aux gamins qui se dispu-
tent avec de grands éclats de rire, ce qui tombe.
Cette seconde partie de la fête est celle qui a le plus de
succès, même pour les moins bien partagés.

Nous partons à l'instant pour l'excursion de l'Ouest
de l'Europe, au travers de la ligne de faîte. A notre retour, dans deux jours, nous ferons les derniers préparatifs du départ...

Ekaterinebourg, 4 septembre 1853.

Nous voici maintenant en pleine marche, allant du
nord au sud vers un climat plus doux que celui qui
commence à se faire sentir ici. Les pluies n'ont pas
encore commencé, mais elles se manifestent déjà par
quelques ondées assez fortes. On a encore un peu de
chaleur dans le jour, mais les soirées et les matinées
sont extrêmement fraîches.

Les nuits le sont aussi, et les feuilles de bouleaux
commencent à jaunir fortement sous l'influence des
petites gelées nocturnes. Le voisinage du pôle se fait
sentir et l'on passe en ce moment sans transition de
l'été à l'automne de notre pays. Nous nous rendons
à Troitzk, ville située près de la Tobol, à la limite de
la Russie et du pays des Kirghis nomades. Nous allons

étudier les habitudes de ce peuple dans l'intérêt de l'ouvrage que je publie à l'Imprimerie nationale. De là,
revenant un peu sur nos pas, nous passerons pour la
dernière fois la chaîne de l'Oural, en visitant plusieurs
établissements métallurgiques et entre autres celui de
Miask et de Zlatooust. Nous nous rendrons ensuite aux
usines de Kasan dirigées par Peretz, qui nous y attend
ainsi que sa femme. Puis nous nous dirigerons ensemble vers la grande plaine d'Oufa, s'il n'y a pas
de leur côté quelque changement dans le programme
convenu, que pour notre part nous sommes toujours
résolus à exécuter ainsi que je te l'ai écrit dans ma
précédente lettre.

En calculant la distance et les chances de retard si
fréquentes, comme tu le sais, dans des voyages comme
ceux que nous exécutons, je ne pense pas que nous
puissions arriver à Paris avant la fin de ce mois......

L'officier des mines qui m'accompagnait, et qui par
ordre de l'Empereur devait rester attaché à ma personne comme l'avait été Peretz dans le précédent
voyage, est venu à Ekaterinebourg à l'avance pour se
rétablir d'une indisposition assez grave. J'apprends
qu'il est encore malade, et je vais le laisser définitivement. Nous partons avec notre fidèle Akim et avec
l'un des jeunes Russes qui était à Paris, et qui m'accompagne avec M. Landsberg dans la course au midi
de l'Oural.

* * * * * * * * * * * * * * * *

Vallée de Miask, 8 septembre 1853. — Je t'écris
d'un petit village d'Asie situé dans le pays des Bachkirs nomades qui peuplent le versant asiatique de
l'Oural méridional. Nous nous sommes avancés ra-

pidement vers le sud en restant en Asie. Le pays que
nous venons de parcourir est vraiment enchanteur. La
route que nous suivons est tracée dans de larges vallées circulant au milieu de hautes montagnes. Le fond
de ces vallées se compose de plaines ondulées de terre
noire extrêmement fertile où l'on produit sans fumier
d'abondantes moissons. Les cultivateurs comptent tellement sur cette fertilité que leur plus grand embarras
est de trouver le lieu le plus favorable pour jeter le fumier et en débarrasser leur, cour. Les Bachkirs que
nous sommes venus étudier sont des musulmans, fidèles sectateurs du prophète, qui, tout en devenant agri-
culteurs, ont conservé en partie les mœurs nomades de
leurs pères. Chaque année au retour de la belle saison
ils abandonnent leurs habitations d'hiver, ils les ferment hermétiquement, en emportant leur argent et
leurs effets les plus précieux, puis ils se rendent avec
tous leurs troupeaux dans des pàturages situés dans
quelque vallée déserte, et s'y installent pour tout
l'été. Pendant 4 mois environ, ils habitent alors
des tentes de feutre avec un trou à la partie supérieure
pour l'écoulement de la fumée du foyer établi au milieu de la tente.

Toutes les tentes d'un même village se trouvent rapprochées l'une de l'autre comme les maisons d'un petit bourg. L'une de ces tentes où nous avons pénétré
offrait le spectacle le plus curieux. Le sol était couvert
de tapis ou de nattes sur le pourtour, elle était en
grande partie remplie de vases en bois servant à contenir le lait des troupeaux. Le meuble principal de la
tente est un énorme vase de cuir composé d'une peau
de vache bien cousue, dans lequel on introduit le lait
des juments. Ce cuir tanné à la fumée détermine une

fermentation qui transforme le lait en une boisson spi-
ritueuse et enivrante que les Bachkirs appellent kou-
mouis et qu'ils boivent avec délices. Nous n'avons pas
manqué d'en boire nous-mêmes, et lui avons trouvé un
goût qui se rapproche beaucoup de celui du poiré ai-
grelet. Les Bachkirs, aux pâturages, font de cette boisson leur unique nourriture ; ils en boivent des quantités énormes et restent plongés constamment dans cet
état de somnolence qui paraît leur être fort agréable
et qui leur procure des rêves analogues à ceux que produit l'usage de l'opium. On ne peut rien voir qui ait
un cachet aussi empreint de couleurs locales.

Oufa, 13 septembre 1853. — Depuis l'époque où
j'écrivais les lignes précédentes nous avons traversé
entièrement la chaîne de l'Oural et sommes enfin descendus dans la plaine en faisant toute la diligence com-
patible avec les plus épouvantables chemins.

Tu as vu de mauvais chemins et éprouvé de la fatigue entre Königsberg et Tauroggen, mais tu ne peux
te faire une idée de ceux que nous avons rencontrés
dans les montagnes comprises entre Zlatooust et Oufa.
L'on court ordinairement au grand trot sur des océans
de boue recouverts de rondins de bois, sur lesquels les
voitures rebondissent et frappent cent fois en une
minute, en renversant sens dessus-dessous tout le contenu de la voiture ; la boue jaillit par torrents autour
des roues et retombe en pluie épaisse.

Mais tout cela n'est rien en comparaison de notre
course au milieu des blocs immenses de rochers sur
lesquels les roues frappent à chaque instant, en produisant le bruit strident du fer sur la pierre à fusil.
Les chocs sont tellement durs et répétés qu'il semble

à tout moment que tout l'équipage va être mis en pièces.

Il paraît cependant qu'il y a un Dieu pour les voyageurs, car nous sommes encore intacts ainsi que notre voiture. Nous faisons en ce moment des préparatifs pour nous diriger au plus grand trot des chevaux vers Orembourg pour exécuter le programme de retour.

Nous sommes pleins de santé et de vigueur, malgré les épreuves que je viens de te décrire : nous avons trouvé sur la route de nombreuses stations, où nous nous sommes admirablement restaurés, sinon reposés, car il ne faut guère penser au sommeil tranquille dans les courses que nous exécutons.

Samara, 22 septembre 1853. — Un accident survenu à notre fidèle Akim nous oblige à changer nos dispositions de retour et à revenir par Moscou et Saint-Pétersbourg. Le pauvre garçon hier en sortant de l'auberge pour faire un achat, pendant une soirée noire, est tombé et s'est blessé à la tête. Heureusement la blessure est peu grave et sera bientôt guérie, mais privés de domestique nous devons dorénavant rester sur la grande route. Nous revenons en conséquence par Simbirsk, Ardatat, Mourow, Wladimir, Moscou, Saint-Pétersbourg et Varsovie . . . .

La fin de notre voyage s'accomplit de la manière la plus heureuse : nous avons fait une délicieuse station dans le château d'une famille Timacheff, dont nous avions fait la connaissance dans le bateau à vapeur de Nijni à Kasan. La terre de cette famille est située entre Oufa et Orembourg, dans la Bachkirie, l'un des plus délicieux pays de la Russie et de l'Europe. Cette famille, bien que n'ayant jamais quitté la Russie, parle notre

langue et connaît Paris et la France mieux que beaucoup de Parisiens. Mme Timacheff, en particulier,
est une femme de grand mérite qui nous a été d'un
grand secours pour les études que nous venions faire
dans sa terre touchant les conditions des paysans agri-
culteurs. L'ouvrage que je fais imprimer à l'Imprimerie
impériale y gagnera beaucoup, car nous avons réussi
dans nos recherches au delà de toute attente. La terre
de M. Timacheff contient environ 170.000 hectares.
Elle est si fertile que l'on n'y emploie jamais de fumier.
La seule difficulté de la culture est de se débarrasser
du fumier qui encombre le voisinage des villages et
dont on ne sait que faire. En somme les gens jouissent
d'un degré de bien-être dont on ne se fait chez nous aucune idée. Mais, entre autres détails, nous avons constaté
que le paysan d'aisance médiocre peut manger pendant l'année dans son ménage une douzaine de co-
chons, indépendamment des autres viandes.

De chez M. Timacheff, nous avons été à Orembourg
sur la frontière des Kirghis, nomades vivant constamment sous la tente, au travers d'un pays habité par des
Bachkirs demi-nomades, dans les conditions que je t'ai
décrites dans une précédente lettre.

Nous comptons partir d'ici dans 2 heures :
de Moscou le 28 et de Saint-Pétersbourg le 1er octobre,
de Varsovie le 5 octobre, et nous arriverons à Paris le
10 octobre. Je te quitte pour hâter ma campagne de
retour. . . . .

Moscou, 1er octobre 1853. — Nous sommes enfin
revenus dans cette ville après toutes les péripéties dont
je t'ai signalé les principales par une lettre datée de
Samara. Depuis lors nous avons consacré huit jours à

revenir ici par la ville de Simbirsk, Ardatar, Arzama, Mourow et Vladimir. Personne dans l'Occident ne pourrait se faire une idée des boues et des fondrières que nous avons eu à traverser pendant le trajet d'environ 1000 verstes ou de 1100 kilomètres. A plusieurs reprises nous sommes restés littéralement embourbés, ne pouvant ni avancer ni reculer, obligés de descendre dans la boue pour soulager les chevaux et surtout pour indiquer aux gens ce qu'ils avaient à faire ; dans une de ces circonstances, vers minuit, M. de Saint-Léger, en traversant la route pour se mettre à sec, s'est complètement embourbé au point qu'il n'a pu sortir de sa position qu'en appelant à son secours un brave moujik d'une force colossale qui l'a enlevé comme une plume pour le déposer en lieu de sûreté. Cette aventure nous a bien fait rire au milieu de nos petites contrariétés de voyage.

Nous avons aujourd'hui 1200 verstes à franchir d'ici à Varsovie par Bolrouisk et Breite Litauski : on nous assure que nous pourrons nous y rendre en cinq jours en voyageant bien entendu jour et nuit. S'il en est ainsi, nous avons l'espoir d'arriver à Paris pour le 10 octobre...

Varsovie, 6 octobre 1853. — Nous sommes arrivés ici comme nous l'avions prévu en cinq fois 24 heures, aujourd'hui à 3 h. après midi. Nous avons eu en route une foule de petites contrariétés, choses graves à l'instant où elles arrivent, mais qu'on oublie quand le moment est passé. En somme nous nous trouvons sains et saufs à l'extrémité du réseau des chemins de fer communiquant sans interruption avec Paris. C'est dire que nos tribulations de voyage sont terminées...

Bruxelles, 12 *octobre* 1853. — Nous n'avons pu nous trouver, comme je te l'écrivais, aujourd'hui à Paris. Nous arrivons ici assez fatigués et prenant du repos cette nuit, nous serons demain à Paris par le train qui arrive à 5 h. après midi ; j'espère être auprès de toi vers 6 h. — M. de Saint-Léger se porte parfaitement ainsi que moi.

TABLE DES MATIÈRES

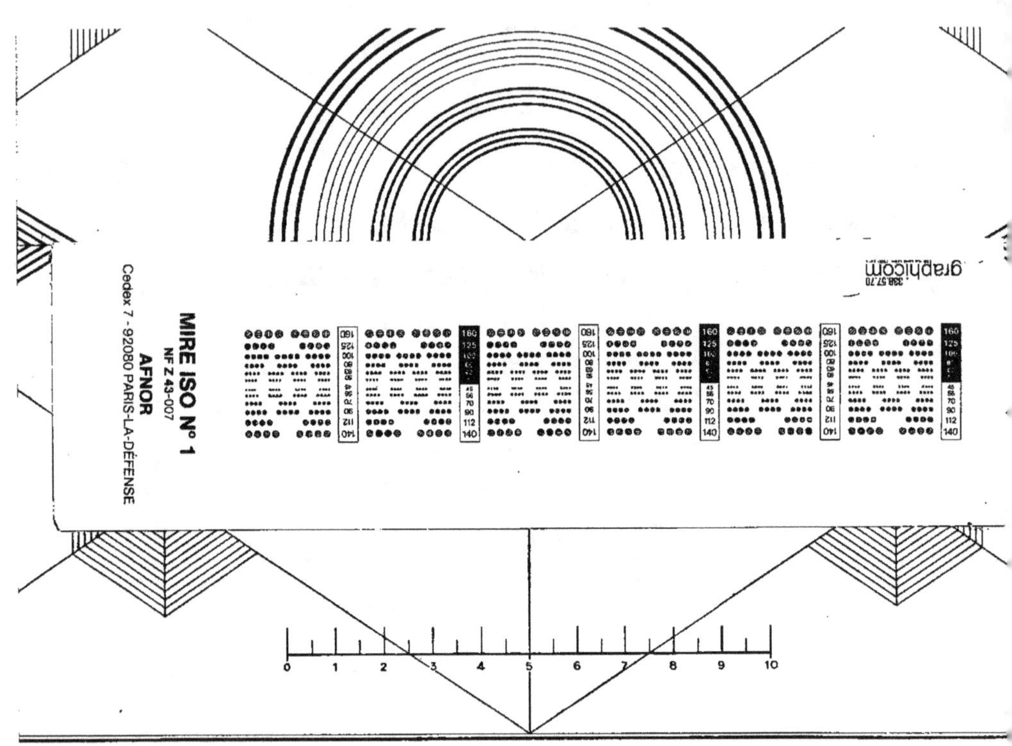

SERVICE PHOTOGRAPHIQUE